RECONFIGURATIONS

Canadian Literatures and Postcolonial Identities / Littératures canadiennes et identités postcoloniales

P.I.E.-Peter Lang

Bruxelles · Bern · Berlin · Frankfurt/M · New York · Oxford · Wien

NEW COMPARATIVE POETICS

NOUVELLE POÉTIQUE COMPARATISTE

Marc MAUFORT & Franca BELLARSI (eds.)

RECONFIGURATIONS

Canadian Literatures and Postcolonial Identities / Littératures canadiennes et identités postcoloniales

New Comparative Poetics No.7
Nouvelle poétique comparatiste n° 7

PRESSES INTERUNIVERSITAIRES EUROPÉENNES
Brussels/Bruxelles, 2002
1 avenue Maurice, 1050 Bruxelles, Belgique
info@peterlang.com ; www.peterlang.net

ISSN 1376-3202
ISBN 90-5201-109-5
D/2002/5678/35

Printed in Germany/Imprimé en Allemagne

CIP available from the British Library, GB and the Library of Congress, USA.

ISBN 0-8204-4694-7

Bibliographic information published by "Die Deutsche Bibliothek"

"Die Deutsche Bibliothek" lists this publication in the "Deutsche Nationalbibliografie"; detailed bibliographic data is avalaible in the Internet at <http://dnb.ddb.de>.

Information bibliographique publiée par "Die Deutsche Bibliothek"

"Die Deutsche Bibliothek" répertorie cette publication dans la "Deutsche Nationalbibliografie"; les données bibliographiques détaillées sont disponibles sur le site <http://dnb.ddb.de>.

Remerciements

Ce volume contient les actes du colloque annuel du Centre d'Etudes canadiennes de l'Université Libre de Bruxelles (ULB) qui s'est tenu avec grand succès à Bruxelles du 28 au 30 novembre 2001. Toutes les communications rassemblées ici furent présentées durant le congrès, à l'exception de l'article de Gerry Turcotte, qui fut commissionné par les éditeurs afin de compléter l'ouvrage. Ce livre constitue le reflet fidèle de l'intensité et de la convivialité des débats scientifiques qui ont caractérisé le déroulement du congrès.

L'exceptionnelle réussite du colloque est due avant tout à l'enthousiasme des professeurs Ginette Kurgan et Serge Jaumain, respectivement Président et Directeur du Centre d'Etudes canadiennes de l'ULB, que je tiens à remercier chaleureusement pour avoir soutenu ce projet de réunion scientifique. Le Professeur Madeleine Frédéric, également membre du comité scientifique, nous a été d'un inestimable secours dans l'organisation de la partie du colloque consacrée à la littérature canadienne francophone. Grâce à son précieux appui scientifique et éditorial, ma collaboratrice Franca Bellarsi est parvenue, comme toujours, à m'alléger considérablement la tâche. Je tiens aussi à exprimer ma gratitude à Mmes Evelyne Haberfeld et Neele Dehoux, qui ont agrémenté le colloque d'une lecture-spectacle de textes littéraires de qualité remarquable. Je remercie vivement Mmes Closson et Dassy, des éditions P.I.E.-Peter Lang, pour leur marque de confiance et le sérieux de leur travail éditorial. Enfin, ce colloque et ces actes ont bénéficié du généreux soutien financier du Centre d'Etudes canadiennes de l'ULB, de l'Ambassade du Canada à Bruxelles, de la Faculté de Philosophie et Lettres de l'ULB, du Fonds National de la Recherche Scientifique et du Ministère de la Communauté française de Belgique.

Marc Maufort
Bruxelles, juillet 2002

Table of Contents
Table des matières

Introduction: Postcolonial Variations on a Canadian Theme

Marc MAUFORT

Université Libre de Bruxelles

The essays collected in this volume offer meditations on the reconfigurations of the meaning of "Canadianness" at work in contemporary Canadian Anglophone or Francophone letters. The elusiveness of Canadian identity and the concomitant quest for such identity have been repeatedly underlined by critics as a defining characteristic of Canadian literature. Since the 1960s and 1970s, abundant reformulations of this search for selfhood have emerged in the Canadian literary landscape. The lack of identity and the victim status, deplored by Margaret Atwood, have been superseded by the multicultural diversity of the last decades of the century. Even more recently, in what Uma Parameswaran has termed a post-postcolonial age, it would appear appropriate to speak of diasporic Canadian identities and literatures, which further points to the ever-shifting nature of "Canadianness." Being Canadian consists in a process of constant renegotiations of cultural boundaries. The essays published here, therefore, consider the concept of "Canadian identity" as a site of contestation, suggesting re-definitions of the commonly accepted paradigms not only of Canadian literature in particular, but also of postcolonialism in general.

Taken together, the contributions to this volume explore this much-debated issue from a comparative perspective while seeking to abandon the Eurocentric bias of traditional comparative literature studies. These articles analyze and compare late-twentieth-century reconfigurations of what Hugh MacLennan termed Canada's "two solitudes." They also shed light on recent postcolonial reconstructions of Canada's "other solitudes," to borrow Linda Hutcheon's well-known designation of Canada's diverse multicultural fabric. Hence the decision to use the plural "identities" in the subtitle of this volume, thereby indicating the contributors' efforts to illuminate the multi-faceted literary developments that have affected the Canadian mosaic in recent years. These essays examine the complexity of the literary representations of

Canada's many "Others" in a pattern evocative of the musical genre of variations.

The study of marginal hybridity is launched by Francophone novelist Marie-Célie Agnant's testimony. In it, she discusses the dilemma of being a Caribbean Canadian author, who is regarded by the two societies to which she belongs as a "marginal" writer. Agnant's autobiographical account is supplemented by Lucie Lequin's scholarly treatment of her literary production to date. Marta Dvorak's essay extends this discussion into a wider analysis of contemporary Canadian autobiographical writing. Reverting to Quebec literature in particular, Janet Paterson introduces the motif of multicultural fiction, so central to the book as a whole. Marie-Linda Lord's contribution focuses on an-all-too-often neglected aspect of the Canadian mosaic design, i.e. the Acadian literature of New Brunswick. Robert S. Schwartzwald's essay deals with the theoretical issue of the definition of postcolonialism in the context of contemporary Quebec literature. This theoretical thrust is prolonged in Uma Parameswaran's own testimonial about the pedagogical challenges of teaching Canadian minority literatures. Her "highway" metaphor, which she innovatively uses to point to the complex ramifications of Canadian postcolonialism, is subtly counterpointed by Diana Brydon's "roots/routes" metaphor in the latter's treatment of the Black Atlantic in Canadian literature. Gery Turcotte's essay focuses on a major text from the Asian Canadian constituency, Joy Kogawa's *Obasan*, on which it offers a fresh comparative perspective, suggesting parallels with Australian literature. Both Coral Ann Howells and Jeanne Delbaere follow in Turcotte's footsteps, providing illuminating close-reading considerations of writings by various South Asian artists. Reid Gilbert's essay echoes the theoretical debates introduced by Schwartzwald, Parameswaran, and Brydon, which he applies to formal innovations in the field of drama. Further, Lane's and Shackleton's articles shed new light on the novelistic and dramatic output of one of the most prominent of today's First Nations writers in Canada, i.e. Tomson Highway. Finally, Sherrill Grace reconsiders Canadian identity in connection with the seminal myth of the North, thus offering an apt, future-oriented conclusion to the whole volume.

The scholarly reconfigurations of this volume can be construed as unsettling postcolonial variations on a Canadian theme. In their transgressive re-interpretations of "Canadianness," they are comparable in intent, albeit on a much more modest artistic scale, to Beethoven's "Diabelli Variations." While the wonderful piano variations of the classical master boldly transmogrify an old-fashioned eighteenth-century waltz into a complex and innovative romantic construct, the essays gathered here daringly challenge the conventional critical and theoretical assumptions of postcolonial studies to explore the territory ahead in Canadian literature.

Ecrire en marge de la marge

Marie-Célie AGNANT

De quelle marge voulons-nous parler? Disons, pour débuter, qu'il ne s'agit pas d'une, mais de plusieurs marges.

Marginalité, d'abord, de tout artiste ou écrivain qui se trouve loin des feux et dont le travail ne sera jamais un produit de consommation convoité, parce qu'il ne recherche pas le bruit, mais plutôt les échos de son œuvre. Les échos suffisant pour lui indiquer que son œuvre trouve des oreilles attentives au-delà d'un petit cercle.

Marginalité de l'écrivain, de l'auteur, qui pratique son métier dans un milieu, un espace où il n'est pas, en ce sens qu'il n'existe pas, ou si peu, puisqu'il est un personnage dont on s'étonne sans cesse de la présence en certains lieux.

Marginalité de l'écrivain, de l'écrivain(e) immigrant(e). Car une question demeure continuellement présente: quand cesse-t-on d'être l'Autre? Quand cesse-t-on d'être immigrant?

Et que dire de la marginalité de la femme écrivain, celle que l'on nomme écrivaine au Québec!

A tout cela, il faut malheureusement ajouter la marginalisation de la négresse, et celle de l'haïtienne qui veut à tout prix sortir des chambres closes, quitter l'enfermement.

Les spécialistes de la littérature haïtienne datent de 1818, quelques années après l'Indépendance, ses premiers balbutiements, avec les journaux et revues dans lesquels les écrivains font leurs premières armes, publient leurs premiers poèmes et des nouvelles. Plusieurs études, anthologies et autres, ont paru sur cette littérature. Pourtant, il est assez difficile de cerner une véritable présence féminine dans ce paysage. Celles qui ont osé s'emparer d'une plume, l'ont souvent fait par réaction à ce silence imposé, avec l'idée de témoigner, de revendiquer, de questionner, de briser la censure, de se battre contre l'aphasie. Dans une anthologie du roman haïtien qui couvre la période allant de 1859 à 1978, l'auteure Ghislaine Rey Charlier note, sur un total de trente écrivains recensés pour cette période, la présence de deux femmes. Au fil des ans, le tableau n'a pas beaucoup varié. Proportionnellement au nombre d'hommes qui font ce métier, en Haïti, les femmes sont relativement rares.

A quoi attribuer l'absence des femmes dans ce milieu? Quand les hommes écrivent, que font les femmes? Lorsque certaines femmes refusent de continuer à se taire, comment sont-elles reçues dans ce sanctuaire de la répression des femmes qu'a toujours été l'écriture? Une réponse partielle serait que les femmes écrivent dans la marge, sont reçues dans la marge et, plus souvent qu'autrement, demeurent confinées à cette marge. C'est alors que l'acte d'écrire s'accomplit pour elles, avec le sentiment de sculpter, de définir, de créer de toutes forces un espace pour tenter de venir au monde. Cet acte d'écrire se veut d'abord une naissance, une lutte pour trouver la voix, briser les silences. On ne peut s'empêcher, ici, de penser à cette écrivaine de talent, Marie Vieux, auteure de plusieurs romans, dont le plus célèbre, *Amour, Colère et Folie* a été édité par Gallimard au cours des années 60. Malheureusement, son œuvre en quelque sorte fondatrice n'est citée que par acquit de conscience.

J'aime bien dire que j'écris dans la position de celle qui force des portes, des portes, qui, par tradition, ont toujours été verrouillées, et à double tour lorsque des femmes se sont retrouvées devant elles. J'aime à dire également que je me sers, pour écrire, non pas d'un stylo, mais d'un marteau, d'un maillet.

Je vis au Québec depuis plus de trente ans. Dans mon pays d'adoption, j'écris dans cette position de marginale. Dans mon pays d'origine, Haïti, la position n'aurait pas été différente. Il est bien de spécifier qu'en Haïti, quel qu'il soit, l'écrivain est d'abord et avant tout un personnage de la marge, un personnage habité du malaise profond qui accompagne l'acte d'écrire, le plus souvent en français, dans un pays d'abord créolophone, un pays où le nombre d'analphabètes va croissant compte tenu de l'accumulation d'échecs et de la stagnation politique.

Cette marginalisation qu'engendre la question de la langue de l'écrivain et de l'accessibilité ou non des lecteurs à la chose écrite ne ralentit pas la création. En Haïti, on s'est toujours agrippé à la parole, comme à une bouée de sauvetage. On écrit pour vaincre la violence du quotidien, pour se battre contre la paralysie que peut engendrer cette violence, on écrit beaucoup. Pourtant, les voix féminines sont fort peu nombreuses, car, malgré tous les efforts qu'elle pourra déployer, la femme sera plus souvent qu'autrement réduite au silence par différentes manœuvres de son entourage, en particulier de la part des hommes, qui ont toujours considéré la littérature comme leur chasse gardée, leur territoire inviolable. C'est ainsi que la littérature produite par les femmes haïtiennes a toujours été ignorée par la critique et marginalisée par le monde de l'édition, à moins qu'elle n'ait été d'abord saluée ailleurs.

On peut se demander pourquoi, alors que je vis au Québec, au Canada, où je mène mon activité d'écrivaine, le pays d'origine, Haïti, occupe tant de place dans mon discours. Les raisons sont fort simples. Il y a des pans du pays qui nous suivent, nous accompagnent, quand on s'en va. On peut dire aussi que le pays du quotidien, le pays de l'exil, devient, pour diverses raisons, un prolongement du pays d'origine. Il se produit alors un va-et-vient constant d'un lieu de la diaspora vers un autre, de tous ces lieux vers le pays d'origine. "Vos livres sont-ils lus en Haïti?" Cette question revient souvent. La plupart du temps, elle sera posée avant même que l'on cherche à savoir si je suis lue dans le pays où je réside. Une réponse négative déclenche des réactions pour le moins inattendues; comme si, étant originaire d'Haïti, cette non-disponibilité de l'œuvre au pays se voudrait une inconvenance, un affront, un manque, une attitude de distanciation qu'aurait l'auteur. Ce que l'on ignore, par contre, ce sont les innombrables marges que doit franchir la femme qui écrit avant de se retrouver ici ou ailleurs, avant de trouver sa place. Plusieurs voix féminines, il est vrai, se font entendre avec insistance depuis quelques années en Haïti. Mais il s'agit toujours d'une avant-garde fragile, puisqu'il faut constamment la reconstruire, presque à chaque génération pour ainsi dire. De plus, la littérature, partout, constitue un lieu d'affrontements, de discordances, d'alliances, de clans. Et si le mot exclusion semble effrayer souvent ceux qui en sont les premières victimes, et qui, dès lors, hésiteront à l'employer, peut-on éviter, parlant de littérature, de parler d'espace? Dans ce domaine l'espace est un point clé. Pour des hommes qui, de tout temps, ont toujours occupé toute la place en littérature, l'arrivée de femmes sur l'échiquier est absolument intolérable.

Les choses changent, mais hélas, trop lentement. Au dernier congrès du CIEF[1] (Portland, Maine, USA, année 2001), l'écrivaine Marie Claire Blais expliquait tout le chemin qu'elle avait dû parcourir avant de pouvoir faire sa place dans le paysage littéraire des années 60 au Québec, dans lequel n'évoluaient que des hommes. Cette réflexion nous amène à penser à cette redécouverte du roman latino-américain qu'on s'est empressé de qualifier de "boom," alors qu'on ne peut citer le nom d'une seule femme de cette région qui ait profité de ce fameux "boom."

Une chose est certaine, l'écriture se pratique aussi en réaction à ... Les femmes vont alors écrire pour contrer l'oppression et l'exclusion, pour bouleverser l'ordre établi, et leurs écrits portent les traces de ces luttes qu'elles mènent.

---

[1] Conseil international des études francophones.

Ecrire en marge de la marge. Marge renvoyant à espace dans la mesure où l'écriture se veut aussi une quête. Quête qui se veut revendication d'un espace géographique, d'une langue, d'un langage. En ce qui me concerne, il s'agit d'une langue propre aux femmes, aux négresses, aux haïtiennes, aux haïtiano-québécoises, aussi...

Face à ma table de travail, me disait une femme, je ne suis ni femme ni homme. Je suis un écrivain.

Face à ma table de travail, je découvre, moi, avec plaisir, que je suis tout cela. Identités multiples, multiples marges.

Une de ces identités prédomine, cependant. D'abord et avant tout, celle de la femme noire qui cherche sa voix et sa voie.

Ecrire en marge de la marge. Flux, reflux. On s'éloigne de la question, mais on y revient. Il en est ainsi de la marginalisation. On en sort un peu, le temps d'un colloque, d'une activité autour du livre. Mais on y revient parce qu'elle est un fait, pas une chimère. On assume la marge avec les douleurs qu'elle charrie, les contradictions qu'elle soulève, les déchirements qu'elle peut occasionner.

Quoiqu'on fasse, on se retrouve dans une marge quelconque.

Ma première expérience en Haïti, à titre d'invitée à une foire, en a été une de grande visibilité qui allait de pair avec une plus grande marginalité, alors que les journaux titraient: "Les auteurs de la diaspora débarquent." A la fois du dedans et du dehors. Ce dedans qu'il ne faut pas ignorer sous peine de se voir accuser de vouloir garder ses distances avec le pays d'origine, et ce dehors dans lequel ceux du dedans n'ont de cesse de vous renvoyer dans le but de protéger leur espace. Je vis au Québec, dans un lieu où la question identitaire se confond à celle de l'espace occupé ou accordé à chacun, à sa langue. Il s'agit d'un débat qui renvoie à l'enfermement, au repli et à l'exclusion. Et, en Haïti, ce pays que je considère encore comme le mien, je me retrouvais une fois de plus dans une position de minorité, dans un espace à définir, à négocier, une fois de plus.

Ecrire en marge de la marge. Les marges, on le voit, sont nombreuses. Et il est difficile et périlleux d'en faire fi, de tenter, par complaisance, pour se faire mieux accepter, de les ignorer. En tant qu'artiste, artisan(e) des mots, créateur, créatrice, on ne peut que continuer à créer dans cette marge jusqu'à y trouver son salut. Le salut se trouve pour moi dans cet exercice acharné de perfectionnement que devient l'écriture, ce travail sur le style par le truchement de la langue utilisée.

Travail incessant sur la langue tout en restant fidèle à un certain courant de l'écriture au féminin: ce courant non neutraliste, courant qui prête voix à ces héroïnes insignifiantes, anonymes, ces oubliées des chroniques masculines que sont les négresses, celles qui ont mené et mènent une résistance faite de marronnage et de patience. C'est ce que j'ai tenté de dépeindre dans ce roman *La Dot de Sara* et dans la lignée de personnages féminins que l'on retrouve dans *Le Livre d'Emma*.

Malgré la très grande méfiance que j'éprouve envers les étiquettes classificatrices, je ne crains pas de prétendre que quelque chose de commun se retrouve dans la pratique d'écriture de certaines écrivaines noires américaines et des Caribéennes telles que Marie Vieux, Maryse Condé, Simone Schwarz-Bart, Gisèle Pineau, pour n'en citer que quelques-unes. Dans *Beloved* de Toni Morisson, on retrouve les mêmes techniques de marronnage: le même désir de transgresser l'ordre établi, la même dynamique de résistance qui anime une héroïne telle que Tituba ("Moi, Tituba, sorcière noire de Salem"). Et l'on peut aller plus loin en pensant à l'écrivaine sud-africaine blanche, Nadine Gordimer (l'adjectif blanche étant ici uniquement utilisé pour indiquer la transcendance par cette grande écrivaine de l'apartheid dans l'Afrique du Sud). Son vécu, sa prise de conscience font qu'elle ne peut écrire dans une perspective neutraliste. On pourrait aller jusqu'à se poser la question de savoir dans quelle mesure les femmes ne considèrent-elles pas l'écriture comme un acte de résistance et jusqu'à quel point ce choix ne contribue-t-il pas à une forme de marginalisation?

Ce témoignage n'a fait qu'effleurer la question de l'espace que j'occupe, moi, dans mon pays d'accueil. A la rigueur, cela n'a pas vraiment d'importance. Sans vouloir simplifier à outrance la question de la dualité et des racines affectives, je fais partie des nomades d'aujourd'hui, de ces gens qui se sont faits à l'errance et qui parfois croient ou sentent qu'ils ont plusieurs patries, ou n'en ont pas du tout. Gens à la fois du dedans et du dehors, qui ne savent pas trop où se placer, qu'on ne sait pas trop où caser. Et c'est parfois très amusant dans la mesure où l'on ne sombre pas totalement dans une forme de schizophrénie. Une année, j'ai été invitée à un salon du livre en Guyane française, à titre d'écrivaine québécoise. Le Québec était à l'honneur. Deux années plus tard, Haïti étant à l'honneur, je me retrouvais au même endroit à titre d'écrivaine haïtienne.

Pour faire preuve de franchise et d'objectivité, il faut reconnaître que si cette marginalité m'écarte de certains réseaux, me "silencie" parfois, si elle implique que je participe à plus d'activités littéraires à l'étranger qu'au Québec où je vis et écris, ou si encore lorsque la critique journalistique finit par s'intéresser à mon travail, les libraires se montrent très peu enclins à afficher mes titres comme c'est le cas pour les auteurs du centre, je me rends parfaitement compte que c'est encore à cause de cette marginalité qu'on s'intéresse à mon travail. Faut-il conclure que la marginalité comporte ses avantages? Entre avantages et désavantages, l'important est de dire. Ecrire dans la résistance et le refus, écrire pour perpétuer cette énergie de résistance. Comme le dit Bel Hooks, l'écrivaine féministe afro-américaine. L'espace du refus, là où l'on peut dire "Non!," se trouve dans la marge.

Marie-Célie Agnant: une écriture de la mémoire et du silence

Lucie LEQUIN

Université de Concordia

Marie-Célie Agnant est installée au Québec depuis plus de trente ans. C'est volontairement que j'ai utilisé le mot "installée" afin de souligner son appartenance tant à la société québécoise qu'au monde des lettres québécoises. Cette appartenance n'efface en rien ses sentiments toujours vifs et profonds envers la culture haïtienne. Comme pour tant d'autres Québécois, sa citoyenneté culturelle, la plus importante à mon avis, ne s'explique que par la superposition de strates multiples en lien, entre autres, aux cultures, aux religions et aux langues. Certains voient dans cette sédimentation presque palpable de la citoyenneté culturelle, que l'on pourrait aussi nommer identité du cœur, une dégradation, un danger de disparition, une attaque contre la finitude et la spécificité, ou encore une véritable crise collective identitaire. Pensons, entre autres, à Monique La Rue qui, dans *L'Arpenteur et le navigateur*, fait parler un écrivain anonyme qui se désole de ce que la littérature québécoise change: "Nous nous laissons usurper notre littérature, nous avons cessé d'assumer son sens, son histoire, sa spécificité, son avenir" (9). Ce personnage fictif n'accepte pas donc pas que des écrivains venus d'ailleurs transforment, par leur écriture, la littérature québécoise; c'est pour lui une perte de sens, ce que dans un autre contexte Joël Gaubert appelle une crise de la culture, c'est-à-dire "une atténuation, une altération et surtout une interruption de l'expression de la communication du sens commun qui structurait jusque-là le vivre-ensemble selon la tradition partagée" (Gaubert 25).

Par ailleurs, à l'opposé de cet écrivain fictif frileux et englué dans ses petites habitudes, d'autres ne peuvent saisir la littérature québécoise que par son mouvement, sa métamorphose, sa porosité; pensons notamment à Pierre L'Hérault (1991) et à Maïr Verthuy (1998) qui étudient l'ouverture, l'hétérogène ou le métissage dans la littérature québécoise actuelle. En effet, depuis une trentaine d'années, le paysage littéraire du Québec se reconfigure et s'enrichit, de façon accélérée, d'autres cultures, d'autres accents, d'autres rythmes. Face donc à cette mutation, les uns résistent, les autres s'y engagent pour avancer: "Lire les migrants, hommes ou femmes, n'est-ce pas refuser de se contenter d'une certaine auto-satisfaction, dépasser le stade du miroir? N'est-ce pas aller à la rencontre de l'Autre, accepter de se voir par ses yeux et partant d'ouvrir un vrai dialogue?" (Lequin et Verthuy 267) Des chercheurs, dans le contexte québécois (voir entre autres *Tangences* n° 59), tentent, en effet, de comprendre cette reconfiguration de la littérature qui ne peut être assujettie à une nation, à une ethnie, à un classement ou encore à un statut légal. La littérature ne peut qu'être autonome et en mouvement. André Vanasse, traçant "[l]e nouveau visage de la littérature" du Québec dans les *Lettres québécoises* du printemps 2002, le souligne avec enthousiasme: "[u]ne littérature éclatée, mais capable d'exprimer les choses différemment, peu importe d'où sont nées nos créations" (Vanasse 8). Micheline Lachance, elle, dessine les portraits de cinq femmes (Aki Shimazaki, Tecia Werbowski, Elena Botchorichvili, Sonia Kaleva, Abla Farhoud) qui "ont apprivoisé l'exil, pour ensuite naître une deuxième fois," donnant au Québec de "magnifiques pages" partie prenante de sa littérature actuelle (Lachance 66-72). C'est donc dire que l'ouverture au "vivre-ensemble" qui se trame dans le partage au sein d'une tradition en gestation plutôt que figée, semble dominer, voire fasciner. Marie-Célie Agnant participe de ce nouvel imaginaire qui se donne à lire. Au dire de Dominique Blondeau, dans *Le Livre d'Emma*, Agnant met en mots "l'envers du miroir qu'elle tourne vers nous" pour dire la souffrance des femmes proches d'elle et de nous (Blondeau 88).

Poète, romancière et nouvellière, Marie-Célie Agnant fait, en effet, partie de cette littérature actuelle autonome qui nous laisse entendre une nouvelle musique et nous amène plus loin sur le chemin de la diversité. Son écriture s'inscrit de plain-pied dans ce que Glissant nomme les cultures composites des Amériques (20). Elle entre dans la "*difficile* complexion d'une identité *relation*, une identité qui comporte une ouverture à l'autre, sans danger de dilution" (Glissant 20). Elle créolise, pour reprendre un mot de Glissant, la littérature québécoise, elle y introduit ainsi, certes avec d'autres auteurs, un regard nouveau sur soi et sur l'autre.

Dans chacune de ses œuvres, Agnant explore les traces de la mémoire, les mots dans le silence et le silence dans les mots. Dans des modes différents, ses voix narratives tentent de faire le pont entre leur généalogie personnelle, un certain passé collectif et un présent, souvent dur et solitaire. Me reportant à l'ensemble de la production d'Agnant, de *Balafres* à *Le Livre d'Emma*, j'étudierai l'importance du passage du savoir, surtout culturel et familial, d'une génération à l'autre et son impact dans la formation de l'identité de la dernière génération. Une identité en mouvement, tributaire de son héritage, mais aussi se forgeant à même l'inouï, à tout le moins dans une autonomie certaine.

De qui est la mémoire?

Pour examiner le passage du savoir chez Agnant, il faut d'abord comprendre le leitmotiv de la mémoire. D'une part, il convient de se demander "de qui est la mémoire?" et d'autre part, "de quoi y a-t-il à se souvenir?," idées que j'emprunte à Paul Ricœur dans *La Mémoire, l'histoire et l'oubli* (3). Sans doute parce que nous sommes au sein d'une écriture de fiction précise, il importe d'abord, me semble-t-il, de saisir "de qui est la mémoire?" En effet, dans une seule voix narrative, Agnant en fait entendre plusieurs et passe de la mémoire individuelle à la mémoire collective dans un mouvement de va-et-vient entre les deux, plus ou moins audible et plus ou moins fréquent. A la base de son œuvre, se forme de manière continue un genre de palimpseste verbal où une voix se superpose à une autre voix plus ancienne, mais non seulement y a-t-il superposition, il y a aussi plusieurs voix de façon simultanée, phénomène que, dans un autre contexte, j'ai nommé "multivoix" (Lequin, "monde arabe" 211), c'est-à-dire que le "je" de la narration incorpore d'autres voix, anciennes ou actuelles. Il ne s'agit donc pas d'un "je" uniquement personnel, intime, autobiographique, mais d'une voix multidirectionnelle habilitant l'auteure à mieux saisir autant le sort du monde que son propre sort.

Le poème "Incandescences" (*Balafres* 11) parle avec force des traces autres dans la mémoire de la poète. Le "ballot de souvenirs cassés" de la voix poétique contient plusieurs mémoires, plusieurs voix, entre autres celle "d'un homme affamé," celles de "Marias édentées," celles venant du "berceau d'enfants nègres" et aussi "[l']écho de mouches/d'abeilles", ainsi que le bruit de "l'égout qui hurle." Il faut souligner le pluriel de *Marias* et le singulier de *berceau* alors qu'*enfants* est pluriel. Notons aussi qu'aux voix humaines qui habitent "les couloirs de [l]a mémoire" de la poète s'ajoutent les voix animales et même un bruit d'objet. Le jeu grammatical entre le singulier et le pluriel comme l'entrecroisement des voix et des bruits intensifient l'émotion exprimée—une douleur abrupte, au bord du désespoir—et installe le poème dans une "symphonie d'angoisses" multiples, privées comme collectives.

Ces pensées ou souvenirs d'autrui dans la mémoire des personnages ou des narrateurs, cette voix qui parle pour elle-même et pour les autres, cette multivoix de la mémoire grave l'œuvre de Agnant, la cisèle. Ainsi dans *La Dot de Sara,* Marianna, la narratrice, porte dans sa voix celle de sa grand-mère Aïda ainsi que la voix de femmes ordinaires et anonymes; comme elle, ces dernières sont de petites marchandes ou des ouvrières qui n'ont eu que le dur labeur comme chance dans la vie! Le *je* devient alors un *nous* narrateur: "Guerrières, survivantes, c'était cela notre destin" (*Dot* 34). De plus, Marianna revoit et entend Aïda lorsqu'elle discute avec sa propre petite-fille, Sara. Celle-ci, aussi, est en quelque sorte née bien avant son temps, puisqu'elle transporte avec elle la besace du passé familial. En ce sens, la mémoire précède la naissance de l'être, lui laissant une empreinte sur l'âme, un peu comme une tache de naissance sur la peau. La dernière née—le féminin découle de l'importance qu'Agnant accorde à la lignée des femmes—porte en elle l'histoire de la famille, qu'elle en soit consciente ou non, qu'elle accepte ou non cet héritage, souvent lourd de souffrances.

La multivoix de la mémoire dans *Le Silence comme le sang* est accentuée par le genre même, la nouvelle. Quatre nouvelles sont narrées par un *je* féminin et une à la troisième personne par un narrateur omniscient. La voix narrative de "La maison face à la mer," la quatrième nouvelle du recueil, oscille entre le *je* et le *nous*, soulignant avec force la multiplicité des voix, ainsi que la présence dans la mémoire du *je* de ce qui appartient à sa mère, toutes deux étant impliquées dans l'acte mnémonique: "Les souvenirs sont d'affreux geôliers et d'ignobles tyrans. Ils nous tenaillent, nous poursuivent, nous possèdent et règlent notre existence depuis ce jour" (*Le Silence* 46). Dans la nouvelle éponyme, "Le silence comme le sang," le *je* se promène dans Belle-Ile à l'affût d'une explication pour appréhender le présent de ce lieu qu'on lui cache: "tout ce que je vois n'est que ce qui est montré" (*Le Silence* 53). La vérité, si vérité il y a, réside dans le passé proche et lointain. Les déambulations de la narratrice dans la région symbolisent l'effort qu'elle fait pour recevoir les images du passé que la plupart lui cachent. Des lieux visités (Titanyen, le Morne Rouge, entre autres) et quelques rencontres (Soledad, le fou du Morne Rouge, Maria) lui permettent de se souvenir avec eux (personnes et lieux) et ainsi d'avancer dans sa quête. En effet, se souvenir, c'est "non seulement recevoir une image du passé, c'est aussi la chercher, 'faire' quelque chose" (Ricœur 67). Cet exercice de la mémoire *autre* joint à ses propres cauchemars (*Le Silence*, 74) rapproche la narratrice du passé et d'une certaine vérité quant au sort de Belle-Ile, vérité qui ne demeure certes qu'apparente puisque la réalité n'est qu'une fiction, qu'un théâtre où chacun connaît son rôle. Mais pour reprendre une idée de Nicole Brossard, il faut parfois "[r]evenir à la vie après avoir vérifié la vie dans les livres" (Brossard 54) ou plutôt, comme ici, dans la fiction-réalité, dans le jeu représenté au quotidien. Le rôle de la mémoire est d'ailleurs exprimé avec éloquence par le prénom de la narratrice, Mnémosyne (*Le Silence* 80), *Mnémo* signifiant mémoire et *syn* "avant." Lorsque préfixe, *syn* exprime une communauté d'action, de pensée, de sentiment; quoiqu'utilisé comme suffixe, il semble avoir ce même sens de la communauté, mais aussi l'idée d'*avant*, un peu comme une mémoire antérieure à celle en train de s'exercer. Ce prénom soutient donc l'idée d'une mémoire collective et individuelle stratifiée formant néanmoins un tout. La mémoire serait-elle la véritable narratrice de cette nouvelle? En fait, une mémoire de femmes puisque *syn* s'écrit au féminin, *syne,* mémoire de femmes qui, d'ailleurs, marque toute l'œuvre d'Agnant

Les trois romans jeunesse *Alexis d'Haïti*, *Alexis, fils de Raphaël* et *Le Noël de Maïté,* narrés au présent, ne touchent la mémoire et les souvenirs que par quelques allusions et se confinent plutôt aux souvenirs précis d'une seule personne. Les jeux mnémoniques sont donc presque absents. Par contre, dans *Vingt petits pas pour Maria*, la narratrice observe Maria Dolorès, la bonne des voisins. Celle-ci, sans le savoir, engendre une autre Maria Dolorès qui naît et croît sous la plume de la narratrice, une Maria Dolorès composite, faite de tant de femmes nées dans les pays de misère. Certes, ici le jeu mnémonique se double de l'imagination, la narratrice puisant dans ses propres souvenirs et dans ses observations pour imaginer la mémoire de Maria Dolorès, une Maria qui devient de plus en plus fictive. Au fond, on ne peut considérer la mémoire, surtout au cœur de la fiction, sans en appeler au "piège de l'imaginaire" (Ricœur 66), la mémoire étant nécessairement une capacité composite.

Le Livre d'Emma, raconté par Flore, présente aussi une mémoire complexe, plurielle et antérieure à celle d'Emma comme à celle de Flore, un peu comme le prénom Mnémosyne le laissait entendre. D'une part, Flore raconte son rôle de médiateure et d'interprète entre le médecin et la patiente Emma, internée à la suite du meurtre de son enfant. D'autre part, c'est aussi le récit d'un transfert de mémoire entre Emma et Flore. Celle-ci donne donc la parole à Emma qui raconte directement un passé qui lui est propre, mais aussi, souvent, antérieur même à la lignée des femmes de sa famille, c'est-à-dire émanant du "temps que l'on croit passé et que l'on nomme temps jadis" (*Emma* 25). Il ne s'agit donc pas de souvenirs bruts, documentaires, mais de souvenirs qui ont été interprétés de génération de femmes en génération de femmes, souvenirs néanmoins vrais, et qui seront à nouveau interprétés et perpétués par Flore. De plus, les mots "que l'on croit passé" indiquent bien que le passé, même lointain, agit encore dans le présent. De Malayika (*Emma* 25), l'ancêtre africaine, à Flore, de Mattie à Emma, se déroule une histoire inachevée, jamais tout à fait dite: "Me vient alors l'idée qu'Emma essaie tout simplement de m'indiquer que par son débit lent, ses hésitations, elle choisit à son tour avec soin dans le va-et-vient de cette histoire qu'elle n'en finit plus de revivre" (*Emma* 132). En fait, le mouvement temporel est multi-directionnel puisqu'il s'agit de "comprendre le présent par le passé" et corrélativement de "comprendre le passé par le présent." Ce sont ces "traces du passé dans le présent" (Ricœur 214) qu'Emma inscrit dans la mémoire de Flore. D'ailleurs, même la notion de passé est mise en doute: “Tout ce passé n’a de passé que le nom, Flore. Il s’obstine à demeurer toujours là, nous guettant derrière l’écran obscur de l’oubli” (*Emma* 158).

Dans l’immédiat, le rôle de l’interprète est de rendre accessible le message, ici les paroles d’Emma que le Dr MacLeod ne comprend pas. Incompréhension doublement marquée: le docteur ne parle pas créole, mais surtout il est un homme, blanc sans doute. Comment peut-il, lui, comprendre “la haine et le mépris ingurgités à fortes doses depuis la naissance du monde?” (*Emma* 159) Comment peut-il soupçonner que “[b]eaucoup de choses restent dans les entrailles à tout jamais, parce qu’on ne sait pas comment les dire, elles restent sans nom” (150)? Contrairement à lui, Flore est femme et noire; non seulement parle-t-elle créole, elle saisit la langue des femmes, celle de leur douleur, et entend même les cris étouffés. Aussi, tôt après sa rencontre avec Emma, Flore dépasse le stade initial d’interprète professionnelle, n’arrivant pas à rester neutre: “Petit à petit, [elle] abandonne son rôle, [elle] devien[t] une partie d’Emma, [elle] épouse le destin d’Emma” (18). La mémoire d’Emma, la sienne propre comme celle au-delà de sa lignée, est ainsi transférée en Flore qui l’accueille et se sait à jamais tatouée par cette mémoire autre devenue sienne.

De quoi y a-t-il souvenir?

Cette présence de la multivoix de la mémoire dans la plupart des œuvres d’Agnant est amplifiée par celle du “multiconte”—expression empruntée à Mona Latif Ghattas (168)—de la vie et de la douleur. En effet, c’est souvent par la technique du conte qu’Agnant donne la mémoire à lire: notamment, une grand-mère, une vieille cousine, une journaliste, une voisine, un vieil homme, une écrivaine ou encore un inconnu occupent, tour à tour, le rôle du conteur transmettant l’histoire du petit peuple tout comme l’Histoire. Pour faire court, l’on pourrait dire qu’il s’agit essentiellement du multiconte de la douleur. Cependant, ce serait là gommer tout le versant espoir qui marque aussi l’écriture d’Agnant. De plus, même s’il y a récurrence de la douleur, celle-ci est racontée sous diverses formes et de diverses façons, *Le Livre d’Emma* se situant au pôle le plus sombre, alors que *La Dot de Sara* se place nettement du côté de la lumière.

Dans *Balafres*, la poète murmure et crie tout à la fois l’amour de son pays, Haïti, et la souffrance qui lui colle à la peau. C’est “[u]ne mémoire calcinée” (*Balafres* 56) qui raconte ce “pays gangrené” (38) où les “les hommes ne sont plus des hommes” (38), car on leur a arraché leur humanité à coups de violence et de pauvreté. La poète se rappelle aussi des femmes qui n’ont pas eu leur part, leur place dans le pays comme dans la vie: “Femme sans bagages/sans souvenirs de ta part de rêve”

(*Balafres* 54). C'est aussi de sa propre vie, une vie "à coups de hache" (73) dont elle se souvient: "laissez-moi vous dire/que je suis née/la nuque/entre le billot/et coutelas (67). Elle y parle aussi de son exil; il a bien fallu fuir le pays "en lambeaux" (68), un exil dur, car elle n'y est pas dans ce là-bas toujours bien accueilli: "Cette déchirure d'exil/tel un linceul s'étend sur ma vie/le temps me fait la nique/dans un long sanglot m'étreint" (*Balafres* 68). Malgré tout, ici et là, l'espoir tenace, maintes fois "calfeutr[é]" (32) se faufile entre les souvenirs et réconforte. Ou encore, c'est le présent qui vient provoquer l'espoir, entre autres, le sommeil de la petite fille qui dort paisiblement: "Inscris dans ta mémoire cette première extase" (51) chante la poète à son enfant. En effet, *Balafres*, ce cri de révolte contre la haine et la laideur du mal, qui remontent si loin dans le temps et qui ont déjà sacrifié tant de générations, est aussi une prière d'amour pour ceux qu'elle aime dans sa vie personnelle et pour une collectivité balafrée par la peur et la haine.

Les souvenirs dans *La Dot de Sara* se situent dans un autre registre. Marianna fait appel aux légendes, aux contes et à l'histoire familiale que sa grand-mère Aïda lui a transmis. C'est aussi et surtout l'histoire de femmes fortes: Aïda, elle-même, Marianna et tant d'autres femmes, sans voix, souvent ignorées, parce que socialement sans importance. A Montréal, se sentant plus ou moins enfermée dans un appartement, Marianna raconte à sa petite-fille Sara les histoires de "là-bas au temps longtemps" (*Dot* 26). Ce sont des histoires de grandes femmes malgré la petite place qu'elles occupent dans leur société. Elles possèdent une "commune obstination à vouloir, envers et contre tous, vaincre" (*Dot* 35). Oui, ces femmes, comme les légendes, les proverbes, les contes, fibrent l'histoire d'Haïti. Il s'agit avant tout de leur donner une voix et de leur rendre la dignité publique dont elles ont été privées. C'est un chant à leur grandeur. Certes, des scènes ou des allusions parlent de la situation économique déplorable, du mépris à teneur raciale, de l'inconfort de Giselle face à ses amies à cause de la pauvreté de sa mère, de l'éloignement de celle-ci lorsque, plus instruite, elle change de classe sociale, distance émotive se doublant de l'exil puisque Giselle émigre au Québec. Malgré ces éléments négatifs, la révolte n'est pas à l'avant-scène.

Par les jeux mnémoniques de Marianna, Agnant montre la vie de ces femmes, la révèle à notre conscience, expose leur solitude; elle ne tente pas d'en démontrer l'odieux, elle le fait sentir. D'ailleurs par leur force, certaines de ces petites ouvrières arrivent non seulement à survivre, mais aussi à transformer quelque peu leur misère: "Moi, je lui suis reconnaissante à cette misère, si c'est elle qui a fait de moi un être humain et non une machine sans cœur et sans âme comme Denise [la fille de celle qui parle]" (*Dot* 77). Cependant, le dépassement de ces femmes fortes est mis en contraste avec l'ingratitude de certains de leurs enfants qui ont complètement tourné le dos à leur mère: "Il y en a trop comme Justin Saumel qui se débarrassent sans gêne de tous leurs parents pauvres et de tout leur passé de misère qu'ils s'entêtent à noyer dans l'oubli jusqu'à devenir quelqu'un d'autre" (*Dot* 157). Dans *Le Livre d'Emma,* Agnant montre à nouveau que la misère n'humanise pas automatiquement: "Ils vont comme des animaux, les crocs dehors, car il n'est pas vrai que la misère rend les gens meilleurs. Non, la misère de grand-Lagon racornit les cœurs. Nerfs de bœufs, couenne de porc, voilà de quoi est fait le cœur des habitants de Grand-Lagon" (*Emma* 73). Dans *La Dot de Sara,* Agnant insiste donc sur la cruauté des enfants devenus adultes. Entrelacé aux histoires de là-bas, elle donne à voir un présent montréalais parfois désolant. Ainsi ces vieilles femmes, autrefois salvatrices de la famille, sont rejetées par leurs propres enfants: elles sont oubliées, maltraitées et même privées de l'essentiel parce qu'elles sont âgées et n'ont plus autant de défenses. Ces silhouettes féminines à peine tracées permettent d'apercevoir des micro-récits de douleurs privées contrastant et éclairant la vie de ces femmes dans leur jeunesse et leur sort dans leur vieillesse. Devant l'ingratitude de leurs enfants, la solitude douloureuse de ces femmes déracinées se poursuit de façon d'autant plus aiguë que le mal est devenu filial.

Dans l'écriture d'Agnant, la mémoire se déplace donc du privé au politique, de la douleur aux rares moments d'espoir. Elle a trop souvent "la couleur du sang" (*Le Silence* 52) ou encore la dureté des cailloux qu'Alexis ramasse sur deux grèves de Floride (*Fils* 99) pour marquer son angoisse qui pèse lourd sur son cœur d'enfant. Dans *Le Silence comme le sang* et les deux romans d'Alexis, l'histoire politique d'Haïti habite la mémoire des personnages. C'est le récit répété, à la fois pareil et différent, d'une "saison interminable de peur et de déraison" (*Le Silence* 47), c'est l'histoire de l'envahissement des "mauvais souvenirs, [du sang] et [des] cadavres" (*Le Silence* 100). Les mots dénotant la peur, l'angoisse, la douleur, le tumulte, la folie abondent et enserrent la narration. S'enchevêtre à ce triste lexique de la peur celui du mal: sang, assassin, milice, militaire, geôlier, tyran. C'est cette atmosphère à la fois historique et toujours présente qui, au fond, est racontée à travers des personnages pris du vertige de la peur et de la douleur: "Ils tuent tous les jours, tout le monde, à toute heure. Ils nous tuent comme rien, comme des rats" (*Le Silence* 32).

Dans *Le Livre d'Emma,* la mémoire remonte à la traite des esclaves. Agnant y raconte à la fois l'Histoire et l'histoire d'Emma. L'Histoire, celle écrite par les hommes blancs pour les Noirs, est "tronquée, lobotomisée, excisée, mâchée, triturée puis recrachée en un jet informe" (*Emma* 22). Par l'histoire au féminin de la lignée d'Emma, Agnant entend redonner à l'Histoire sa dimension profondément humaine et spirituelle. C'est donc l'Histoire du vol des "corps" et des "âmes" (23), celle que les autorités universitaires ont écartée, qu'Emma raconte à Flore tout en se racontant. Emma, rejetée par sa propre mère parce que trop noire, parce que vivante tout simplement, apprend de sa cousine Mattie l'importance de la mémoire: "Une manière, semble-t-il de ne pas perdre le fil de la vie et d'enfouir en moi [Emma] ses souvenirs, ceux de grand-mère Rosa, tout ce qu'elle savait d'elle, sa vie, les vies de toutes les autres, celles d'avant elles, celles d'avant moi" (119). La récurrence du bleu dans le récit d'Emma symbolise et résume la mémoire de la lignée: le bleu froid rappelle, entre autres, la "désespérance" (20), l'angoisse (22), le vide (76), la couleur de la peau, de sa peau, comme la couleur de la mer masquant le mal: "Cette eau dans son bleu, si bleu, cache des siècles de sang vomi des cales des négriers, sang de tous ces nègres que l'on jetait par dessus bord." (112).

Le double effet de la mémoire mise en conte

Les références à la voix, des murmures aux hurlements, abondent et donnent à l'écriture une tessiture particulière. Cette oralité fait aussi entendre dans le français le créole parlé par les personnages—proverbes traduits, rythme, images—et leur donne une voix, eux qui, au quotidien, doivent vivre sous la loi du silence ou celle de l'indifférence. De plus, l'oralité rapproche le pays rêvé du pays dévasté—ou encore le pays quitté du pays habité—et aide à combler la solitude. Les contes, les mots, sont à prendre comme *dot* (Lequin, "Ecrivaines migrantes" 125), ainsi que le dit le titre de *La Dot de Sara.* En effet, les récits de Marianna permettent à la petite Sara de grandir dans sa double culture: celle de sa propre enfance au Québec comme celle de sa mère et de sa grand-mère en Haïti. Elle n'a pas à choisir entre les deux; le cœur, en temps et lieu, lui indiquera son ou ses pays: "Notre pays devrait être la terre où l'on se sent le mieux. La terre qui reconnaît le bruit de nos pas" (*Dot* 165). L'identité culturelle de Sara est multiple; Marianna lui a passé son savoir, non par pour la maintenir à tout prix, voire l'enfermer dans la culture haïtienne, mais pour la rendre forte comme l'ancêtre Aïda qui avait su transmettre sa force de battante à Marianna elle-même. Sara, lorsqu'elle parle à sa grand-mère de sa vie à l'école, de ses valeurs différentes, confirme son identité composite en mouvement. Car rien n'est arrêté pour Sara: elle est libre de choisir, de bouger culturellement sans sa mère ou sa grand-mère. D'ailleurs, la sonorité de son prénom "l'inscrit d'emblée dans le futur—Sara, saura, sera—" (Lequin, "Ecrivaines migrantes" 127). Pour Sara, les mots de la mémoire sont donc savoir, formation et avenir.

De même, ils transforment les silences meurtriers en mots audibles. Ils sont alors transgressions. Le fou du Morne dans *Le Silence comme le sang* le souligne avec force: "Les gens racontent que je suis fou, parce que nous vivons dans un lieu interdit de parole et que moi je parle. Ils disent que je suis fou parce que mes mots ont l'éclat assassin des tessons fichés dans la plante des pieds" (*Le Silence* 94). Ce recueil de nouvelles est traversé d'allusions aux mots: mots impuissants à traduire la vie, mots justes pour lever le voile du silence, mots qui prolongent la vie. Ainsi, l'une des femmes dit: "Elle écrit pour essayer d'atténuer ce chagrin qui, comme une fièvre maligne, a pris possession de toute son existence" (*Le Silence* 47). En quelque sorte, les mots de la mémoire tentent de dire la profondeur du mal à laquelle se greffe une pensée réflexive autour de l'imputabilité. Il y a mise en accusation, directe ou indirecte: des négriers aux temps actuels, du pouvoir local aux puissances économiques et politiques qui agissent ou n'agissent pas, toujours et uniquement, à partir de leurs propres intérêts. Les mots révèlent et mettent en lumière "l'impossibilité du pardon répliquant au caractère impardonnable du mal moral" (Ricœur 597).

Par contre, Agnant montre aussi l'importance d'un certain oubli. Non pas un oubli qui efface, mais plutôt qui constitue un relais préservant une mémoire ferme et vivace sans qu'elle ne devienne ressassement. Le contraste entre Mattie et Emma illustre bien ces deux attitudes face à cette mémoire vive. Mattie raconte pour instruire et transmettre, tout en laissant une place à la vie et au rire. En contrepartie, Emma devient cette mémoire chargée de vieilles haines et d'antiques humiliations. Elle vit en quelque sorte la vie de son ancêtre Kilima arrivée au nouveau monde, malgré elle, sur un des trop nombreux négriers. Cette mémoire prend toute la place et évacue sa capacité de vie. L'impardonnable histoire de la lignée des femmes de sa famille ne lui permet ni de vivre ni de laisser sa petite Lola vivre. Elle tue Lola par amour, pour la "la mettre à l'abri" du mal (*Emma* 136), et des mois après, elle s'enlève la vie comme Kilima l'a fait bien avant elle en marchant dans l'eau comme pour reprendre "la route des grands bateaux pour rejoindre les autres" (164). Cette mort est moins un suicide qu'un geste d'affirmation solidaire confirmant qu'elle avait été tuée même avant sa naissance. D'ailleurs, on lui avait déjà ravi son âme (157).

Il est ironique de voir que si Emma n'a pas, elle, su se débarrasser du fiel de sa mémoire et vivre, elle arrive à transmettre à Flore cette mémoire, sans le fiel pourtant. Après la mort d'Emma, après avoir hurlé pour expulser toute l'horreur reçue en héritage, Flore se sent transformée: elle renaît femme tout simplement, femme avant d'être négresse, le dernier mot du roman (*Emma* 167). Comme dans le cas de Sara, la mémoire fait avancer Flore et lui ouvre un avenir plus large, voire inouï. La mémoire transmise n'emprisonne pas, mais plutôt contribue à relancer l'identité spirituelle et culturelle de Flore, une identité en mouvement.

Toute l'œuvre d'Agnant oscille entre deux pôles. D'une part, il y a l'importance de raconter, de lever le voile du silence, de faire entendre "le testament de la parole" (*Balafres* 79) qu'elle voit au fond des yeux de ses compatriotes. Elle veut ainsi mettre en mots la pudeur et de la honte: "On n'en parle pas parce que cela nous rappelle le temps longtemps, le temps du fouet et de l'injure [...] Parfois je me dis que peut-être les mots n'existent pas pour dire cette honte. C'est ça. Ce sont des choses pour lesquelles il n'existe pas de mots" (*Emma* 155). D'autre part, elle entend aussi célébrer la vie, l'affection, l'amitié, l'amour. Comment donc se faire à la fois passeure d'histoire, de cette mémoire fondatrice, et passeure de vie? Comment permettre ainsi à l'identité de ne pas se figer et d'être constamment relancée, sans aucune permission, pour soi et selon soi? Comment dans les romans où l'exil prend une place d'importance jongler avec le déracinement et l'enracinement? Comment transmettre non seulement la mémoire historique, mais aussi une mémoire sensuelle faisant appel aux odeurs, aux couleurs et aux bruits, surtout? Entre ces deux pôles, entre éros et thanatos, Agnant se pose donc des questions sur le comment vivre comme sur le "vivre ensemble" et les raconte. Tout en déplorant l'absence de mots justes pour dire ce qui arrive à l'un à cause de l'autre, pour ajouter à l'Histoire des pans d'histoires personnelles, Agnant trouve néanmoins les mots pour dire l'indicible, du moins en partie, et nous les donne à lire.

L'écriture d'Agnant participe ainsi, en dehors du discours ou d'un parti pris idéologique hautement verbalisé, de l'écriture québécoise actuelle dont la tessiture s'élargit de sons autrefois absents; ou si l'on veut, dans son écriture s'entend la multivoix qui forme la multi-écriture québécoise actuelle. Agnant n'est toutefois pas porte-parole de sa communauté; elle est plutôt un "écrivain-témoin" (Mata 374) qui observe la vie et la raconte ensuite dans ses livres.

Bibliographie

Agnant, Marie-Célie. *Balafres*. Montréal: Cidihca, 1994, réédition 1999.

——. *La Dot de Sara*. Montréal: Editions du remue-ménage, 1995.

——. *Le Silence comme le sang*. Montréal: Editions du remue-ménage, 1997.

——. *Alexis d'Haïti*. Montréal: HMH Atout, 1999.

——. *Le Noël de Maïté*. Montréal: HMH Plus, 1999.

——. *Alexis, fils de Raphaël*. Montréal: HMH Atout, 2000.

——. *Le Livre d'Emma*. Montréal: Editions du remue-ménage, 2001.

——. *Vingt petits pas vers Maria*. Montréal: HMH Plus 2001.

Blondeau, Dominique. "Femmes-fées. *Le Livre d'Emma.*" *Arcade* 54 (hiver 2002): 87-88.

Brossard, Nicole. *Un livre*. Montréal: Editions du jour, 1970.

Gaubert, Joël. *Quelle crise de la culture?* Nantes: Editons Pleins Feux, 2001.

Glissant, Edouard. *Introduction à une poétique du Divers*. Montréal: PUM, 1994.

Greif, Hans-Jürgen, dir. *Tangences: Ecrivains d'ailleurs* 59 (1999).

Lachance, Micheline. "Renaître au Québec." *Actualités* 1er avril 2002: 66-72.

La Rue, Monique. *L'arpenteur et le navigateur*. Montréal: FIDES/CETUQ, 1996.

Latif Ghattas, Mona. *Le double conte de l'exil*. Montréal: Boréal, 1990.

L'Hérault, Pierre. "Pour une carthographie de l'hétérogène: dérives identitaires des années 1980." *Fictions de l'identitaire*, Sherry Simon *et al*. Montréal: XYZ, 1991. 53-115.

Lequin, Lucie. "Ecrivaines migrantes et éthique." *D'autres rêves. Les écritures migrantes au Québec*. Dir. Anne de Vaucher. Venise: Supernova, 2001.113-43.

—. "Quand le monde arabe travers l'Atlantique." *Multi-culture, Muli-écriture. La voix migrante en France et au Québec*. Dir. Lucie Lequin et Maïr Verthuy. Paris: L'Harmattan, 1996. 209-19.

— et Maïr Verthuy. "Nouveaux palimpsestes de la littérature québécoise." *Le renouveau de la parole identitaire*. Dir. Mireille Calle-Gruber et Jeanne-Marie Clerc. Montpelier/Kingston: Université Paul-Valéry/Queen's University, 1993. 265-75.

Mata, Carmen. "Le moi femme/Le nous histoire: voix et vies dans l'œuvre de Marie-Célie Agnant." *Revue des Lettres et de Traduction* 7 (2001): 361-74.

Ricoeur, Paul. *La Mémoire, l'histoire et l'oubli*. Paris: Seuil, 2000.

Vanasse, André. "Le nouveau visage de la littérature." *Lettres québécoises* 105 (printemps 2002): 5-6.

Verthuy, Maïr. "Pan Bouyoucas: le principe des vases communicants ou de la nécessité de 'sortir de l'ethnicité.'" *Literary Pluralities*. Dir. Christl Verduyn. Broadview Press/*Journal of Canadian Studies*, 1998. 172-84.

Re/configuring Canadian Life Writing

Marta DVORAK

Université de Paris III-Sorbonne Nouvelle

The questions of representation and cultural erasure raised by postcolonial theory, the current epistemological and ontological preoccupations of the centre/periphery dialectic and its issues of appropriation and internalization are all products of a historical conjuncture grounded in the socio-economic, geopolitical temporal space of nineteenth-century imperial relations. Interestingly, the manufacturing of a distinctive indigenous literature rooted in the specificity of its North American space has been carried out within the framework of the mode of life writing already so much in vogue in seventeenth- and eighteenth-century England with the works of Walton, Pepys, Johnson, and Boswell. It has moreover been accomplished in a specular fashion by contemporary writers weighed down by a long transhistorical and transcultural tradition of narrative representation, writers who, as we shall see, respond through the reconfiguration of pre-existing codes. As Paul Ricoeur points out in his study on time and narrative, any narrative configuration draws on a refiguration of temporal experience (9). This essay shall attempt to show the dynamic movement from figuration (the pre-existent aesthetic codes of the imperial centre) to con/figuration (the com/bination of different codes stemming from the collision of New World space and Old World perception), and finally re/configuration (the postmodern re/cycling and re/versal of inherited configurations. Through the simultaneous repetition and reaction involved, these contemporary Canadian writers elaborate a self-reflexive representation that is Different by grounding it in the Same.

Emerging from a British empire in economic and political expansion, an explosion of travel literature and immigrant literature in the 1820s and 1830s accompanied the huge tides of emigration to Australia and then to Canada. Susanna Strickland Moodie, one of these early emigrants belonging to the English gentry, came from a highly-educated family renowned for their literary attainments. Already well-known for her sentimental but edifying instalment fiction, the young Susanna Moodie followed her husband to Canada in 1832 to avoid the poverty and loss of social standing that otherwise awaited younger sons who could not inherit any of the family property.[1]

The relocation involved a double sense of loss: the loss of home, friends and family, and the loss of social status, implying economic resonances but also important cultural, intellectual, and ethical dimensions. There are many textual instances of nostalgia in the form of optatives or the *ubi sunt* motif lamenting a vanished past that is one of the identifying markers of literatures of exile. Moodie's text is remarkably charged with tension between the imported language and culture of England, alone deemed desirable, and an apprehension of North American space. Her attempts to transpose an inherited Romantic mode of representation onto her new environment and its mainly uncultured inhabitants is characteristic of the clash between language and place at the heart of settler societies: her highly rhetorical, declamatory descriptions impose on her new surroundings the authoritative representational norms of the metropolitan centre. The second chapter of *Roughing It in the Bush*, for example, which relates the ship's progress up the Saint Lawrence and the passengers' first glimpse of the city of Quebec, is studded with stereotypical celebratory formulas, as Moodie obeys the aesthetics of sentimentalism still so much in vogue in Europe, grounded in Richardson's seminal sentimental novel *Pamela* (1740), the philosophical treatises of David Hume and Adam Smith—namely *An Enquiry Concerning the Principles of Morals* (1751) and *Theory of Moral Sentiment* (1759)—or the melodramatic visual art of Jean-Baptiste Greuze, all positing that attitudes and expressions are iconic and their semiology recognised by all, because they signal emotions that are universal and values that are absolute. Moodie notably sings a paean to the "romantic beauty" of a site, a beauty which conceals an underlying implacable, inhospitable immensity. The colonial writer projects a vision of the world that is fundamentally hierarchical. To share her vision, she resorts abundantly to the rhetorical device of exclamation, a form of emphatic assertion that serves the perlocutionary function of language, and which is analogous to the rhetorical question in that it presupposes on the part of the receiver an answer that is not so much an assertion as an attitude: in this case, of acceptance. Moodie's text often combines exclamation with the devices of interjection, celebration, supplication, and injunction. The following extract is situated within a passage which is devoted to the sighting of Quebec City and whose every paragraph anaphorically begins with an oratorical invocation, in conformity with the lofty style traditionally required for the epic. No reader can fail to notice the suc-

1 Parts of this essay emanate from previous work based on Moodie in particular and on life writing in general in *Commonwealth* 24:1 and *The Global and the Particular* (ed. Jean-Pierre Durix).

cession of imperatives and other modes of command or prohibition such as the future tense that accompany the rhetorical questions and exclamations:

> Canadians, *rejoice* in your beautiful city! *Rejoice* and *be* worthy of her—for few, very few of the sons of men can point to a spot such as Quebec—and exclaim, "She is ours!—God gave her to us in her beauty and strength!—We *will live* for her glory, we *will die* to defend her liberty and rights—to raise her majestic brow high above the nations!"
>
> Look at the situation of Quebec!—the city founded on the rock that proudly holds the height of the hill. The queen sitting enthroned above the waters, that curb their swiftness and their strength to kiss her lovely feet.
>
> Canadians!—as long as you remain true to yourselves and her, what foreign invader could ever dare to plant a hostile flag upon that rock-defended height, or set his foot upon a fortress rendered impregnable by the hand of Nature? United in friendship, loyalty, and love, what wonders may you not achieve? to what an enormous altitude of wealth and importance may you not arrive? (29-30)

The combination of binary and ternary structures, parallelisms, anaphoras and epistrophes, as well as the double personification and convoluted periphrasis confer upon the desired decorousness of the lofty style a preciousness that proves doubly inappropriate. The bombastic diction is unsuitable, first of all, because the landscape into which it has been imported is untamed and peopled essentially by natives with a rudimentary grasp of the English language and uneducated immigrants of simple unpolished speech. Alien to her surroundings, Moodie's language is, moreover, also inappropriate because it clings to eighteenth-century poetic diction that Wordsworth had already attacked in 1798 in the *Preface* of his *Lyrical Ballads* in favour of writing "in a selection of language really used by men," thereby rejecting figures of speech such as personification as so many "mechanical device[s] of style" in no way "a natural or regular part of language" (Wordsworth 321, 323 respectively). Nevertheless, in Moodie's text, the "natural" language of the rustic inhabitants with whom the English immigrant is brought into interaction is significantly not elided. The writer takes pains to transcribe the authentic speech of her neighbours with pointed accuracy, often underlining the errors in pronunciation or grammar by italicizing them. This collision with her own lofty style, inscribed within the figure of social antithesis, is designed to confer authority on the locutor who wields the language masterfully. As Ashcroft, Griffiths, and Tiffin argue, "[l]anguage becomes the medium through which a hierarchical structure of power is perpetuated, and the medium through which conceptions of 'truth,' 'order,' and 'reality' become established" (7). Moodie naturalizes and transplants onto the New World the values constructed by Old World language and culture, and places her text within the framework of benevolent colonial uplifting. Yet, despite the striking gap between the new place and her transplanted language, customs, and values, we can detect a counterdiscursive thread that winds its way through the life writing and strains to incorporate "a pre-existing aesthetic dimension identified with the indigenous occupants of the country" (Ashcroft 143). Explicitly, the discursive and narrative strategies affirm Moody's commitment to preserving the class and gender roles she has inherited. But implicitly, she undergoes what Peterman terms a "radical deculturation" (507) in the bush.

Surrounded by a bookless society, by uneducated immigrants from the British Isles that her background has trained her to despise, or by uncultured late Loyalists whose "mangled" grammar and speech sounds she gleefully transcribes, Moodie begins to have new insights that war with her old prejudices. Striving to overcome her preconceptions with respect to class roles as well as gender roles separating the exterior domain of the fields from the interior domain of the house, Moodie at long last tries her hand at field-labour to assist her husband, who cannot afford hired help. One is struck by the sentence best illustrating her deculturation, a veritable transformation:

> I have contemplated a well-hoed ridge of potatoes on that bush farm with as much delight as in years long past I had experienced in examining a fine painting in some well-appointed drawing room. (167)

The elaborate parallel structure opposing past and present, inside and outside, production and representation, a functional alimentary act and an artistic artefact finds an echo in the stance of Utilitarianism, which links the beautiful and the good with the concept of the useful, making them convertible and indissociable. We find the Aristotelian marriage of form and matter generating harmony in the formal perfection that produces delight, equating the orthogonal rows of potatoes with the lines of the painting. The ridges and the brushstrokes are sources of pleasure and, therefore, of moral improvement. Moodie's new reasoning equates art and craft: art—painting but also writing—is craft, requiring labour and not just inspiration, while inversely, craft—farming, weaving, quilting, or ceramics—is art, and consequently doubly valuable. Equating the ridges (a figuration of the New World) and the brushstrokes (a figuration of the Old) amounts to a con/figuration or merging that generates differentiation and individuation.

Undeniably, we can find a kinship to Moodie's colonial life writing in the contemporary North American impetus of immigrant literature telling the story of displacement and exile, taken up in turn by minority groups gaining access to publishing and distribution, from black and Jewish ethnocultural communities to the voices of Natives, gays, and women (who are not technically a minority group but who have been treated as such).[2] But the spectacular return to the self, to the practice of a narrator who is simultaneously subject and object of narration, has most particularly become a fundamental trait in postmodern writing, in which, in Hutcheon's terms, "modernist aesthetic autonomy and self-reflexivity come up against a counterforce in the form of a grounding in the historical, social, and political world" (*A Poetics of Postmodernism* ix). The postmodern current blurs the boundaries between the already liminal zones of autobiographical fiction and fictive autobiography in the same way as its historiographical novels shatter the borders between history, biography, and story.

One of the first to distance himself completely from European authoritative representational norms and to ground his work in the economic and cultural matrix of North American space and ideology was Leonard Cohen. With its irreverent syncretism and heterosemiotic intertextuality, his provocative novel *Beautiful Losers* systematically deflates European codes of decorum and high style. It adopts a position that is both marginal and complicitous with respect to both European aesthetic norms and the invasive popular culture of its economically powerful, geographically congruent neighbour. The dominant discursive and rhetorical strategies are designed to generate a constant displacement or gap—the difference or deferral that establishes and then undercuts prevailing values and conventions. The desired incongruity is achieved fundamentally through hyperbole, anti-climax, and bathos. Along with the novel's deliberately vulgar characters, Rabelaisian low style, and abundant use of imprecations and obscenities, the devices participate in the specific form of farce classified as the burlesque. Within this framework, Cohen's abundant ingestion metaphors[3] notably constitute the exaggerated, even aberrant elements that have always served to generate the grotesque in artists' attempts to deviate from preconceived standards of harmonious proportion. It suffices for our purposes to look at Cohen's incongruous manner of dipping into colonial hagiography, notably the chronicles of the saintly Iroquois virgin Kateri Tekakwitha transmitted by Jesuit missionaries proselytizing in New France. In a typically irreverent, even flippant passage, the priest sucks the future saint's toes, ostensibly to warm them, but with increasing onomatopoeic gusto ("Gobblegobblegobblewoggle. Slurp"), all the

---

2 Among the numerous publications orienting their contents according to ethnicity or gender, we can cite *Stories by Canadian Women*, ed. Rosemary Sullivan (1984), *Canadian Jewish Short Stories*, ed. Miriam Waddington (1990), *Making a Difference: Canadian Multicultural Literature*, ed. Smaro Kamboureli (1996), or the very recent *Not Quite Mainstream: Canadian Jewish Short Stories*, ed. Norman Ravvin.

3 For a more elaborate analysis of the alimentary dynamics in Cohen's novel, see M. Dvorak, "Books and Bread: Carnivalesque Patterns of Alimentary Discourse in *Beautiful Losers*," *Essays on Canadian Writing*, forthcoming.

while that ironic parallels being made with figures sacred to Christian *muthos* ("He was kneeling as Jesus had kneeled before a naked foot," and "Francis had done the same for lepers") are deflated even further through the bathetic use of anachronism: "his tongue going like a windshield wiper" (Cohen 92-93). Inscribed in a long tradition of contestatory writing, the comic effects produced are similar to those found in major satirical works which, throughout the ages, have advocated inversions of values, such as Swift's *Gulliver's Travels*, Byron's *Don Juan*, Jarry's *Ubu Roi*, Genet's *Le Balcon*, or, a decade after *Beautiful Losers*, Kroetsch's *What the Crow Said*.

At the core of carnivalesque laughter is a bedrock of social criticism intended to challenge *doxa* with respect to religious institutions, political movements, or simply American popular culture and its inherent commercialism. The abundant obscenities and swear-words do more than signal the "irrepressible linguistic vitality and freedom" that Linda Hutcheon lauds ("Cohen's Works" 40). Their injunctive function combines with the text's already plentiful use of injunction in the form of imperatives,[4] rhetorical questions, noun phrases, and noises (notably the abundant onomatopoeic sememes drawn from comic book codes) to denounce the dysfunctioning of a society ruled by American corporate culture and its laws of advertising and marketing. The criticism oscillates between frontal attack, designed to generate moral indignation, and playful parody, designed to produce detached amusement. The former mode, visible in the following extract, generates an axiological gap between Madison Avenue and the Canadian community, foregrounded through the complicitous use of the trademark interjection "eh":

> What does "wooing the teenage market" really mean? Eh? Look at all the thirteen-year-old legs on the floor spread in front of the tv screen. Is it only to sell them cereals and cosmetics? Madison Avenue is thronged with hummingbirds who want to drink from those little barely haired crevices. Woo them, woo them, suited writers of commercial poems. Dying America wants a thirteen-year-old Abishag to warm its bed. Men who shave want little girls to ravish but sell them high heels instead. (Cohen 62)

On the more covert level of parody, within the heterosemiotic intertextuality rooted in the "low" manifestations of popular mass culture such as comic books, advertising, pulp magazines, sitcoms, and Hollywood movies, there is notably the Charles Axis/Charles Atlas pastiche beginning with the "real" slogan in capital font: "HOW JOE'S BODY BROUGHT HIM *FAME* INSTEAD OF *SHAME*" (73). This mock heroic episode parodies a manufactured cultural hero who is already a parody of traditional notions of the hero. *Beautiful Losers* appears

---

4 We need only to look at the hilariously injunctive prayer of the straining but constipated narrator, beginning with the imperative "Unlock me!" (41).

emblematic of the reconfigurative distancing strategies adopted by contemporary Canadian writers to question both the narratives that operate on us as models and the worldview on which they feed. To borrow Hutcheon's terms once more, by "using and abusing the general conventions and specific forms of representation, postmodern art manages to de-naturalize the 'natural' in them" ("Politics of Representation" 25).

It is just such de-naturalizing that George Bowering strives to accomplish in his fictional documentary *Burning Water*. Calling attention to the fact that a biography is a fictional construct, interrogating the national ideals and the notions of the hero that, as Donna Bennett argues, have been "naturalized," or treated under the rubric of "accuracy" (203), the novel re-relates the story of George Vancouver in a contrapuntal manner that, through shifts in perspective, juxtaposes reminiscences of the "other George," the "realist novelist" (Bowering 23) himself, alongside the deeds of the English navigator who first explored the Pacific coast of North America in the eighteenth century. Already in his Prologue, Bowering inserts certain constructions containing powerful referential values that point to "real" life. He sets the stage for a superimposition or overlapping of subjectivity and objectivity, personal and national identity, verifiable historical figure and fictional persona, George III and George VI, past event and present gaze, in the manner of an anamorphosis:

> When I was a boy, I was the only person I knew who was named George, but I did have the same first name as the king. That made me feel as if current history and self were bound together, from the beginning.
>
> When I came to live in Vancouver, I thought of Vancouver, and so now geography involved my name too, George Vancouver. He might have felt such romance, sailing for a king named George the Third. What could I do but write a book filled with history and myself, about these people and this place? (9)

Bowering makes parallels between voyage and writing, and equates exploring geographical space and the inner spaces of the mind: the readers are the sea keeping the book/author/ship afloat. The intrusion of the self in the biography represents one of his systematic tactics: he privileges commentary over record, and enunciation over proposition. Along with the generic and temporal slippages, he self-reflexively fuses the reading and writing processes, creation and consumption, the locutor and the receiver into a fertile, aporetic hybrid, both real and fictional:

> So we Georges all felt the same sun, yes. We all live in the same world's sea. We cannot tell a story that leaves us outside, and when I say we, I include you. But in order to include you, I feel that I cannot spend these pages saying *I* to a second person. Therefore let us say *he*, and stand together look-

> ing at them. We are making a story, after all, as we have always been, standing and speaking together to make up a history, a *real* historical *fiction*. (10, emphases mine)

The postmodern converging of autobiography, biography, and documentary within a single fictional space occurs as intensely, if not more so, in Michael Ondaatje's fictional autobiography or historiographical metafiction *Running in the Family*, the generic slippages of which have been analyzed by Smaro Kamboureli and Gerry Turcotte. In this fractured text that resists scrutiny, that Turcotte compares to a bomb—exploding just when we feel we have found its register (101)—Ondaatje, who has written books on cultural icons from Billy the Kid to Buddy Bolden and Leonard Cohen, posits the equivalence between story and history, declaring that "[t]ruth disappears with history" (*Running in the Family* 53), and explaining that:

> No *story* is ever told just once. Whether a memory or funny hideous scandal, we will return to it an hour later and retell the story with additions and this time a few judgements thrown in. In this way *history* is organized. (26)

As Timothy Dow Adams points out in an article entitled "*Running in the Family*: Photography and Autobiography in the Memoirs of Michael and Christopher Ondaatje," because we think of photographs as operating on a more referential plane than words, and as evoking self-reproduction rather in the manner of autobiography, the photographs inserted into Ondaatje's text label the work non-fiction in the minds of readers, confuse the issues of representation, and interrogate our notions of veracity. *Running in the Family*, having been called "oral history, memoir, collection of anecdotes, historiographic metafiction, and biography" (Kamboureli 80), is illustrative of the postmodern strategy of hybridisation that feeds fiction with fact, yet "contaminates" the factual with the fictional, resisting generic categories through the process of slippage.

Studying life writing from the earnest (self-)representations of Susanna Moodie to the self-reflexive ones of postmodern writers who not only blur the factual and the fictional, but also blend artistic modes of representation with the exegetical art of dismantling a text, and who choose to function within the modes of ambiguity and liminality, consolidates the postmodern notion that all perception and articulation are socially constructed. Colonial writers resisting dislocation from an authoritative imperial culture, or postcolonial writers practising systematic displacement away from all central, normative, totalizing forms of production constitute opposite poles on the axis of representation. Yet, they congruently call attention to the constructed—and suspect—notion of a single Truth. On the one hand, a colonial text such as *Roughing It in the Bush* stages the confrontation between such constructs manufactured by the culture from which the writer emerges and the culture into which she merges. Its interrogation of cultural conventions that define both literary production and the social construct that passes for reality is a fragile one, unfolding delicately along a covert, counterdiscursive thread woven throughout the explicit textual proposition, and moving towards an aesthetic and axiological position of differentiation and authenticity.

On the other hand, contemporary texts such as those which I have examined display—even flaunt—their own self-aware analysis, nonetheless rooted in a fundamental similitude. These authors do not differentiate themselves radically, anchoring their difference essentially in a manifest programme of recycling. They demonstrate that one can never invent a code, but only rework or re/configure pre-existent representations and shuffle the deck, as it were, by rearranging the elements that, although they have been merged, remain forever the same.

Ultimately, the representational self-consciousness of postmodern Canadian life writing not only underscores how representation legitimizes notions as a given, but is moreover linked to questions of nationhood. The self-reflexivity seems to participate in the country's identity-constructing strategies of individuation, which consist in manufacturing through displacement an authentic cultural Difference from both Great Britain and the United States, and thus a unique representation of the national self. The dynamics of the process that this essay has traced unfurl on a double level. On a primary level, they involve surcoding and transcoding, bringing about an interaction of old and new figurations. On a second level, they superimpose the repetitive mode of a forever new beginning, introducing another layer of surcoding suffused with discrete values. From con/figuration to re/configuration, these Canadian writers explore the properties of the code and manufacture the Other from the Same.

Works Cited

Adams, Timothy Dow. "*Running in the Family*: Photography and Autobiography in the Memoirs of Michael and Christopher Ondaatje." *La Création biographique/Biographical Creation*. Ed. Marta Dvorak. Collection de l'AFEC 5. Rennes: P U de Rennes/Association Française d'Etudes Canadiennes, 1997. 93-99.

Ashcroft, Bill, Gareth Griffiths, and Helen Tiffin. *The Empire Writes Back: Theory and Practice in Post-colonial Literatures*. London/New York: Routledge, 1998.

Bennett, Donna. "No Fear of Fiction: Life-Writing in the English-Canadian Novel." *La Création biographique/Biographical Creation*. 203-10.

Bowering, George. *Burning Water*. Toronto: New Press Canadian Classics, General Publishing Co. Ltd, 1980.

Cohen, Leonard. *Beautiful Losers*. Toronto: New Canadian Library, McClelland and Stewart, 1966.

Dvorak, Marta. "Autobiografiction: Strategies of (Self) Representation." *Commonwealth* 24:1 (Autumn 2001): 91-101.

—. "Rhetorical Imperialism, or 'the Word in the Wilds,'" *The Global and the Particular*. Ed. Jean-Pierre Durix. Collection Kaléidoscopes. Dijon: Editions Universitaires de Dijon, 2002.

—. "Books and Bread: Carnivalesque Patterns of Alimentary Discourse in *Beautiful Losers*." *Essays on Canadian Writing*, forthcoming.

Hutcheon, Linda. *A Poetics of Postmodernism: History, Theory, Fiction*. New York/ London: Routledge, 1988.

—. "The Politics of Representation." *Signature, a Journal of Theory and Canadian Literature* 1 (Summer 1989): 23-34.

—. "Cohen's Works: Caveat Lector." *Canadian Writers and Their Works*. Eds. Robert Lecker, Jack David and Ellen Quigley. Toronto: ECW Press, 1989. 31-65.

Kamboureli, Smaro. "The Alphabet of the Self: Generic and Other Slippages in Michael Ondaatje's *Running in the Family*." *Reflections: Autobiography and Canadian Literature*. Ed. K. P. Stich. Ottawa: U of Ottawa P, 1988.

Moodie, Susanna. *Roughing It in the Bush, or Forest Life in Canada*. Ed. Carl. F. Klinck. Toronto: New Canadian Library, McClelland and Stewart, 1970.

Ondaatje, Michael. *Running in the Family*, Toronto: McClelland and Stewart, 1982.

Peterman, Michael. "*Roughing It in the Bush* as Autobiography." *Reflections: Autobiography and Canadian Literature*. Ed. KP. Stich. Reappraisals: Canadian Writers 14. Ottawa: U of Ottawa P, 1988.

Ricoeur, Paul. *Temps et Récit*. Tome III, *Le temps raconté*. Paris: Seuil, 1985.

Turcotte, Gerry. "Coming Out of the Closet: Sexual Politic in Michael Ondaatje: *The Man with Seven Toes*." *La Création biographique/ Biographical Creation*. Ed. Marta Dvorak. Collection de l'AFEC 5. Rennes: PU de Rennes/Association Française d'Etudes Canadiennes, 1997. 101-10.

Wordsworth, William. *Preface* to the Second Edition of the *Lyrical Ballads* (1800). *English Romantic Writers*. Ed. David Perkins. New York/Chicago/ San Francisco/Atlanta: Harcourt, Brace & World Inc., 1967. 320-331.

Quand le *je* est un(e) Autre: l'écriture migrante au Québec

Janet PATERSON

University of Toronto

C'est un dur métier l'exil.
(Sergio Kokis 48)

Restera l'exil, l'éternel sentiment d'être ailleurs, déracinée.
(Régine Robin 187)

Pendant plus d'un siècle, entre à peu près 1860 et 1980, émergea au Québec une tradition romanesque où le personnage de l'Autre faisait l'objet du discours. Des *Anciens Canadiens* à *Kamouraska*, en passant par *Le Survenant, Trou de mémoire* et *La Guerre, Yes Sir*, le personnage Autre était fréquemment un anglophone—Canadien-Anglais, Britannique ou Américain—et le groupe de référence, la société catholique et canadienne-française. Pour certains auteurs, tel Hubert Aquin, cette altérité mettait en lumière un sentiment d'infériorité, voire un statut de colonisé.[1] D'autres écrivains sont allés moins loin, tout en voyant dans le personnage Autre une menace à l'identité linguistique et culturelle du Québec.

A partir des années 80, il y a eu un changement radical dans la représentation romanesque de l'altérité dans la mesure où c'est la voix de l'Autre qui s'est fait entendre décrivant sa situation minoritaire et souvent aliénée par rapport au groupe de référence que constituent les Québécois. Les questions qu'il faut dès lors se poser sont les suivantes: comment s'exprime et se construit, au niveau du discours, l'altérité de celui ou de celle qui affirme: "Je suis Autre" (voir Paterson 1998). Et dans quelle mesure, cette altérité conteste-t-elle le binarisme récusé par

---

[1] Influencé par Frantz Fanon et Albert Memmi, Aquin poursuivait des recherches sur le complexe du colonisé et adhérait aux théories de la décolonisation qu'il reprenait dans ses essais. Voir, par exemple, dans *Blocs erratiques*, "L'Art de la défaite" (113-122) et "Littérature et aliénation" (137-142). Cette thématique est développée dans *Trou de mémoire* où le protagoniste révolutionnaire, Pierre X. Magnant, mène la guerre contre l'oppression.

certaines théories postcoloniales (voir par exemple: Aijaz)? Pour répondre à ces questions, je me propose d'analyser deux romans qui s'inscrivent dans le cadre de l'écriture migrante: *La Québécoite*[2] de Régine Robin et *Le Pavillon des miroirs*[3] de Sergio Kokis.

Quand l'Autre dit *je*

Voici, en quelques mots, comment se résument ces deux romans. *Le Pavillon des miroirs* est un récit autobiographique fictif mettant en scène un narrateur brésilien qui raconte ses souvenirs d'enfance et d'adolescence dans son pays d'origine tout en évoquant son expérience d'immigrant à Montréal. Dans *La Québécoite*, autre récit autobiographique fictif, la narratrice est une immigrante juive, d'origine polonaise, née à Paris, qui est venue s'installer au Québec à l'âge adulte. Elle relate certains événements douloureux de son passé et ses difficultés d'adaptation dans la société québécoise. Comme il s'agit de textes fictifs à portée autobiographique, il n'est pas étonnant que l'énonciation soit prise en charge par le *je* narratif. Qui plus est, dans les deux cas, la narratrice et le narrateur se désignent ouvertement, sans la moindre ambiguïté, comme étant des sujets "Autres," des "étrangers" ou des "exilés" dans la société québécoise qui les a accueillis. "Quelle angoisse certains après-midi—Québécité—québécitude—je suis autre. Je n'appartiens pas à ce Nous si fréquemment utilisé ici—Nous autres—Vous autres—" (Q 53-54), dira la narratrice dans *La Québécoite*, alors que le narrateur dans *Le Pavillon des miroirs* affirmera "celui qui a tant cherché à partir ne s'habitue pas ensuite à la solitude des grands espaces. [...] le voyage s'est transformé en exil" (PM 363). C'est dire, en d'autres mots, que les deux narrateurs s'approprient leur altérité pour en faire le sujet et l'objet de leur discours.

Dans *La Québécoite,* la complexité de l'énonciation découle du fait que l'intrigue se situe à trois niveaux différents. Au premier niveau, on l'a déjà mentionné, le roman raconte les souvenirs et les difficultés d'adaptation de la narratrice dans son nouveau pays. Pour atténuer "l'incontournable étrangeté" (Q 54), la narratrice décide de rédiger un roman au sujet d'un personnage qui, comme elle, est une immigrante française tentant de s'établir au Québec. Ce récit en abyme constitue la deuxième trame diégétique. Mais la situation narrative se complique davantage, car la protagoniste du deuxième récit décide, elle aussi,

---

[2] Régine Robin, *La Québécoite*, Montréal, Typo, 1993. Désormais, les références à cet ouvrage seront indiquées par le sigle Q, suivies du folio, et placées entre parenthèses dans le texte.

[3] Sergio Kokis, *Le Pavillon des miroirs*, Montréal, XYZ, 1995. Désormais, les références à cet ouvrage seront indiquées par le sigle PM, suivies du folio, et placées entre parenthèses dans le texte.

d'écrire un roman. Doublement en abyme, ce récit a comme personnage principal un professeur écrivain juif qui est également un immigrant de l'Europe de l'Est.

A l'instar de la structure en abyme, l'énonciation se situe à trois niveaux différents. La narratrice raconte des bribes de sa vie présente et passée en utilisant à la fois le *je* et le *tu* narratifs: "tu avais aimé ce pays, tu en avais humé les vapeurs bleues" (Q 20). D'où la présence d'un discours clivé, voire schizophrénique (Purdy 91), qui a pour fonction non seulement d'exprimer l'angoisse de la narratrice, mais surtout son sentiment d'altérité au sein de la société québécoise. Dans le deuxième récit, la narratrice utilise le pronom *elle* pour désigner la protagoniste de son roman: "Elle habiterait Snowdon à l'ouest de la montagne et du cimetière Notre-Dame-des-Neiges, une de ces maisons ombragées qui donnent sur Victoria" (Q 23). Pour mettre en relief le statut fictif de son personnage, la narratrice emploie le conditionnel: "Il serait une fois une immigrante. Elle serait venue de loin—n'ayant jamais été chez elle" (Q 64). Et elle réinvente son histoire trois fois en la situant dans trois quartiers différents. Rien de plus limpide à première vue que ce dispositif énonciatif: par son caractère intimiste, le *je/tu* s'accorde parfaitement au discours autobiographique alors que le *elle* désigne, selon les normes, la protagoniste d'un récit fictif. Limpide? Certainement pas. Détruisant les frontières entre l'autobiographie et la fiction, le texte mélange les points de vue narratifs: la distance entre les formes pronominales s'estompe alors que les récits s'entremêlent. Le brouillage qui en résulte est lourd de conséquences ayant pour effet de gommer la différence entre la réalité et la fiction. Tout se passe comme si les frontières entre le réel (la vie de la narratrice) et le fictif (son roman) se décomposaient pour mettre en pleine lumière la pluralité et le désordre identitaire du sujet Autre. Car si le *je* narratif est non seulement un *tu*, mais également un *elle*, c'est pour inscrire, dans toutes les couches du texte et dans toutes ses histoires, la présence d'un sujet migrant fragmenté, déchiré, sujet multiple, à la fois réel et inventé. Comment en effet dire son altérité sinon par l'entremise d'une énonciation éclatée:

> Entre Elle, je et tu confondus
> pas d'ordre.
> Ni chronologique, ni logique, ni logis (Q 88).

Dans *Le Pavillon des miroirs,* la mise en discours du personnage Autre adopte un processus énonciatif différent: le narrateur adulte, établi au Québec depuis de nombreuses années, raconte, par le biais du *je* narratif, ses souvenirs d'enfance et l'expérience de son exil. Il est évident que l'emploi du *je* narratif autobiographique correspond, dans ce roman comme dans *La Québécoite*, à une importante prise de parole. Nul besoin donc de fictionnaliser l'exil ou de le surinvestir en inventant des personnages ou des trames narratives complètement détachées de la réalité. Surdéterminés par de multiples effets de réel, déjouant la dichotomie réalité/fiction, ces romans mettent en pleine lumière le drame de l'expérience migrante dans une société post-coloniale.

Dans *Le Pavillon des miroirs*, le récit alterne généralement d'un chapitre à l'autre entre les souvenirs du passé lointain du narrateur avec ses réflexions sur sa vie présente d'exilé.[4] Or, ce qu'il importe de souligner, c'est que, dès l'*incipit*, le narrateur adulte raconte ses souvenirs d'enfance en utilisant le présent: "Je suis encore petit. Lili aime se frotter contre moi l'après-midi quand on fait la sieste" (PM 11). Tout se passe alors comme si le *je* adulte se confondait à l'enfant d'antan et à l'adolescent. A la manière du récit proustien, le narrateur nous ramène vers son passé, non pas toutefois par le biais des odeurs, mais de certaines images; un passé, qui sera relaté au présent. D'où l'inscription au niveau de l'énonciation d'un sujet à la fois double et singulier, d'un *je* adulte et enfant dont l'identité même se construit et se déconstruit, comme nous le verrons maintenant, dans un cadre temporel et spatial.

Temps et espaces: un "no man's land"

"Désormais le temps de l'entre-deux" (Q 63)

Dans le récit migrant, on ne peut guère analyser l'énonciation en faisant abstraction des dimensions temporelles et spatiales, le statut même de l'altérité des personnages étant gouverné par leur appartenance à d'autres espaces dans le cadre de temporalités antérieures. Dès lors, si le *je* narratif dans *La Québécoite* est soumis à une diffraction identitaire, c'est parce qu'il se rattache continuellement à des temporalités et à des espaces différents. De même, si le narrateur dans *Le Pavillon des miroirs* se perçoit comme un exilé, un déraciné, c'est parce qu'il oscille, comme il le dit lui-même, "entre deux temps, le sien et le réel, en arrière et en avant, sans pouvoir se fixer" (PM 360).

En décrivant Montréal, la narratrice dans *La Québécoite* avoue: "Impossible de faire le tour de cette ville, de l'assimiler, de se l'incorporer" (Q 173). Aussi, très curieusement, ce roman, qui met en place de façon magistrale la ville de Montréal, mentionnant avec tant de précision le nom des rues, les quartiers, les magasins, les maisons, débouche paradoxalement sur le démembrement et la fragmentation de cette ville.

[4] Cette alternance n'est pas toujours systématique. Certains chapitres mettent en scène, pour commencer, la vie actuelle du narrateur, mais se dirigent vers le passé à la suite d'une allusion particulière. Au chapitre 10, par exemple, le narrateur mentionne les tableaux qui l'entourent dans son atelier pour ensuite évoquer l'importance des images et des dessins dans son enfance. Dans certains cas, plusieurs chapitres sont consacrés au récit du passé. Voir, par exemple, les chapitres 11,12, 13.

Comme plusieurs critiques l'ont déjà signalé (Frédéric, "L'écriture mutante..."; Harel), l'espace dans ce roman se caractérise par un non lieu, un entre-deux, un "no man's land" (Q 65), pour reprendre les mots de la narratrice. Cet entre-deux est lié au fait que d'autres espaces se greffent à Montréal: des espaces mémoriels, en particulier Paris, mais aussi, encore plus loin dans la mémoire, Budapest et Jitomir. Les transitions spatiales n'existant pas, la narratrice erre véritablement d'un espace à un autre, réel et mémoriel, parisien et montréalais, en faisant des détours à New York et en Pologne. Confondant le passé et le présent, l'ailleurs et l'ici, ou—pour le dire autrement—errant dans ces espaces et ces temporalités diverses pour raviver la mémoire, elle se retrouve dans un non-lieu. Comme le souligne Madeleine Frédéric ("Stylistique et recul..."), elle a beau dresser des listes, donner des détails sur le métro parisien en mentionnant le nom des stations, ou encore, décrire avec minutie les lieux montréalais dans le roman qu'elle est en train de rédiger, le réel spatial continue à se dissoudre. En commentant la désintégration du réel dans ce roman, Pierre Nepveu souligne avec finesse le dilemme auquel fait face la narratrice: "le texte migrant se souvient, croit se souvenir, est hanté par l'originel et l'authentique, mais doit en même temps constater, que d'une certaine manière cette hantise est sans objet" (200).

Dans *Le Pavillon des miroirs*, le temps et l'espace s'organisent selon l'alternance des chapitres entre le passé et le présent du narrateur. En décrivant le passé, le récit présente en grand détail l'enfance et l'adolescence du narrateur au Brésil. Il fait état de sa vie familiale, estudiantine et sociale. Suivant un parcours chronologique, le récit nous mène ainsi de l'enfance jusqu'à l'âge adulte. Ce faisant, il nous permet de découvrir la vie intérieure du jeune garçon brésilien, à savoir ses joies, ses craintes, ses désirs et l'évolution graduelle de son amour de l'art visuel.

Mais ce qui rend ce roman particulièrement intéressant dans la perspective de l'écriture migrante, c'est le fait que le récit entier se greffe sur le social. Il s'agit en effet d'un texte où le regard énonciatif s'ouvre continuellement sur le monde extérieur. D'où les nombreuses descriptions de la vie au Brésil dans les rues, les cafés, les ports, le marché:

> Le marché public domine la place avec ses couleurs éclatantes, ses odeurs sucrées et ses escadrons de mouches. [...] et je peux m'attarder tant que je veux pour regarder les commis qui découpent les chairs, qui pèsent les pieuvres dégoulinantes, les tas de sardines et les paniers de crabes aux pinces agressives, bleu et mauve, parmi les algues. Puis les montagnes de noix de coco aux chevelures brunes, des régimes de bananes visqueuses côtoyant les piles d'ananas. (PM 63-64)

Dans le deuxième récit, le narrateur décrit, au présent, sa vie dans son pays d'adoption où il réside depuis vingt-cinq ans. "Enterré," comme il le dit lui-même, dans le sous-sol d'un immeuble où se trouve son atelier, il donne certains détails sur sa vie quotidienne à Montréal et surtout sur son travail de création artistique. Ce qui frappe dans les descriptions de sa vie montréalaise, c'est l'immense contraste par rapport à son récit du passé. Si celui-ci se démarque par l'image éclatante du soleil et de la chaleur, c'est le froid et le manque de clarté qui caractérisent sa nouvelle existence:

> La chaleur moite d'autrefois n'existe plus que dans ma mémoire. Ici les fleurs de givre couvrent les vitres d'une dentelle épaisse, grise, qu'il faut gratter avec insistance et qui s'embue aussitôt. Le froid intense des longs janviers [...]. Le ciel est d'une couleur vieux plomb oxydé [...]. Le soleil de travers qui tranche le monde en diagonale se fait rare pendant cet hiver. (PM 18)

De même, si la vie brésilienne se distinguait par le mouvement constant et l'ouverture vers le social, la vie montréalaise est sans substance et surtout sans passion quelconque. Ce monde nouveau, matérialiste et artificiel est celui du "royaume de l'incandescence tout entier en tubes fluorescents, blafard et éternel, ennuyeux et prétentieux" (PM 365). Aussi, à l'instar de la chaleur dramatisant la vitalité de la vie brésilienne, le froid hivernal concrétise l'image d'une aridité et stérilité sociales.

Cette incapacité d'assumer le réel, en l'occurrence la réalité de la vie dans le "pays d'exil," est évidemment lourde de conséquences. Fermant les yeux, comme il le dit, à tout ce qui l'entoure pour se sentir vivant, le narrateur se réfugie, par le biais du souvenir et de son art, dans le passé: "Même si je fais attention au présent, c'est toujours en le confondant aux images du passé; à tel point que le nouveau finit par perdre son intérêt" (PM 21-22). Si vivre dans le passé déclenche une certaine créativité, le résultat en est néanmoins l'impossibilité de se défaire d'une identité de déraciné. A l'image de la narratrice dans *La Québécoite,* le narrateur adulte erre dans un véritable non lieu, dans un entre deux, quelque part entre le Brésil et le Québec, le passé et le présent: "ce déraciné oscille ainsi entre deux temps, le sien et le réel, en arrière et en avant, sans pouvoir se fixer" (PM 360). Lucide, le narrateur comprend que l'enjeu de cette errance est la perpétuation de son statut d'exilé et d'une vie en suspens qui le rend plus étranger que jamais. Il décrit d'ailleurs les exilés comme étant des "mélancoliques" dont le temps est "fermé": "lorsqu'ils parlent d'avenir, c'est pour venir à ce passé duquel ils ne sont jamais sortis" (PM 362).

Curieusement ainsi, le temps du présent, qui gouverne le récit de Kokis est, au bout du compte, illusoire, trompeur, tout comme la ville de Montréal dans *La Québécoite* représente, en dépit de son aspect concret, l'espace de la dissolution du réel. Incapables de se situer dans leur nouvel environnement, les narrateurs vivent, selon les termes de Landowski, dans un état d'absence au monde par rapport à l'ici-maintenant (87-110). Cet état découle du fait que l'espace-temps du pays d'accueil, tel qu'appréhendé par les narrateurs, s'avère être, en réalité, un support de différence positionnelle (Landowski 26): ressentant, à tout moment, un écart dans le temps et l'espace, les narrateurs migrants vivent littéralement dans un *no man's land* ou, pour le dire autrement, dans un état d'exil perpétuel: "l'étranger partant en exil portait sans le savoir dans son flanc les germes d'une impossibilité absolue de se fixer. [...] je devenais donc un homme de nulle part" (PM 196). Le sujet migrant semble ainsi voué à un statut d'altérité. Qui plus est, si le retour vers le passé offre certaines consolations, il s'avérera, lui aussi, à la longue un lieu de perte et d'absence: "Je demeurais en suspens, plus étranger que jamais, à la fois sans prise sur ce monde nouveau et sans attache avec ma vie d'autrefois" (PM 204).

Le regard de l'Autre

"Alors, c'est ça, le pays du nord, avec tant de richesse, tant de gaspillage, de pouvoir et de vanité" (PM 356)

La disjonction du personnage migrant par rapport à son nouvel environnement, même s'il s'agit d'une société postcoloniale, n'est certes pas étonnante puisque tout lui rappelle son statut d'étranger: la langue, les moeurs, le climat et, fréquemment, le regard des Autres. Aussi, pour creuser la question identitaire dans le récit migrant, faut-il examiner brièvement la vision de l'Autre sur le groupe de référence et sur l'espace de celui-ci. Quel point de vue le narrateur Autre adopte-t-il vis-à-vis du nouveau pays et de ses habitants? La question est importante, car, comme le signale pertinemment Landowski, l'Autre ne peut construire son identité qu'en construisant la figure du groupe dominant: c'est en identifiant des traits distinctifs du groupe que L'Autre percevra sa propre différence (45-86). Il est évident toutefois que cette identification est surdéterminée par le vécu antérieur du personnage, puisque ce vécu lui sert de cadre de référence. Par ailleurs, il est également important, dans le cas du récit migrant, de questionner le désir de l'Autre par rapport à sa relation au groupe dominant. Cherche-t-il à s'intégrer dans le collectif, c'est-à-dire à éliminer autant que possible les traces de sa différence dans l'espoir de faire partie du groupe de référence? Ou bien, au contraire, veut-il investir son identité en pariant sur son altérité?

Dans *Le Pavillon des miroirs*, le personnage narrateur mentionne fréquemment son statut d'étranger en utilisant des termes tels "étranger," "exilé," "déplacé," et ce, en dépit du fait qu'il habite Montréal depuis vingt-cinq ans. Or, curieusement, s'il vit, comme il le dit lui-même, une "existence d'exilé," ce n'est pas parce qu'il se sent exclu ou traité sans égards par le groupe de référence. En fait, il avoue le contraire: "les gens que je côtoie ne semblent pas se souvenir que je suis étranger" (PM 280). Il raconte à cet effet un incident révélateur. Ses collègues au travail l'invitent à assister à une présentation de sensibilisation au sujet des communautés ethniques. Lorsqu'il décline l'invitation expliquant qu'il est lui-même un "ethnique," ses collègues pensent qu'il fait "une blague" (PM 283). Etranger, Autre, le personnage ne l'est donc pas à cause du groupe de référence. En réalité, il n'y a rien dans le discours du narrateur qui suggère la présence d'un processus d'exclusion quelconque à son égard.

Comment alors s'explique le fait que le personnage narrateur se sente exilé, déplacé? D'où lui vient le sentiment d'être toujours et pour toujours, dirait-on, un étranger, puisque ce n'est pas par l'entremise de la société d'accueil? Quel est l'enjeu de son désir, voire de son besoin d'être Autre?

Pour répondre à ces questions, il importe tout d'abord d'examiner brièvement le point de vue du narrateur sur le groupe de référence. Comment le narrateur brésilien décrit-il la société québécoise? A vrai dire, il passe d'une vision non positive marquée par la généralisation et le stéréotype à une représentation caricaturale. Aliéné, solitaire, le narrateur peint une image négative de la société québécoise. Souvent, il se pose, en fait, en instance jugeante. Il s'en prend tout d'abord à la société de consommation, où les gens continuent "à acheter compulsivement des choses inutiles" (PM 23). Pour lui, le "pays du nord," comme il l'appelle, si riche, est un pays de "gaspillage, de pouvoir et de vanité" (PM 356). Et plusieurs fois, il mentionne l'ennui, la peur du vide et la médiocrité qui règnent partout: "Hormis le sport et la politique corrompue, seule la peur du vide s'étale comme un nuage pestilentiel" (PM 231). Même l'art visuel, qui le passionne, ne s'en tire pas mieux. "De l'Art?," demande-t-il pour rétorquer rapidement: "Si je regarde leurs musées vides de sens, remplis de cris étouffés, de gestes timides, d'éjaculations précoces, bariolés de caca et de bave sans crachat, je dois conclure que ça n'a rien avoir avec ça" (PM 369). Tout ainsi dans le pays d'adoption semble gris, plat, ennuyeux, stérile, à l'image de l'hiver qui plane sur toutes les descriptions de la vie montréalaise. Et voilà, que sous l'oeil de l'Autre, la critique sociale se transforme en une véritable caricature. Les gens d'ici sont perçus comme étant des "nains de la passion" (PM 364), "pleins de graisse et d'avoir, s'ennuyant à mort, avec des femmes grotesques et des vieillards roublards qui gardent leur place en gémissant" (PM 370).

Est-ce donc vraiment "ça," le pays du nord, ainsi que le demande le narrateur (PM 356)? Même en tenant compte du fait que le récit de la vie brésilienne fait, lui aussi, l'objet d'un discours carnavalesque et caricatural, il importe de réfléchir à cette vision négative et stéréotypée de la société montréalaise. D'où vient ce besoin de peindre tout en noir et gris, de s'attarder uniquement à des dimensions sociales négatives, d'exagérer des éléments somme toute anodins, de passer sous silence toute manifestation de vitalité, de passion et d'énergie?

A vrai dire, le narrateur sémantise certaines différences sociales par rapport à son expérience brésilienne afin de créer une altérité: c'est-à-dire, sa propre altérité. Ce faisant, il se situe lui-même à l'écart de la société. Chose certaine, le narrateur ne cherche pas à s'intégrer au groupe dominant. Au contraire, il ressent le besoin de s'en distinguer, d'établir une distance entre le *je* et le *nous*, de lutter contre toute forme d'intégration. Aussi lui faut-il construire une image de la société à laquelle il ne peut adhérer. Dans ce sens, il ressemble étrangement à la figure de l'ours décrite par Landowski, ce solitaire "à qui nul autre que lui-même ne peut indiquer le chemin à suivre et qui, une fois en marche, ne déviera pas, quoi qu'il arrive, de sa propre trajectoire, quitte à laisser petit à petit se rompre la plupart des liens qui le conjoignent à sa sphère d'appartenance" (54). A la manière d'un ours, d'ailleurs, le narrateur demeure enterré dans un sous-sol, loin de toute activité sociale, exprimant un seul désir de contact humain, celui de recevoir une lettre de son ancien pays. Ainsi, plutôt que de s'intégrer à la société d'accueil et d'en accepter les normes et les coutumes, le protagoniste dans *Le Pavillon des miroirs* choisit le libre accomplissement de soi-même: c'est lui qui opte pour un statut d'altérité et non pas la société qui le lui impose. C'est lui qui se veut Autre. S'agit-il d'un choix incompréhensible, illogique? Ce choix trahit-il une attitude arrogante, ingrate? Certainement pas. Comme nous le verrons plus loin, l'altérité s'avère être le seul mode de survie pour ce personnage étranger, pour cet exilé.

"Nous nous comprenons dans le malentendu" (Q 54)

Comment se caractérise le regard de l'Autre dans *La Québécoite*, dont le titre même semble annoncer un état de disjonction entre le personnage principal et la société québécoise? Autrement dit, comment interpréter le suffixe "coite" alors que la narratrice est tout sauf silencieuse?

Contrairement au personnage narrateur dans *Le Pavillon des miroirs,* la protagoniste dans ce roman donne une représentation très détaillée, on l'a souligné, de la ville Montréal. Ce texte restera sans doute un des grands romans de cette ville tant il la décrit avec détail, précision et souvent lyrisme. On croirait à certains moments se promener littéralement dans différents quartiers, longer les grandes rues telles Sherbrooke et St. Denis, où surgissent, à tout coin de rue, des cafés, des grands magasins, des petites boutiques, des odeurs alléchantes et de nombreux promeneurs. Pour fixer la différence des lieux montréalais par rapport aux lieux de son passé, la narratrice a recours à de nombreux procédés descriptifs, dont l'énumération, la nomination des lieux (des banques, des magasins et des enseignes), les listes et la cartographie (Frédéric, "L'écriture mutante..."). Tout donc semble indiquer, au niveau discursif, une inscription réelle du personnage dans cette ville et dans sa culture dans la mesure où toute forme d'appréhension de notre être passe par un procès de localisation du monde.

Pourtant, en dépit de l'affection de la narratrice pour ce "pays bleu" et de sa connaissance approfondie de Montréal, elle ressent un sentiment de disjonction par rapport à la société québécoise. Souvent elle répétera des locutions telles: "je suis autre"; "je ne suis pas d'ici." Quelle dynamique gouverne ce processus de disjonction. Est-ce le *je* qui se sent et se tient à l'écart du groupe dominant? Ou bien, inversement, est-ce le *nous* qui l'éloigne de ses sphères socio-politiques et culturelles? Et dans ce processus de non intégration, quel regard l'Autre jette-t-il sur la société québécoise?

Il est évident qu'en grande partie, le sentiment de non-appartenance du personnage, provient du fait qu'étant Française et juive, de parents polonais, elle ne partage pas la culture, l'Histoire, les traditions, la religion, le passé et, à certains égards, la langue des Québécois:

> Quelle angoisse certains après-midi—Québécité—québécitude—je suis autre. Je n'appartiens pas à ce Nous si fréquemment utilisé ici—Nous autres—Vous autres [...]. Mes aïeux ne sont pas venus du Poitou ou de la Saintonge ni même de Paris, il y a bien longtemps [...] je ne connais pas la recette du ragoût de pattes ni de la cipaille. Je n'ai jamais été catholique. [...] Même ma langue respire l'air d'un autre pays [...]. Je n'ai jamais vu la famille Plouffe à la télévision. [...] Je ne suis pas d'ici. (Q 53-54)

On le constate: dans ce passage, la narratrice identifie les lieux multiples de sa *différence* par rapport à la société québécoise. L'emploi répété, au niveau de l'énonciation, du *je* narratif souligne que cette forme d'appréhension au monde provient de sa propre conscience identitaire. Une première lecture du roman peut donner l'impression que c'est le groupe de référence, ce "nous autres," fréquemment mentionné, qui perçoit le personnage comme étant une Autre. Plusieurs passages ou locutions entérinent cet effet de sens en utilisant un discours de l'exclusion qui reprend certains clichés sociaux:

> ON NE DEVIENDRAIT JAMAIS VRAIMENT QUÉBÉCOIS.
> De l'autre côté de la barrière linguistique?
> Allons bon. Elle serait venue de Paris
> pire encore
> maudite Française.
> Un imaginaire yiddishophone? Quel drôle de mot! (Q 36-37)

Certes, on peut lire dans ce passage, comme dans le suivant, une critique implicite d'une société fermée qui perçoit et traite les immigrants comme étant effectivement des Autres: "On ne devient pas québécois. Prendre la parole, rendre la parole aux immigrants, à leur solitude" (Q 54). D'où une interprétation possible du titre du roman: La Québécoite, cette femme immigrante, trois fois inventée par la narratrice, incarne celle qui, à l'instar d'autres immigrants, est privée de parole: "Tu ne parleras pas. La voix muette, scellée. [...] Petite, humble, cassée [...] (e)lle déraille, déroute, détonne" (Q 88); la Québécoite est celle qui sera exclue des lieux du pouvoir: "tu te seras vite aperçue qu'on n'entre pas ici à la manière des doctes, des professionnels du savoir [...]. Rejetée la plupart du temps, refusée—défaite, refaite" (Q 52); la Québécoite, enfin, représente celle qui se trouve dans une situation sinon de colonisée, certes d'infériorité.

Situer l'altérité du personnage de la Québécoite dans une perspective d'inclusion ou d'exclusion par la société québécoise, c'est, à vrai dire, rester en deçà de la dynamique réelle qui régit cette altérité. Certes, la narratrice est consciente de tous les éléments qui la distinguent des Québécois, et elle vit cette différence avec angoisse. Et ce, en dépit du fait qu'elle aime la littérature québécoise, en particulier, la hardiesse de son ton, le bonheur de son écriture (Q 138), qu'elle apprécie l'absence de hiérarchies pesantes connues en France, qu'elle admire l'aplomb, le sourire, la certitude des femmes québécoises, qu'elle apprend, enfin, à vivre un rapport tout autre à son corps de femme. Plusieurs fois, la narratrice souligne que ce nouveau pays lui a donné la possibilité de recommencer, de se renouveler: "Neuve ici," dira-t-elle, pleine d'espoir (Q 138). D'où proviennent alors ses sentiments d'altérité et d'étrangeté?

Exil et altérité

"Depuis toujours nous sommes des errants" (Q 63)

En réalité, un système complexe d'interférences régit l'altérité de la Québécoite. La Québécoite n'est pas et ne sera pas québécoise parce qu'elle est avant tout une exilée. En outre, cet exil fait partie intégrante de son être, et notamment de son identité juive. Ce n'est certainement pas un hasard que le roman en abyme de la narratrice commence de la façon suivante: "Il serait une fois une immigrante. Elle serait venue de loin—n'ayant jamais été chez elle" (Q 64). Tout dans ces deux phrases surdétermine la thématique de l'exil: l'emploi du conditionnel signalant une identité précaire, le mot immigrante désignant une condition de vie plutôt qu'une personne, l'évocation du pays lointain, pays innomé et incertain, et, enfin, l'absence d'un lieu d'origine. Le fait que l'histoire de l'immigrante sera racontée trois fois renforce le thème de l'errance amorcé dans cette phrase. Lucide, la narratrice s'interroge elle-même sur son incapacité de rester dans un lieu, d'appartenir au nouveau pays: "pourquoi ces cavalcades d'un lieu à l'autre, d'une langue à l'autre, d'une histoire à l'autre, ces sauts, ces fuites, ces retours, ces remords?" (Q 139). Si la narratrice ne sera jamais, comme elle le dit, chez elle— "Ici ou ailleurs, je n'ai jamais été chez moi" (Q 178)—, c'est parce que son altérité est de nature existentielle. Existentielle, car la narratrice n'a jamais eu de lieu d'origine: ni en Pologne, lieu de naissance de ses parents, mais non pas le sien, ni en France étant de famille d'immigrants, et ni au Québec, où elle se sent étrangère; existentielle, parce que le personnage ressent tout le poids historique de son identité juive.

Il y aurait certes toute une analyse à entreprendre de la thématique de la judaïté dans *La Québécoite*, tant elle en régit les multiples couches de signification. Dans la perspective de cette étude, ce qu'il importe de signaler, c'est que l'altérité du personnage émane incontestablement de son identité juive et de l'inscription de sa judaïté dans les discours de l'Histoire. D'où l'importance des allusions à l'Holocauste: "Serait-il possible de trouver une position dans le langage? [...] Prendre la parole. Quelle parole? Se taire? A nouveau l'humiliation? Porter à nouveau l'étoile?" (Q 19). Il est d'ailleurs significatif que le personnage dans le roman de la narratrice donne des cours d'Histoire dans une université et qu'un autre personnage dans le roman en abyme, Mortre Himmelfarb, lui aussi professeur d'Histoire, fait des recherches sur la question des faux messies.

Axé tout entier sur le concept d'altérité, ce roman exprime alors l'impossible intégration d'un personnage juif immigrant dans un espace réel et, qui plus est, l'impossible reconstruction, pour ce personnage, d'une unicité et d'une origine. Aussi la Québécoite incarne-t-elle, en dernière analyse, le prototype de la femme ou de l'homme errants dont le sort est de ne "jamais tout à fait habiter aucun pays" (Q152), de vivre éternellement l'exil et le déracinement, qui paradoxalement constituent son identité.

A l'instar de la protagoniste dans *La Québécoite,* le narrateur dans *Le Pavillon des miroirs* vit le réel et le présent sous le mode de l'absence. Même après avoir habité Montréal une vingtaine d'années, il est constamment hanté par le passé: "Même si je fais attention au présent, c'est toujours en le confrontant aux images du passé" (PM 21). Incapable de s'adapter au nouveau pays, il vit dans un autre espace: "le monde perdait désormais de sa substance. Il m'apparaissait toujours comme un spectacle continuel, certes, mais chaque fois plus pauvre comparé aux images de mon esprit" (PM 45). C'est cette disjonction par rapport au présent, cette absence au monde ambiant qui crée en lui un sentiment d'exil. Dans la mesure où sa perception du nouveau pays est déformée par le filtre de son passé, il lui est difficile, sinon impossible de s'y intégrer. Le sort du personnage correspond en fait parfaitement à la description que donne Marco Micone de l'expérience migrante: "L'immigré est tiraillé entre l'impossibilité de rester tel qu'il était et la difficulté de devenir autre" (88). D'où les sentiments de dépossession, de "blessure" et de deuil qui enveloppent le narrateur dans *Le Pavillon des miroirs*. Si comme le signale, par ailleurs, Landowski, l'expérience d'une négation telle la perte du domicile révèle ce que nous sommes et "nous projette brutalement dans l'ici maintenant" (135), cette projection, dans le roman, est incontestablement marquée par l'échec, tant le narrateur est hanté par les images de son passé, tant il est voué, à l'image de la Québécoite, à l'errance, même si les raisons de cette errance sont fort différentes:

> [...] l'étranger partant en exil portait sans le savoir dans son flanc les germes d'une impossibilité absolue de se fixer. Les horizons me semblaient ouverts; il s'agissait simplement de partir de là. J'ignorais alors que je verrais tous les nouveaux paysages à travers le kaléidoscope du manque, du carnaval [...]. Sans intention de revenir, je devenais donc un homme de nulle part. (PM 196)

Mais, comme le souligne encore Landowski, le changement en tant que perte signale non seulement "disparition, fin et négation de quelque chose," mais peut également représenter "affirmation, nouveauté (absolue ou relative), commencement (ou recommencement)" (134). C'est là la vertu de l'inchoatif. Ainsi, paradoxalement, alors que la force du passé dans *Le Pavillon des miroirs* gomme le présent et que la mémoire se superpose constamment à l'expérience du vécu, il n'en reste pas moins que c'est le passé—et seulement le passé—qui permet un renouveau existentiel et identitaire pour le personnage. Afin de "retrouver la vie" (PM 204), le narrateur transforme le passé par le biais de la création artistique. Se mettant à l'écoute de ses images, il consacre tout son temps et ses biens à cette activité de telle sorte qu'avec le temps et l'expérience, ses tableaux deviennent de plus en plus grands et de plus en plus nombreux. Nul doute, il s'agit d'un immense travail de deuil, d'un travail de réparation qui se mue en vocation artistique: "Après tout, ces images sont une forme palpable de transcendance, la seule que je connaisse [...] alors je dessine et je peins pour ne pas me noyer" (PM 369). Aussi, pour reprendre encore une fois la pensée de Landowski, peut-on affirmer que le personnage se laisse prendre à une nouvelle forme de présence à soi (89-99), puisque ses tableaux forment un tissu de souvenirs, une activité créatrice que le narrateur lui-même appelle "identité" (PM 371).

Ecriture, mémoire et altérité

"Je ne suis rien d'autre que le contenant d'un contenu de souvenirs" (PM 371)

Quelles formes prend l'écriture de l'Autre pour exprimer l'exil? Ou, pour poser la question autrement, comment l'exil s'immisce-t-il au coeur même du langage et dans les structures d'un récit littéraire? A vrai dire, Sergio Kokis et Régine Robin adoptent des voies d'écriture très différentes pour donner une expression littéraire à l'expérience douloureuse de l'altérité vécue en termes de déchirure, de déplacement et d'exil.

Chez Kokis, on l'a vu, il s'agit de l'écriture de la mémoire, d'une tentative de reconstituer le passé par le langage. Or, ce travail de restitution s'effectue par l'entremise de deux grands mouvements différents. Le regard chronologique porté sur le passé et, plus précisément, le récit de ce passé mettent en pleine lumière un processus de déconstruction identitaire. Ce n'est assurément pas pour rien que le récit s'étale de la petite enfance jusqu'à l'âge adulte, qui correspond au présent de l'écriture. Par ce biais, le récit fait état de la fragmentation identitaire du personnage migrant et de l'expérience de sa dépossession. Certes, le gouffre est immense entre la description du désir du narrateur, lorsqu'il est un jeune adulte, de quitter le Brésil pour se retrouver dans un ailleurs, et celle de sa vie d'immigrant dans le nouveau pays. Dans ce transit, qui fait du personnage un étranger, un exilé, un Autre, c'est son identité même qui est fracturée, sinon à certains moments carrément détruite. L'exil s'apparente ainsi au deuil; l'altérité à l'absence de l'être au monde.

Mais, dans un mouvement contraire, le récit de la mémoire permet la reconstruction de l'identité du sujet migrant. Il la permet tout d'abord en donnant libre cours à des descriptions d'images obsédantes qui s'avèrent des tremplins pour la création artistique. Ce sont alors les images du passé qui donnent au narrateur la possibilité de se reconstruire petit à petit une nouvelle identité. A cet égard, il est intéressant de remarquer que, tout au long du récit, un lien se tisse entre l'iconique et le scriptural. Tout se passe comme si un glissement se produisait du visuel à l'écrit, ou plus précisément, comme si l'écrit venait corroborer la thématique de la création artistique qui englobe le récit: "C'est qu'avec le temps les images sont devenues moins hostiles au langage. Il m'amuse de les faire apparaître accompagnées de mythes, d'archétypes ou de personnages rencontrés au cours de mes lectures" (PM 67). Etant donné la présence de cet accompagnement, il n'est pas étonnant que les images soient décrites comme "un langage qui se manifeste pour mettre de l'ordre" (PM 369). Tributaire de la vision artistique qui le sous-tend, le texte rassemble dans ses dernières lignes les thèmes de la peinture, de l'écriture et du passé pour mettre en pleine évidence la notion de récit: "je ne suis rien d'autre que le contenant d'un contenu de souvenirs, la forme qu'ils prennent en s'agençant en récit" (PM 371). C'est ainsi que, dans un dernier grand geste, *Le Pavillon des miroirs* nous renvoie aux thèmes de l'écriture et de la littérature. De la littérature, comme prise de parole, comme acte de langage, comme moyen, enfin, pour l'écrivain migrant de sortir de la nuit noire de l'exil.

"Parole nomades, exils, transhumances" (Robin, **Roman mémoriel** *17)*

C'est par la voie de l'hybridité et non pas du récit de la mémoire que Régine Robin exprime la fragmentation de l'être et l'expérience de l'exil dans *La Québécoite*. S'inscrivant sous le signe de l'hétérogène, le roman mélange plusieurs formes littéraires: des fragments de récit autobiographiques, des intertextes, des récits en abyme, des poèmes et des textes non littéraires tels des programmes de télévision, des listes de noms de commerce, des reportages. Dans ce roman, il n'y a aucune frontière entre la parole romanesque, autobiographique, poétique et les discours publicitaires; pas de frontière non plus entre les temps et les espaces, ou même, entre les instances énonciatives. Refusant toute notion d'homogénéité formelle et signifiante, abolissant la hiérarchie des codes littéraires, revendiquant, à la lumière des pratiques postmodernes et postcoloniales, le multiple et le dissemblable, *La Québécoite* mélange allégrement les pratiques langagières.

Il est certain que cette hybridité constitue à la fois la forme et le sens du texte. Comment, en effet, dire l'exil, la fragmentation de l'être, la perte identitaire sinon par le biais de l'hybride? Or, la capacité signifiante de ce mélange de discours hétérogène est très marquée. D'une part, elle traduit l'angoisse existentielle des personnages, leur sentiment de non-appartenance et d'étrangeté. On pourrait même parler de l'hybridité existentielle des immigrants, d'une hybridité postcoloniale en suivant la pensée de Bhabha (*The Location of culture*) et de Young (*Colonial Desire*), tant il y a correspondance entre l'éclatement des formes et les effets de sens qui en sont médiatisés. Eloquente dans sa capacité de signifier l'exil, l'hybridité ouvre également ses formes aux grands discours sociaux et historiques pour exprimer le refus des métarécits, l'impossibilité de reconstruire la grande Histoire, et pour contester la tyrannie des idéologies uniformisantes.

Au coeur de cette hybridité où se croisent tant de textes et de discours, il y a encore un autre sens à dévoiler: celui d'une écriture qui s'exhibe dans sa productivité, sa matérialité et son désir. Ce n'est certainement pas pour rien que la narratrice se dédouble (trois fois) en personnage fictif, que son personnage est en train d'écrire un roman, que de page en page il s'agit d'écriture, de lecture, de textes divers. Foncièrement autoreprésentatif, le roman nous parle constamment de l'écriture, dès le début d'ailleurs: "Rien qu'un désir d'écriture et cette prolifération d'existence" (Q 15). Ecrire dans l'espoir de se refaire une identité, de se reconstituer comme sujet dans la société et dans l'Histoire; écrire pour se souvenir et pour oublier en même temps; écrire tout en sachant qu'il n'y a "aucune figuration à l'exil" (Q 15), écrire pour dire la parole immigrante; écrire, enfin, pour apprivoiser son altérité.

* * *

Dans *La Québécoite*, comme dans *Le Pavillon des miroirs*, l'ombre des auteurs plane constamment sur les récits: on n'est jamais loin en effet de la réalité biographique de Régine Robin et de Sergio Kokis. Qu'il s'agisse de leur expérience réelle de l'immigration, de leurs souvenirs d'un passé vécu dans d'autres pays, de leur travail comme peintre, écrivain, professeur, une grande part de vie réelle se loge dans le fictif. Ce mélange d'autobiographie et de fiction, de réel et d'effet de réel, amplifie magistralement la portée et le sens des textes. Il les amplifie parce que ces paroles migrantes, si révélatrices et éloquentes, font écho à de nombreux autres récits d'exil qui, depuis plusieurs années, sollicitent notre attention, nous demandant de repenser la grande question de l'altérité; de la repenser dans l'espace mouvant de notre société postcoloniale, où les concepts d'identité et d'altérité, reconfigurés, renégociés comme l'affirme Bhabha (*The Location of Culture*), acquièrent de jour en jour des sens nouveaux.

Bibliographie

Aijaz, Ahmad. In Theory: Classes, Nations, Literatures. London: Verso, 1992.

Aquin, Hubert. *Blocs erratiques.* Montréal: Quinze, 1977.

——. *Trou de mémoire.* Edition critique par Janet M. Paterson et Marilyn Randall. Montréal: Bibliothèque québécoise, 1993.

Bhabha, Homi. *The Location of Culture.* London: Routledge, 1994.

Fanon, Frantz. *Les Damnés de la terre.* Paris: François Maspero, 1961.

Frédéric, Madeleine. "L'Ecriture mutante dans *La Québécoite* de Régine Robin." *Voix et images* 48 (1991): 493-502.

——. "Stylistique et recul des genres au Québec." *Le Roman québécois depuis 1960.* Ed. Louise Milot et Jaap Lintvel. Québec: Les Presses de l'Université Laval, 1992. 57-74.

Harel, Simon. "Montréal: une parole abandonnée: Gérard Etienne et Régine Robin." *Montréal 1642-1992: Le Grand passage.* Ed. Benoit Melançon et Pierre Popovic. Montréal: XYZ, 1994. 155-65.

Kokis, Sergio. *Le Pavillon des miroirs.* Montréal: XYZ, 1995.

Landowski, Eric. *Présences de l'autre: essais de socio-sémiotique.* Paris: Presses universitaires de France, 1997.
Memmi, Albert. *Portrait du colonisé.* Paris: Buchet-Chastel, 1957.
Micone, Marco. *Le Figuier enchanté.* Montréal: Boréal, 1992.
Nepveu, Pierre. *L'Ecologie du réel.* Montréal: Boréal, 1988.
Paterson, Janet. "Pour une poétique du personnage de l'Autre." *L'Altérité. Texte* 23/24 (1998): 99-117.
Purdy, Anthony. "*La Québécoite* de Régine Robin: une approche dialogique." *Le Roman québécois depuis 1960.* Ed. Louise Milot et Jaap Lintvelt. Québec: Les Presses de l'Université Laval, 1992. 89-104.
Young, Robert J. C. *Colonial Desire: Hybridity in Theory, Culture and Race.* London: Routledge, 1995.
Robin, Régine. *Le Roman mémoriel.* Montréal: Le Préambule, 1989.
——. *La Québécoite.* Montréal: Typo, 1993.

L'épreuve de la marge face à l'Autre: les Etats-Unis dans les romans d'Antonine Maillet et de David Adams Richards

Marie-Linda LORD

Université de Moncton

Dans *Sociologie de la littérature*, Robert Escarpit avance que l'écrivain, malgré lui, est empreint d'une socio-historicité qui marque son écriture. Il est tributaire d'habitudes mentales et de pratiques culturelles qu'il ne peut inventer, mais dont il use pour créer de nouvelles significations. C'est ainsi que l'écrivain s'inspire de son héritage en l'adaptant selon sa créativité. Les romans d'Antonine Maillet et de David Adams Richards offrent des représentations de l'identité canadienne à partir de deux groupes minoritaires qui ne sont ni autochtones ni ethniques, mais bien "White Canadians," sans pour autant être majoritaires ou dominants. Les deux romanciers sont tributaires de communautés marquées socialement et historiquement par la marginalité culturelle. Les Acadiens et les descendants d'immigrants irlandais catholiques constituent deux groupes culturels dont le passé s'inscrit à la fois en marge de et comme composante de l'histoire loyaliste du Nouveau-Brunswick et du Canada. Depuis leur arrivée en sol néo-brunswickois, ils partagent un atavisme commun—l'assujettissement au colonialisme britannique—et un statut de minoritaires dans la province; ils doivent cohabiter avec une majorité anglophone protestante constituée de descendants des Loyalistes. Acadiens et descendants d'Irlande ont tenté de préserver, à des degrés divers, une identité spécifique en marge de ce groupe dominant, ce qui a évidemment contribué à façonner leur conscience collective. Cette identité s'exprime dans le discours social ainsi que dans la littérature qui nourrit la conscience collective en s'inspirant de celui-ci.

Maillet et Richards créent des protagonistes marginaux vivant dans leur lieu d'origine: le comté acadien de Kent et la région "irlandaise" de la Miramichi[1] au Nouveau-Brunswick. Leur communauté respective est minoritaire, donc marginale, dans l'anglophonie protestante provinciale, nationale et continentale. Quatre-vingts kilomètres séparent leurs villes natales, Bouctouche et Newcastle, dont il est implicitement question dans plusieurs de leurs romans. Voisins, les deux auteurs écrivent, sans s'influencer pourtant, en s'inspirant de milieux marqués historiquement par le colonialisme britannique. L'intérêt du rapprochement comparatif entre l'auteure acadienne et l'auteur aux origines irlandaises réside dans leur réaction respective à la problématique de l'identité face à l'américanité, et ce dans un contexte socioculturel minoritaire différent, mais vécu sur un même territoire.

La notation indicielle

Dans l'œuvre romanesque de Maillet et de Richards, la notation indicielle de référents territoriaux, mémoriels, sociaux et culturels livre des détails chargés de sens quant à la problématique identitaire des protagonistes face à l'américanité. Ce sens renvoie à ce qui circule dans l'épaisseur du discours social sur l'identité; il est livré par des indices relatifs à la construction de l'identité, tant au niveau du rapport à soi que du rapport à l'autre. Pour le déchiffrer, le lecteur s'inspire de ce que le discours social porte en lui: "L'indice implique une mémoire discursive, une mémoire culturelle collective" (Robin 112). Son interprétation, dans le contexte de ses relations avec les autres indices, se fait en lisant simultanément le co-texte, qui est le carrefour des "bruits du monde" parvenant jusqu'au texte et y laissant des marques et des empreintes de conditions socio-historiques, ainsi que le texte qui travaille ce discours de multiples façons. Dans les romans, l'identité est soumise aux mouvements d'opposition et de complémentarité qui indexent son devenir. La textualisation de l'identité—le rapport à soi et le rapport à l'autre—génère une situation de tension et s'articule dans les romans de Maillet et de Richards autour de deux dynamiques antagonistes.

Dans les sociétés traditionnelles acadienne et irlandaise, le rapport à soi est clairement établi: l'Eglise assure la structuration identitaire au nom du double héritage catholique et français chez les Acadiens et au nom de la foi catholique chez les Irlandais. Parallèlement, l'anglo-protestant fait évidemment figure commune de l'Autre. Au tournant des années 60, la dimension identitaire doit faire face à l'épreuve de la modernité:

> [...] la mondialisation de l'économie et de la culture interpelle, plus que jamais, l'identité. Mais encore ici, elle ne la fait pas disparaître; l'identité, tout

[1] Le nom Miramichi est celui de la rivière et désigne aussi le comté où elle coule, appelé officiellement Northumberland.

> comme au milieu du XIXe siècle, tente aujourd'hui de se retrouver un creux dans cette nouvelle réalité. Elle est à la fois activée et marginalisée par cette nouvelle épreuve de la modernité. (Thériault 19)

Dans son rapport avec la modernité, l'identité est en mutation. Deux grands processus sociaux ont balisé, depuis quarante ans, le déploiement d'une nouvelle réalité identitaire des Acadiens et des descendants d'Irlandais dans la modernité: la laïcisation de la vie communautaire et l'Amérique modernisante. La représentation textuelle du protagoniste repose sur l'identité en crise: l'Eglise catholique ne marque plus le rapport à soi, ni chez les Acadiens ni chez les descendants d'Irlandais, et un nouvel Autre apparaît, les Etats-Unis. Les dominantes discursives et les équivoques sémantiques qui s'y rattachent mettent ainsi en évidence l'importance de détails chargés de sens; ces indices renvoient à la notion d'identité et donnent le sens général du discours textuel sur la marginalité culturelle des protagonistes.

L'Amérique, l'américanisation et l'américanité constituent un lieu commun du discours social pour l'Acadie et la Miramichi, qui sont voisines des Etats-Unis. La présence étatsunienne se fait sentir tant chez l'une que chez l'autre et est vécue de diverses façons depuis deux siècles. Les Etats-Unis incarnent, mieux que tout autre pays, la modernité, la liberté, le capitalisme, la nouveauté, la chance de "recommencer sa vie." A l'échelle du continent, les Etats-Unis font figure d'entité dominante et dominatrice, notamment sur les scènes économique et culturelle; ils incarnent la menace de l'américanisation. L'américanité apparaît ainsi répulsive parce qu'elle représente "le projet de l'entreprise capitaliste triomphante" (Thériault 302). Elle vient d'ailleurs et impose un système de règles dépourvu du contenu culturel indigène; elle entraîne l'aliénation de l'identité historique. Ainsi l'Amérique bouscule l'Acadie et la Miramichi dans leur marge respective parce qu'elles sont interpellées par ce que Joseph Yvon Thériault appelle "l'Amérique modernisante" (227). Selon lui, la modernité est attirante parce qu'elle est "une nouvelle manière culturelle d'être au monde, de vivre en société" (16) et "de faire sa propre histoire" (20).

Notre étude vise l'interprétation du contenu indiciel de référents identitaires relativement aux Etats-Unis. Les communautés acadienne et miramichoise, traversées par des courants de modernité, n'échappent pas au danger de perdre des membres, happés par ce que Thériault appelle "la frivolité de l'âge post-moderne, ou l'américanité par excellence" (125). Dans les romans de Maillet et de Richards, l'américanité en provenance des Etats-Unis est vécue dans l'expérience de l'altérité parce qu'elle institue une différence. Dans une analyse du discours, Daniel Castillo Durante présente l'Autre comme suit: "L'autre n'est Autre que par rapport au Même" (7). Comment le rapport d'altérité avec les Etats-Unis influe-t-il sur l'identité des protagonistes de Maillet et de Richards?

Nous nous attarderons aux indices paradigmatiques qui chargent le discours de sens et interprèterons le signifié à la fois dans le texte et le co-texte. Notre démarche interroge les romans de Maillet et de Richards, dans lesquels le discours social laisse des empreintes sur le corps du texte, pour examiner comment la mutation identitaire due à la présence des Etats-Unis dans l'espace social acadien et miramichois est traduite par le texte. Comment le contenu indiciel de ces référents socioculturels renvoie-t-il à une identité qui fait face à l'épreuve de la modernité?

L'altérité étatsunienne

La menace

Dans l'œuvre de Maillet, "les Etats," expression familière utilisée par les narratrices et les personnages, font l'objet d'une notation indicielle élaborée. D'abord et avant tout, c'est le pays voisin. Il fait partie du décor géographique, qu'il soit perçu comme proche ou lointain. Dans *On a mangé la dune*, Radi s'amuse à ériger son monde: "[...] les Etats, par delà l'étang des Michaud, le Pôle Nord en haut du champ, la Louisiane sur le Chemin de Grand-Pré [...]" (90). Dans *Mariaagélas*, à partir du "pays des côtes," la personnage-narratrice parle du pays voisin qui est loin:

> Les Etats étaient très loin de mon pays en 1920. On en parlait comme des pays chauds, comme des vieux pays. On disait: "Fidèle à Léon est parti pour les Etats," comme on aurait dit: "Malbrouc s'en va-t-en guerre, ne sait quand reviendra." Les Etats se situaient de l'autre bord, au delà du portage, de la dune et de toutes les frontières qui gardaient la Baie bien au chaud au creux des collines et des buttereaux. (140)

Indépendamment de la distance, ils ont une influence sur "les côtes d'Acadie." Dans *Mariaagélas*, la prohibition en vigueur au "pays des côtes" a d'abord été une initiative du pays voisin: "C'était une loi venue des Etats et qui avait frappé d'un seul coup toutes les provinces du pays comme une épidémie, laissant ses habitants hagards et altérés" (41). La métaphore "une épidémie, laissant ses habitants hagards" est indicielle d'une propagation émanant des Etats-Unis et qui touche un grand nombre de personnes, semant l'inquiétude et générant l'égarement.

Dans les romans de Maillet dont l'intrigue se situe au XXe siècle, c'est-à-dire tous hormis *Pélagie-la-Charrette* et *Cent ans dans les bois*, les Etats-Unis sont présentés par des personnages qui y sont allés ainsi que par une Américaine de descendance acadienne qui vient s'établir dans le village de son père, Pointe-aux-Coques. Certains indices suggèrent que le séjour aux Etats-Unis transforme les personnages; même une brève visite suffit pour les changer aux yeux de la paroisse. Or, ce changement est vécu dans l'ambivalence: il peut être exotique, en projetant le *moi* sous le signe de l'extériorité, ou négatif, en n'étant pas le *moi* (Durante 13). Pauline, l'amie de Radi dans *On a mangé la dune*, revient d'une semaine de vacances aux Etats-Unis avec des histoires fascinantes qui la mettent sur un piédestal:

> Au retour, elle s'est mise à raconter à Radi les merveilles des Etats; les cirques, les villes illuminées, les robes d'organdi rose... Radi en avait la respiration coupée. Et Pauline renchérissait: l'organdi se veloutait, les villes poussaient des banlieues, et les cirques envahissaient tout le pays. Un jour, elle confia même à Radi qu'elle avait passé à un cheveu de voir Shirley Temple en personne. (94)

L'intérêt que Radi porte à Pauline repose sur l'exotisme de son expérience étatsunienne. On retrouve la même perception au retour des "Etats" de Marguerite à Potte dans *Les Cordes-de-Bois*:

> Toute la côte avait fait: heh! En écoutant les histoires de Marguerite à Potte. Elle était partie toute jeune pour les Etats, la Marguerite, et selon la forge y aurait fait fortune dans un petit commerce qui n'avait rien à voir avec son métier de sténographe. Mais la forge... Toujours que la Marguerite s'en était revenue un bel été avec des idées neuves cueillies dans les Etats du sud. (155-56)

Selon la narratrice de *Mariaagélas*, ceux qui reviennent des Etats sont perçus comme Autres:

> Il en était pourtant revenu quelques-uns. Les filles des shops, par exemple, ou le grand Vital. Mais ils en gardaient toute leur vie quelque chose de mystérieux et d'étranger. On savait tout sur le compte de tout le monde, de la Pointe à Jérôme au Ruisseau des Pottes. Mais qui pouvait se vanter de connaître la vie du grand Vital? Toutes ces années passées là-bas, à patenter et trafiquer quoi? On en parlait, comme ça, autour des enclumes des Allain, ou du tapis que venaient crocheter les femmes dans le bord plâtré de la vieille Pierre Crochu. (140)

Ils deviennent Autres aux yeux de ceux qui n'y sont jamais allés; ils existent dorénavant dans la négative du Même. Ils font l'objet de méfiance et d'animosité parce qu'ils rompent la quiétude relative de la marge dans laquelle vit le pays: marge sécurisante pour certains, limitative pour d'autres. Comme le dit Jean Morency dans son étude du mythe américain, les deux options s'affrontent: l'attrait d'ici contre l'appel d'ailleurs. Alors que la première valorise l'ordre et le besoin de stabilité, la seconde privilégie l'appel de la liberté (Morency 19).

Dans *Pointe-aux-Coques*, le père de mademoiselle Cormier a répondu à l'appel de l'ailleurs: il a quitté son village et la pêche à la quête d'un monde meilleur, "dans un pays étranger" (14). Ce syntagme est indiciel de son expérience de l'altérité. Il a connu des jours difficiles pendant son exil:

> —Plus d'une fois j'eus envie de retourner, poursuivit mon père. Mais au début, je me répétais que des temps meilleurs viendraient, que je n'avais pas encore parcouru toute l'Amérique et que je finirais par me rendre en ce coin de la terre qui répondrait à mes rêves. Et je continuais d'aller de ville en ville, d'une usine à une autre. Je n'avais pas de métier et le travail devenait rare. La dépression de l'entre-deux-guerres commençait à remplir les rues de chômeurs. L'argent me manquait et j'avais faim. Mes parents alors ont dû m'attendre, se tourmenter. Je le devinais. Mais je n'avais pas le courage de faire face. Il me semblait que j'étais parti depuis trop longtemps, qu'il serait lâche de me rendre. On se moquerait de mes aventures. On ne trouverait rien d'héroïque dans cette quête de porte en porte pour un lit et dans cette faim qui m'avait donné le vertige. Je serais un raté; un coureur abandonnant la course, comme tout le monde l'avait prédit... les temps ont été durs; la dépression est venue tout de bon; j'étais des mois sans travail. Mais toujours je croyais que des jours viendraient... et je m'efforçais d'oublier les années et le village de là-bas, et mes agrès de pêche, et la mer. (*Pointe-aux-Coques* 14)

La partie de sa vie passée aux Etats-Unis qu'il raconte à sa fille est celle des moments éprouvants et dévalorisants qui l'ont mené à une certaine aliénation. Sa quête, inspirée par l'attrait de l'Autre, apparaît dans le texte comme un échec: "Il gardait, après trente ans, tous les traits d'un pêcheur d'Acadie" (*Pointe-aux-Coques* 15). Sa tentative d'intégration échoue parce que "[l']Autre est, par nature, inintégrable" (Durante 15). C'est sa fille, consciente de l'attachement profond de son père pour son pays, qui effectue le retour.

A son arrivée à Pointe-aux-Coques, "la maîtresse des Etats" fait tout simplement sourciller en raison de son pays d'origine:

> "Ah! C'était ça la nouvelle maîtresse des Etats! Vraiment étrange qu'elle n'avait pas de talons hauts. Elle était nu-tête, aussi, et le vent lui jouait dans les cheveux. Et de quelle drôle de couleur sa sacoche! Décidément ça n'allait pas être une maîtresse comme les autres." Mais dès que je demandai son nom à la fillette brune qui me semblait la plus ouverte, il se fit une panique parmi ce petit monde, qui n'avait encore jamais vu de maîtresses des Etats. (*Pointe-aux-Coques* 41)

Même s'il y a une part de fascination, les préjugés négatifs persistent. Les deux positions suscitent des affrontements

> Je laissai alors à chacun de mes vingt-deux élèves le choix de son pupitre: cette liberté mit tout de suite les garçons du parti de la maîtresse et augmenta en leur esprit le prestige de l'indépendance américaine. Quant aux jeunes filles, plusieurs se montrèrent d'abord réservées devant ce procédé quelque peu anarchique. Elles s'en scandalisèrent d'autant plus que les garçons l'approuvaient. En effet, pour ces demoiselles, la méthode pédagogique qui savait s'allier les garçons portait sûrement en elle quelque germe de relâchement. Mais dès que je prétendis garder à la maîtresse le droit de faire

> les changements nécessaires au cours du terme, alors tout le monde s'assit tranquille, avec un large sourire d'approbation: les filles jugèrent aussitôt la méthode très orthodoxe et conforme à la tradition... (*Pointe-aux-Coques* 43-44)

Toutes ces réactions expriment l'ambivalence de l'attitude à l'égard de l'altérité étatsunienne, à la fois appréhension et fascination.

Le scénario est bien différent pour Lauraine, la fille cadette de Malvina et Gilbert, qui a décidé "d'aller faire sa vie *dans les States*" (*Pointe-aux-Coques* 49). Elle aussi répond à l'appel de l'ailleurs. Quand Lauraine revient en visite au village, elle se pavane devant ses parents et le voisinage féminin réunis dans la cuisine. Sa mère et son père en sont mal à l'aise: "Et pourtant, la mère semblait éprouver secrètement une vague impression de malaise, devant la blouse sans manches étalée sur le tapis et les mots anglais embrouillés dans le vieux parler de Pointe-aux-Coques" (144). Ce passage est indiciel d'un glissement moral et de l'assimilation linguistique qui inquiètent la mère. Sa réaction confirme ce qu'avance Durante: "Nous ne pouvons que constater une sorte de malaise à l'égard de tout ce qui échappe au Même. Le Même devient dans ce contexte la référence absolue, le seul point de repère" (Durante 4). Jetant "un coup d'œil sur cet amas d'américanismes" (*Pointe-aux-Coques* 144), son père est, quant à lui, du côté du curé qui "avait plus d'une fois exposé en chaire les dangers de ces exodes vers le sud: péril pour la langue, pour les mœurs, pour la foi" (144). Les propos du curé n'ont rien d'étonnant puisque depuis le XIXe siècle la langue et la foi catholique sont au cœur de la doxa identitaire acadienne. Les habitants de Pointe-aux-Coques sont incités à rester quelque peu enfermés dans une perspective culturelle monologique, pour ne pas dire ethnocentrique, dictée par un besoin d'identification bloquant toute altérité. Le débat est engagé entre Lauraine et son père:

> —Ici on existe, conclut-elle, mais là-bas on vit.
>
> Et cette assertion savante réussit à rallier au parti des Etats jusqu'aux plus récalcitrants. Sans rien comprendre à la distinction philosophique entre existence et vie, on décelait dans cet énoncé pourtant quelque chose de très convaincant. Elle avait raison. La vie à Pointe-aux-Coques n'était pas pour du monde; la pêche ne rapportait rien, en comparaison du salaire des usines; la ville avait tous les avantages sur la campagne. Là-bas on voyait la télévision, le cinéma, les enseignes lumineuses partout; puis on ne dépendait pas, comme les pêcheurs, des fantaisies d'une lune ou d'un noroît... Et tout le voisinage du bureau de poste plaidait ainsi la cause des villes américaines.
>
> Gilbert, pourtant ne se rendait pas. Non. Ce n'était pas vrai. Le pays américain n'offrait pas les délices qu'on prétendait. A côté de ses ponts suspendus, de ses théâtres, de ses vastes usines, la ville de lumière artificielle cachait toute une fourmilière de malheureux. Et la pêche n'était pas non plus

> ce qu'en avaient fait les mécontents. La pêche était un métier, un appel, où les risques se mêlaient d'une joie qui pénétrait jusqu'aux os. Pointe-aux-Coques n'était pas misérable. Et quand il le serait, la vaste patrie du capitalisme ne lui offrait pas encore une réponse. (*Pointe-aux-Coques* 145)

L'attitude du père de Lauraine est indicielle d'une réaction conservatrice devant la nouveauté; il se méfie de l'intrusion de valeurs étrangères, car l'altérité étatsunienne est menaçante. Il préfère sa mêmeté et refuse l'épreuve de l'altérité... Il incarne la crispation identitaire. Pour lui, les Etats-Unis ne sont pas la panacée sociale, alors que pour d'autres, comme sa fille, ils offrent la modernité.

Alors que mademoiselle Cormier, les parents de Lauraine et le curé expriment des valeurs convergentes, Lauraine diverge d'opinion. Convergences culturelles et divergences sont au cœur d'une tension identitaire dans le texte. Khadiyatoulah Fall définit ces notions opposées comme suit:

> [...] la notion de convergence culturelle suppose généralement l'idée d'adhésion à des valeurs communes, à une représentation partagée du monde et à des façons de faire pratiquées dans une communauté donnée. Celle de divergence, en retour, implique l'idée de rupture dans ces valeurs et ces représentations lorsque la société change ou qu'une communauté s'écarte ou se sépare d'une autre. (17)

A la fin du roman, c'est la cognition collective acadienne qui l'emporte, c'est-à-dire la forme de connaissance et de représentation du monde commune, celle qui assure un projet collectif cohérent dans une conscience d'être unitaire. Dès le retour de son père en terre d'Acadie après trente ans d'exil, mademoiselle Cormier n'est plus Autre. Son origine familiale est maintenant connue et sa marginalité individuelle s'estompe. Jean, qui lui avait demandé s'il pouvait imprimer son nom sur la proue de son bateau, n'est qu'à moitié étonné d'apprendre la vérité: "—Quelque chose de sûr me laissait croire, affirme-t-il, que vous n'étiez pas totalement étrangère. Ce n'eût pas été possible..." (*Pointe-aux-Coques* 173). Mademoiselle Cormier accepte la proposition de mariage de Jean: elle est maintenant des leurs. Sa marginalité revêt dorénavant une dimension collective, puisqu'elle tend vers le rêve de solidarité de l'Acadie, celui de vivre dans l'enracinement communautaire, et qu'elle s'éloigne de la force d'attraction continentale.

Le personnage de Ti-Louis le Siffleux, qui figure dans quatre romans subséquents,[2] répète la démarche de mademoiselle Cormier: il effectue le retour au pays des ancêtres. Ti-Louis quitte la Nouvelle-Angleterre, terre d'exil, et rentre au "pays" après que son père eut "craché son

[2] Il figure dans les romans *On a mangé la dune*, *Les Cordes-de-Bois*, *Crache à Pic* et *Le Chemin Saint-Jacques*.

dernier reste de poumons au sortir d'un moulin de pâtes et papiers du Massachussetts où il était venu chercher fortune" (*Crache à Pic* 163). Ce fragment de phrase est indiciel de l'exploitation capitaliste qui prévaut aux Etats-Unis. Nous sommes en 1930: "Seul, orphelin de père et mère et de pays, ignorant de la géographie et des bois, Ti-Louis le Siffleux, le jour de ses dix-sept ans, marchait tranquillement vers le centre du monde" (61). Le syntagme "le centre du monde" est indiciel d'un rapport à soi qui devient l'unique référence. Il arrive au pays des protagonistes Radi, la Bessoune et Crache à Pic après deux ans d'errance. L'appel de l'ailleurs auquel son père avait "succombé" est supplanté par l'attrait de l'ici auquel Ti-Louis répond. Son histoire, réécrite d'un roman à l'autre, parallèlement à l'intrigue principale, réitère la valorisation du retour d'exil; le fait de diverger en s'écartant de l'origine commune entraîne la perdition, alors que le fait de converger en se rapprochant apporte le salut.

Le roman *Pélagie-la-Charrette* est l'histoire par excellence du retour d'exil: "la seule histoire qui compte [...] celle de la charrette qui ramenait un peuple à son pays" (100). La protagoniste quitte la Géorgie et remonte vers le pays des ancêtres. Tout au long du périple, l'Amérique est présentée comme un lieu où les épreuves se suivent: "la guerre [...], la famine, la sécheresse, les pluies, les épidémies" (208). Cette énumération est indicielle du négativisme que suscite l'Amérique; Pélagie résiste à toute sollicitation.

La crispation identitaire est perçue collectivement; même l'altérité étatsunienne exotique est vécue dans la négative du Même. Dans *Mariaagélas*, l'héroïne refuse de se plier à toute servitude, qu'elle soit régionale ou américaine: "Elle n'irait pas aux shops à Cocagne, ni à Pugwash, ni aux Etats" (21). Dans *Les Confessions de Jeanne de Valois*, Jeanne de Valois doit faire face à la même réalité que Mariaagélas, dans les mêmes années: "Les autres s'engageaient comme servantes ou s'exilaient dans les usines de la Nouvelle-Angleterre. Quelques privilégiées avaient accès aux études supérieures" (30). Les Etats-Unis sont perçus comme une terre d'exil. Jeanne choisit d'entrer au couvent. Ainsi, les deux protagonistes refusent l'altérité étatsunienne, qui rime avec aliénation. Elles savent toutes deux que le rapport d'altérité avec les Etats-Unis constitue un terrain de lutte; elles font leur choix respectif dans l'agonicité, avec leur volonté individuelle qui leur permettra d'assumer leur choix marginal d'être respectivement contrebandière et religieuse.

Dans les romans mailletiens, l'espace social des personnages intègre des américanismes au pays des côtes sans perturber l'ordre social. Les voitures constituent un exemple de cette présence étatsunienne dans les années 20-30. Mariaagélas fait son voyage aux Etats-Unis dans la "Buick" du grand Vital. Les contrebandiers adversaires de Crache à Pic sont propriétaires de plusieurs voitures étatsuniennes: "[...] la Cadillac au volant gainé de velours vert [...]; la lente et large Lincoln des Babineau qui avait toujours l'air en vacances [...] et la Buick que Black Willie réservait à ses sorties nocturnes" (*Crache à Pic* 143). Dans *Crache à Pic*, même le curé Ouellet et son vicaire, le père Belliveau, prennent un petit congé de la paroisse pour se rendre au pays voisin dans la voiture dernier modèle de Dieudonné, "[...] une Cadillac qui saurait trouver toute seule le chemin des Etats" (174). Le comportement des représentants de l'Eglise fait réagir certains paroissiens: "Quoi c'est qui lui a pris au prêtre de partir en Cadillac?... Taisez-vous communistes!" (175). Le qualificatif "communistes" s'oppose au capitalisme que la "Cadillac" symbolise. La présence de l'automobile dans la paroisse est en voie de ne plus être exotique mais inexorablement endotique; les innovations et les changements adoptés par la communauté sont mineurs et deviennent des valeurs et des façons de faire communes.

Cette mutation met certes la collectivité à l'abri de l'aliénation, mais non d'une domination éventuelle.[3] Les nouvelles mœurs diluent indéniablement la mêmeté; la marge géographique et sociale que la communauté habite ne saura l'abriter de l'immense voisin indéfiniment, mais dans l'œuvre de Maillet, le Même résiste à l'Autre. Présente dans neuf des douze romans mailletiens, l'altérité étatsunienne n'a d'incidence sur la fin de l'intrigue que dans *Pointe-aux-Coques*. Quelle que soit l'époque où se situe l'intrigue—années 20, 30, 40 ou 50—, les Etats-Unis en tant qu'Autre, dans la dualité complexe du bon et du mauvais, deviennent un indice du jeu collectif et individuel de l'identité: la cognition collective est indéniablement la plus forte puisqu'elle inhibe les divergences individuelles qui vont à l'encontre du projet identitaire collectif.

La domination

Dans l'œuvre de Richards, la présence des Etats-Unis est vécue négativement. Dans le deuxième roman, *Blood Ties*, la tension identitaire est apparente: un couple d'Américains achète la maison ancestrale après la mort de la grand-mère de Cathy MacDurmot; l'invasion américaine atteint même le patrimoine familial. L'acheteur qui vient s'installer dans la région fuit la guerre du Vietnam:

---

3 Selon Greg Allain *et al.*, "[c']est le thème de la domination, non plus celui de l'aliénation, qui s'impose alors. L'aliénation est un processus inscrit dans sa propre culture. Se libérer signifie alors rompre avec sa tradition. La domination, au contraire, tire sa source d'éléments structurels extérieurs à sa réalité. La critique contre la domination peut ainsi s'associer à un projet de réappropriation de sa tradition et de son développement" (358).

> "Well, I'll tell you—the States are going to hell in a hand-basket as far as we're concerned—as far as we're concerned any country that claims to be democratic and forces the populace into an unwanted war—then that country is going to hell in a hand-basket and we want nothing to do with it." (*Blood Ties* 257).

Le mot "hell" est indiciel d'un avenir désastreux qui atterre et qui déconcerte. L'oncle de Cathy exprime ses appréhensions à l'acheteur américain:

> "Ya," Lorne said. "It's bad like that but you have to beat the communists don'tcha or they'll take over the world—and all the kids are on the dope now and everything, and they all wanta be communists and everything—as far as I'm concerned. [...]
>
> "Well, just watch yer television—just watch yer television on the news every night—some big guy at college here is tellin the kids what to do, and they come from good homes but they look up ta those guys at college and they're tellin them ta take dope and not ta respect their parents who send them ta college in the first place." (*Blood Ties* 258)

La corruption des mœurs semble être au centre des préoccupations de Lorne; il obtient son information de la télévision étatsunienne, qu'il n'identifie pas comme étant sienne, mais bien, avec l'utilisation du possessif "yer," celle de l'Autre. La menace qu'elle représente commande la distanciation discursive par l'emploi du possessif à la deuxième personne dans un réflexe d'auto-protection.

Le roman qui présente ce phénomène avec le plus d'intensité est *Lives of Short Duration*: la vie des protagonistes y est imprégnée, pour ne pas dire envahie, d'américanismes. Dès que Lester Murphy eut vendu sa propriété, plusieurs chalets y ont été construits pour accueillir les Américains qui viennent pêcher le saumon noir à l'"*Atlantic Salmon Centre of the World*" (*Lives of Short Duration* 65). Pour sa part, George Terri a cédé trois acres de terre à la firme new-yorkaise propriétaire des mines: "George [...] had sold the outside three acres to the mines, who were going to use it to build a camp for their executive who flew in twice a year from New York" (171). Pendant vingt ans, George a répété à qui voulait bien l'entendre qu'avec cet argent il deviendrait propriétaire d'un restaurant. Mais voilà qu'on ouvre un nouveau restaurant en ville: "[...] Bobby Simms' newly erected McDonald's, with over 30 billion sold./Ho-ho. It was obvious now he'd done nothing with the money he'd received—and so what was all this damn talk for over twenty years about a restaurant of his own?" (17). George ressent de la frustration: "Of course it wasn't impossible for him to get a restaurant—he could possibly swing a restaurant; but what right had McDonald's to come here just when he was ready to swing a restaurant?" (18). Sous la critique de George se cache sa propre faiblesse; le géant de la restauration étatsunienne devient ici un bouc émissaire pour celui qui n'a pas réalisé son projet. Le McDonald's est l'indice de la marchandisation grandissante du monde; il homogénéise les cultures et élimine les différences:

> The little Vietnamese girl wearing her McDonald's uniform walked by [...]. The Vietnamese boy trolled by. Also in his McDonald's uniform. [...] (The Americans must think it strange to get up in the morning and walk up the road to McDonald's hamburger and fast food, which was now situated where Alewood's store once was—strange they must think that their guide while cooking their first feed of salmon had friends of his deliver a Big Mac with onions and pickles.) (153)

Un restaurant de poulet frit Kentucky a aussi pignon sur rue là où se trouvait une scierie appartenant à un homme de la région: "They went down to the white-and-red building with the revolving bucket and a picture of Colonel Sanders./'This is where Alewood's sawmill was now—years ago,' he said" (87). Les entreprises locales sont remplacées par des multinationales étatsuniennes. Le fils de George exprime son angoisse à son grand-père face à cette invasion: "'You know what's wrong with this goddamn province,' Little Simon said. 'No, I don't know what's wrong with this goddamn province,' Simon would say. 'I just hope they leave me a piece—a scratch a ground ta lay in'" (84). Cette séquence est indicielle de la dépossession dont sont victimes les personnages. Little Simon, qui est dans la vingtaine, partage avec son grand-père son sentiment d'impuissance devant la déchéance de son territoire. Sa communauté a été littéralement changée par les nouvelles règles de l'économie et le syntagme "they" renvoie aux envahisseurs étatsuniens.

Les protagonistes sont de plus abondamment exposés aux produits culturels étatsuniens: chansons, émissions de télévision, livres, films. Dans *Lives of Short Duration*, la matière co-textuelle abonde. Un extrait d'une chanson étatsunienne constitue le liminaire du roman: "Child of mine/child of mine/came the song" (*Lives of Short Duration* 5). De nombreux extraits de chansons étatsuniennes ponctuent le discours narratif dans tout le roman:

> Funky town
> Take me down
> To Funky town
>
> came to the radio. (122)

La radio contribue à pénétrer l'espace culturel des personnages: "Lois sang to the song: 'I'm being followed by a moon shadow, moon shadow, moon shadow—'/The song was over. And the announcer said [...]" (128). Par opposition au passé, la radio fait maintenant entendre des chansons des Etats-Unis: "The radio played now, songs of New York and California" (151). Le rapport des personnages avec l'Autre par l'entremise de la radio inhibe leur nature intime en les dépossédant de leur culture. Ce phénomène est également apparent dans les noms d'émissions de télévision étatsuniennes que portent les chalets et les camps le long de la rivière: "The camps, the cottages with names like the Ponderosa, Green Acres, Little House on the Prairie, the names inscribed on huge rocks at the front of those shadowed, pebbled driveways" (164). Les personnages regardent les productions américaines: "On television now there was an advertisement for *Fantasy Island* which Donnie always watched because he liked the way Tattoo talked" (166). La salle de cinéma locale présente des films étatsuniens: "He found out that *Deep Throat* was playing at the theatre" (58). Dans la vitrine d'une petite librairie locale, des livres américains sont exposés: "And biographies on Hollywood movie stars and drunken US senators turned Christian" (47). George lit les romans de l'Américain Louis L'Amour (37). Le discours textuel est marqué, tel au fer rouge, de noms étatsuniens, que ce soit les voitures "Eldorado" et "Pinto," divers articles de sport, comme "the Spaldin soccer ball," ou les cosmétiques "Cutex," "Kleenex" et "Nivea cream." Le grand nombre d'américanismes parsemés dans le texte constitue un indice de domination en ce sens que, par leur quantité, ils rendent évidents l'envahissement étatsunien et l'étouffement des diverses formes de l'expression du Même. Les membres de la famille Terri vivent leur rapport d'altérité avec les produits culturels étatsuniens sans aucune agonicité; ils sont des consommateurs passifs. Les personnages sont déracinés et acculturés, à un point tel que le reste de leur vie en porte la trace; ils vivent en marge de leur Même valorisant.

Les autres romans recèlent moins d'américanismes, mais ils précisent l'heure juste quant à la réalité socioculturelle des personnages. Dans *Road to the Stilt House*, alors qu'Arnold regarde à la télévision une émission sur les girafes, Harry et Mabel veulent changer de station pour voir un feuilleton étatsunien très populaire: "Harry comes in and says:/'I'm watching *Dallas*.'/They glare at each other. It is awful. Their eyes are filled with hatred. [...] 'I just want to watch my Dallas,' Mabel says" (*Road to the Stilt House* 29). L'emploi du possessif exprime le désir fusionnel de Mabel qui adhère aux nouveaux impératifs de la culture de masse. La matière co-textuelle permet de saisir la portée indicielle du possessif "my": même si l'émission *Dallas* ne présente que des millionnaires texans du pétrole, Mabel, une assistée sociale du Nouveau-Brunswick, vit dans une exiguïté culturelle qui lui voile le regard. La domination qu'elle subit la rend invisible à elle-même, sans qu'elle en soit consciente. Ne connaissant rien de son identité culturelle, Mabel est une minorisée qui ne peut résister à l'attrait de la majorité continentale: "Everything would be quiet./Everything would be nice/ *Hawaii Five-O* would be on television" (54). Pour elle et d'autres personnages, la télévision avec son reflet étatsunien devient un exutoire par où s'épanche le vide de la subjectivité, ce que Jean-Marie Klinkenberg appelle le "déficit identitaire" (115); ils sont de nulle part, ils ne se voient pas et la menace de l'exclusion les guette. Seul Arnold émet des réserves sur la surconsommation de télévision devenue un mode de vie pour sa famille. Il est conscient que l'Autre se trouve en leurs murs en raison de l'envahissement abrutissant de leur espace socioculturel par les médias. La dépendance et la perte d'identité qu'ils engendrent le rendent violent. En signe de protestation contre la télévision qui l'agresse, il défonce l'appareil d'un coup de pied: "'The television crawled all over me day and night, and it was time to do something about it[']" (*Road to the Stilt House* 100). Le mot "crawled" est indiciel de la pénétration massive de la télévision. Arnold se sent excédé par toutes ces émissions étatsuniennes sans lien avec sa réalité et qui l'entraînent à vouloir être comme l'Autre sans trop savoir pourquoi: "It seems as if we are always getting tricked into believing who we are, or, who we are supposed to be like" (111). Arnold est plus apte que sa mère à moduler la consommation télévisuelle et à lui donner un sens. Peu de temps après, un nouveau téléviseur est installé dans le salon: "And the family watched television once more" (111). Cette invasion ne semble pas avoir de limite; même le ciel est porteur de la puissance et de la domination des Etats-Unis, dont la manifestation bruyante est menaçante: "There is a truck across the river and in the distance an American jet skims to the height of heaven, followed by its thunderous sound" (12). Cette séquence purement indicielle met en évidence la perturbation de la vie communautaire causée par la domination étatsunienne, qui bouleverse l'espace socioculturel.

L'avant-dernier roman de Richards, *Hope in the Desperate Hour*, aborde encore cet aspect de la vie de ses protagonistes. Eprouvant beaucoup de difficulté à surmonter la perte de son rêve de voir Garth, son mari, jouer au hockey avec les Bruins de Boston, Vicky est à la recherche d'un autre sens à sa vie. Elle s'intéresse à des activités étatsuniennes qui ne lui apporteront pas ce qu'elle recherche:

> After Vicki came home from university, they tried religion. They tried Reverend Matheson and his Lumberman's Crusade. They tried ten meetings. They wore "Keep the Faith" T-shirts; they got into selling Amway, went to meetings across the province.
>
> Once they went to Boston. (*Hope in the desperate hour* 192)

Toutes ces tentatives échouent parce qu'elles sont vécues dans la subalternité qui pèse sur eux, dans l'acculturation qui rompt la continuité culturelle.

Roman après roman, l'aliénation gagne du terrain. Dans le roman *Blood Ties*, publié en 1974, Lorne utilise le possessif "yer" en parlant de la télévision étatsunienne; dans le roman *Road to the Stilt House*, publié en 1985, Mabel emploie le possessif "my" pour s'approprier un feuilleton étatsunien. Elle incarne l'individu qui, par suite de conditions extérieures, cesse de s'appartenir et qui, sans toujours s'en apercevoir, s'éloigne de sa propre culture en raison de la domination de celle des Etats-Unis. Dans ce mouvement, l'identité commune basée sur l'origine est écartée par l'altérité étatsunienne et devient, selon l'interprétation de James Doyle, ce que Richards estime être une certaine forme de canadianité:

> In the mood of self-pity, Canadians are fond of complaining that their country, and the world as a whole, is being Americanized; Richards suggests, on the contrary, that the world is being Canadianized, a process which, even more than Americanization, is terrifyingly redolent of universal decay and death. (Doyle 130)

Cette canadianité se traduit dans les romans par l'acculturation de nombreux personnages, provoquant à la fois la perte, l'acquisition, la substitution, la réinterprétation et la transformation de traits culturels déclenchées par le contact avec un Autre dominateur. Ce sont là des indices d'une marginalisation, voire d'une minorisation inexorables selon Paré:

> Les cultures minorisées sont traversées par les signes de la condamnation. [...] les signes s'intériorisent (cessant du coup d'être des "signes," investis de réalité puisqu'ils sont les attributs de l'Autre), persistent et deviennent la matière même de notre existence collective. (13)

La résistance à une identité autre devient une réaction individuelle, marginale, comme c'est le cas pour Arnold, qui dénonce sans succès l'envahissement pervers de la télévision étatsunienne dans sa famille. Par conséquent, plusieurs individus ne sont plus capables de se conduire normalement, c'est-à-dire qu'ils adoptent souvent des comportements déliquescents (alcoolisme, toxicomanie, violence familiale, décrochage scolaire, chômage, suicide, exil...), ce qui entraîne un affaiblissement de la force et de la cohésion collectives. Là où les conditions d'existence des protagonistes sont marquées par l'Autre qui génère l'aliénation économique, la domination culturelle et le déficit identitaire, la marge est exiguë.

La mutation sociale

L'Amérique modernisante ne suscite pas les mêmes mouvements de tension identitaire dans les deux œuvres romanesques. Chez Maillet, la communauté acadienne se confine à un espace social qui demeure en marge de l'Amérique modernisante, alors que, chez Richards, la collectivité présente des signes de perte d'autonomie qui la marginalisent. Pour certains personnages mailletiens, incarnant les valeurs traditionnelles de l'élite acadienne, l'exotisme—dans ce qu'il a de péjoratif—est rebutant puisque les Etats-Unis creusent une distance qui engendre l'exclusion, leur exclusion en tant que catholiques de langue française. Ils savent que la vocation anglaise de l'Amérique est incontestable et insécurisante (Roy 153), mais ils préfèrent vivre dans une marge qui peut être aliénante que de vivre sous la domination de l'Autre. C'est en cela que l'altérité américaine se manifeste différemment chez Richards. La présence des Etats-Unis est influente, voire dominante dans son œuvre. Son altérité exerce une influence qui l'emporte surtout sur le naturel intrinsèque de la communauté. Les personnages asservis à son joug sont tellement nombreux que la collectivité dans son ensemble devient étrangère à elle-même. La mutation sociale qu'engendre les Etats-Unis chez leurs voisins n'est pas la même chez les Acadiens francophones que chez les descendants d'Irlandais anglophones. Alors que Maillet laisse une certaine place pour quelques américanismes sans que la représentation commune du monde ne soit entravée, chez Richards, la multiplication des américanismes provoque un éloignement de l'origine commune et élimine la volonté de tendre vers un but iden titaire.

L'épreuve de la marge

Dans les deux œuvres romanesques, l'altérité étatsunienne contribue de façon significative à la modernisation des mœurs des protagonistes. Dans l'exiguïté de leur espace socioculturel respectif, les personnages mailletiens et richardsiens présentent un contraste évident quant à la fierté et à la confiance en leur identité et en leur avenir. Devant l'Autre, les protagonistes mailletiennes résolvent l'énigme de leur relation avec leur communauté d'appartenance: la langue, et non la foi catholique, devient le dénominateur commun qui permet de se retrouver entre soi. Les protagonistes richardsiens sont, pour leur part, sujets à une déperdition de leur identité culturelle parce qu'ils sont dépossédés du lieu identitaire qu'a pendant longtemps été l'Eglise catholique et qu'ils sont incapables de se rattacher à un autre trait culturel spécifique. Leur relation avec leur communauté d'appartenance s'effrite, alors que la domination étatsunienne devient d'autant plus forte que la dispersion communautaire est grande. Ils incarnent parfaitement le marginal doublement marginalisé. Dans leur rapport au monde américain, ils se trouvent désorientés. L'abandon des traits culturels du groupe et la perte de son identité entraînent des conséquences: "[...] le sentiment d'aliénation, de perte de son identité, lorsqu'il n'est pas associé à une véritable intégration, peut conduire à une paralysie sociale et individuelle, à la désorganisation communautaire [...]" (Thériault 119). Dans les deux œuvres romanesques, le contenu indiciel de l'Amérique modernisante fait état de l'épreuve identitaire en Acadie et dans la Miramichi. Les protagonistes mailletiens et richardsiens sont confrontés à l'Autre dans un espace culturel porteur des cicatrices du passé, des atavismes des vaincus, des colonisés. Dans les deux œuvres, l'épreuve de la marge stimule des conflits entre le communautaire et l'individuel, la subjectivité et l'américanité, la confrontation et l'accommodation qui sont intenses. Chez Maillet, c'est la marginalité volontaire, un choix conscient impliquant un engagement communautaire; chez Richards, c'est la marginalisation inexorable des individus, l'exil intérieur en l'absence d'un nous.

Bibliographie

Allain, Greg, *et al.* "La société acadienne: lectures et conjonctures." *L'Acadie des Maritimes. Etudes thématiques des débuts à nos jours*. Dir. Jean Daigle. Moncton: Chaires d'études acadiennes, 1993. 341-84.

Doyle, James. "Shock: Recognition." *Canadian Literature* 94 (Fall 1982): 128-30.

Durante, Daniel Castillo. "Les enjeux de l'altérité et la littérature." *Littérature et dialogue interculturel*. Dir. Françoise Tétu de Labsade. Culture française d'Amérique. Sainte-Foy: Presses de l'Université Laval, 1997.

Escarpit, Robert. *Sociologie de la littérature*. Paris: Presses universitaires de France, 1964.

Fall, Khadiyatoulah. "Dénominations identitaires: stabilités abstraites et variations multiples." *Revue de l'Université de Moncton* 30.2: 7-17.

Klinkenberg, Jean-Marie. "Langue et déficit identitaire." *Les langues du roman, Du plurilinguisme comme stratégie textuelle*. Dir. Lise Gauvin. Montréal: Presses de l'Université de Montréal, 1999. 109-27.

Maillet, Antonine. *Les Confessions de Jeanne de Valois*. 1992. Montréal: Club Québec Loisirs, 1993.

—. *Les Cordes-de-Bois*. Montréal: Leméac, 1977.

—. *Crache à Pic*, Montréal: Leméac, 1984.

—. *Mariaagélas*. 1973. Verviers: Marabout, 1980.

—. *On a mangé la dune*. Montréal: Editions Beauchemin, 1962.

—. *Pélagie-la-Charrette*, Montréal: Leméac, 1979.

Morency, Jean. *Le Mythe américain dans la fiction d'Amérique. De Washington Irving à Jacques Poulin*. Québec: Nuit blanche, 1994.

Paré, François. "La distance d'ici à Québec." *Revue de l'Université de Moncton* 30.1 (1997): 5-18.

Richards, David Adams. *Blood Ties*. 1976.Toronto: McClelland and Stewart, 1985.

—. *Hope in the Desperate Hour*. Toronto: McClelland and Stewart, 1996.

—. *Lives of Short Duration*. 1981. Toronto: McClelland and Stewart, 1986.

—. *Road to the Stilt House*. 1985. Toronto: HarperCollins Publishers, 1990.

Robin, Régine. "Pour une socio-poétique de l'imaginaire social." *La politique du texte: enjeux sociocritiques*. Dir. Jacques Neefs et Marie-Claire Ropars. Lille: Presses universitaires de Lille, 1992. 95-121.

Roy, Michel, *L'Acadie perdue.* Montréal: Québec/Amérique, 1978.

Thériault, Joseph Yvon. *L'identité à l'épreuve de la modernité. Ecrits politiques sur l'Acadie et les francophonies canadiennes minoritaires*. Moncton: Editions d'Acadie, 1995.

Quel jardin pour la littérature québécoise? Rebondissements du discours de la décolonisation dans le paradigme postcolonial au Québec

Robert S. SCHWARTZWALD

University of Massachusetts, Amherst

N'est-il pas vrai que la critique littéraire au Québec—du moins dans sa dimension historique—est parsemée de métaphores végétales, à commencer par l'idéologie agriculturaliste du terroir? Et le discours anti-colonial qui s'érigeait en opposition si radicale aux tendances traditionnalistes n'envisageait-il pas l'après-colonialisme comme une espèce de "jardin édénique" épuré d'influences déformantes sur la nation ou *peuple-classe* libérés? Enfin, dans le très actuel paradigme *post*-colonial, une métaphore privilégiée n'est-elle pas l'hybridité, entendue comme référence à la diversité et à la créativité botaniques? La relation ambivalente entre ces jardins anti- et post-coloniaux nous rappelle que le discours post-colonial ne s'en prend pas au colonialisme en tant que tel. En fait, la critique du colonialisme proposée par le discours postcolonial est *tardive* par rapport aux indépendances politiques des anciennes colonies; tout en interrogeant les prémisses ontologiques et épistémologiques du colonialisme, elle nous propose de nouveaux modèles pour comprendre la circulation des formes de capital social et culturel entre anciennes métropoles et colonies dans un monde structuré selon de nouvelles hégémonies. Son principal objet critique est donc le discours de la *dé*colonisation élaboré en pleine lutte anti-coloniale entre la fin de la Deuxième Guerre mondiale et les années 70.

Dans cet article, nous nous proposons de suspendre l'opération postcoloniale qui consiste à creuser une tranchée entre le discours de la décolonisation d'une part et l'hybridité transculturelle de l'autre. Pour y arriver, nous entreprendrons une "archéologie" du discours anti-colonial au Québec, suivi d'un regard inhabituel sur des éléments de ce discours qui rejoignent les interrogations radicales de la théorie post-coloniale dans le champ littéraire. Il s'agit de voir ce qui est possible lorsqu'on brouille les frontières traditionnellement établies entre ces deux discours sociaux. Notre hypothèse veut que ce brouillage amène la revalorisation du national comme catégorie identitaire, revalorisation qui va tout à l'encontre de la tendance récente de le qualifier de désuet. Nous verrons comment la critique post-coloniale jouit d'une relation de chiasme—c'est à dire de convergences productrices—avec le discours de la décolonisation au Québec, surtout au sein de l'institution littéraire, où un débat complexe sur les rapports entre les modernités littéraire et politique se poursuit depuis longtemps.

Vers une déstabilisation sémantique de "colonisation"

Rappelons-nous que l'instauration du discours *anti*-colonial au Québec précède l'époque de la Révolution tranquille, moment où il assume son profil "classique." C'est d'abord autour de la question d'autonomie *culturelle* que la question coloniale est soulevée. A ce titre, l'intervention de l'essayiste et romancier Robert Charbonneau pendant la Crise des années 30 et la Deuxiéme Guerre s'avère exemplaire. Charbonneau reformule la métaphore de l'arbre et de la branche très souvent employée pour parler de la relation entre la production littéraire en France et au Canada français. Charbonneau fonde les Editions de l'Arbre, importante maison qui va publier les oeuvres dont les droits d'édition sont transférés au Canada pendant l'Occupation de la France. Contrairement à ceux qui préfèrent regarder les ouvrages canadiens comme les apanages du "tronc" français, Charbonneau proclame dans les pages de la revue *La Nouvelle Relève* que la littérature canadienne d'expression française serait une espèce distincte qui se ressource dans un sol américain, nourrie par l'étendue splendide du continent, le réalisme psychologique et la morale catholique ("L'avenir du roman"). Pour être cohérent avec cette vision, les Editions de l'Arbre se consacreront surtout à la recherche et à la diffusion de nouveaux ouvrages d'auteurs canadiens-français (Charbonneau, "L'édition canadienne").

Selon Charbonneau, le colonialisme au Canada français était avant tout culturel et se manifestait à travers l'empressement des jeunes écrivains canadiens-français de se faire accepter en France.[1] En même temps, l'autonomie croissante du Canada, qui entrait en guerre en 1939 sous ses propres couleurs, promettait de grands changements du côté politique. Cette autonomisation progressive devait, espérait-on, permettre aux jeunes intellectuels canadiens-français de se tourner vers l'état canadien pour assurer un climat politique et culturel propice au développement de ce nouvel arbre. Le Canada, croyait-on, était en train de se débarrasser de sa loyauté primaire à la "mère-patrie" britannique, ce qui

[1] Voici un thème qui est loin d'être épuisé. Voir à titre d'exemple "Vers le mauvais pauvre," le très sidérant Epilogue à *L'Amour du pauvre* de Jean Larose (Montréal, Boréal, 1991) 203-47.

allait favoriser à son tour le développement d'une culture canadienne d'expression française (à côté d'une autre d'expression anglaise) qui ne craindrait plus l'oeil scrutateur de la France.

Cette vision optimiste pan-canadienne se heurtait à un important obstacle au Québec: elle avait du mal à se faire valoriser en tant que discours anti-*colonial* à cause du fait que le vocable *colonisation* était surtout associé à l'idéologie cléricale "de conservation," laquelle lui conférait une valeur *positive*. Loin de fêter la rupture du lien colonial à la manière des treize colonies du sud qui avaient gagné leur émancipation de la couronne britannique, cette idéologie regrettait l'époque de la Nouvelle-France et blâmait la mère-patrie d'avoir *abandonné* le Canada.[2] Par dessus le marché, le terme *colonisation* avait été récupéré pour décrire le peuplement des régions éloignées, dont le Nouveau-Québec, l'Ontario du Nord et même les plaines de l'Ouest, où souvent les clercs jouaient le rôle d'animateurs et de pionniers.

Aussi, le concept de *colonisation* ne parvint-il à assumer sa valeur contemporaine que dans la conjoncture de l'après-guerre, quand l'ONU vit l'adhésion de dizaines de nouveaux pays, tous jadis territoires assujettis aux empires européens. Même s'il ne fait aucun doute qu'au cours des années 50 et au début des années 60, "les moyens d'information collective ont permis à la population de suivre le vaste mouvement de décolonisation qui a marqué l'après-guerre," comme le disait André d'Allemagne, le fondateur du Rassemblement pour l'Indépendance Nationale (RIN), comment se fait-il alors que bon nombre de Québécois aient trouvé dans ce processus historique "une définition précise et globale de leur situation collective, ce que le nationalisme traditionnel n'avait pas réussi à leur apporter" (D'Allemagne 119; 153)?

Au lieu de parler "d'influence" du discours de la décolonisation, il est plus éclairant de mettre l'accent sur son *appropriation* au Québec, car celle-ci constitue en toute probabilité l'élément le plus créatif du nouveau discours social de cette époque-là, surtout auprès d'une couche de jeunes intellectuels soucieux de rompre tout lien avec les éléments nationalistes conservateurs chez leurs aînés. A ce titre, une série de rencontres entre Albert Memmi, des collaborateurs de la revue *Parti pris* et André d'Allemagne s'avère révélatrice, surtout dans la mesure où l'auteur tunisien se permet d'offrir un certain appui aux luttes de ses interlocuteurs. Dans un discours prononcé à l'Université de Montréal en 1967, publié par la suite sous le titre "Les Canadiens français sont-ils des colonisés?" en annexe à l'édition québécoise du *Portrait du colonisé*, Memmi se garde d'employer le mot "colonisation," mais insiste sur

---

2 Voir à ce titre Réjean Beaudoin, *Naissance d'une littérature. Essai sur le messianisme et les débuts de la littérature canadienne-française (1850-1890)* (Montréal, Boréal, 1989).

le caractère simultanément "relatif et spécifique" de la domination vécue par le Québec: "[...] Même si l'on est favorisé comparativement à d'autres gens et à un autre contexte, on peut parfaitement vivre une domination avec toutes les caractéristiques habituelles de la domination, même les plus graves. C'est bien ce qui paraît arriver aux Canadiens français" (Memmi 139).

Il est vrai que, sur le plan plus proprement politique, le discours de la décolonisation fournissait donc aux jeunes militants indépendantistes québécois un moyen de résister aux fortes pressions en faveur de leur intégration, au nom d'un progressisme de gauche, au courant des "anti-impérialistes" anglo-canadiens. Le discours de la décolonisation rendait impensable l'idée que les Canadiens anglais et le Québec vivaient une domination égale et partagée, car l'Etat canadien (dominé par la nation des Canadiens anglais) représente à la fois la continuité de la domination britannique et la forme spécifique de la pénétration impérialiste au Québec.

Pourtant, ce fut l'écrivain anti-colonial Jacques Berque, auteur de *Dépossession du monde*, qui enrichit notre appréciation de la démarche entreprise au Québec, en n'hésitant point à qualifier les Québécois de "coloniaux [ou plus précisément d'anti-coloniaux] dans la mesure où leur identité répugne à se fonder sur le folklorique et le résiduel, ce à quoi on voudrait les réduire." Berque trouve que "corrélativement, leur revendication, qui ne peut jusqu'à un certain point tirer largement de l'expression politique ou de l'exploitation économique, érige au premier chef l'argument de la dépersonnalisation: celle des mœurs, des styles, du langage" (cité dans Rioux 10).

En fait, ce constat nous rappelle que certains aspects du discours contemporain contre la mondialisation, qui en dénoncent la dynamique culturelle homogénéisante, sont anticipés, sinon présents, dans le discours de la décolonisation au Québec. De manière étonnante, ces préoccupations se manifestent dans les propos des collaborateurs de la revue décolonisatrice-marxiste-indépendantiste *Parti pris*, pour qui l'analyse du colonialisme au Québec ne fut jamais "littérale," c'est-à-dire basée sur des critères politiques formels. Comme le dit à raison Hugues Corriveau à l'égard du poète et essayiste *partipriste* Paul Chamberland:

> Décolonisation: Mot clé des premières oeuvres, c'est cette pensée qui a tant séduit les intellectuels du début des années soixante qui va permettre à Chamberland de canaliser l'énergie poétique qu'il porte en lui, qui va l'incarner comme 'Afficheur,' qui va faire que sa voix de héraut sera entendue à travers le brouillard, que ses appels vont prendre une dimension presque mythique en des livres comme *Terre Québec* et *l'Afficheur hurle* (Corriveau 11).

Aussi, Chamberland note comment "la décolonisation n'a jamais été un mouvement fondé sur des raisons analytiques: elle fut le résultat d'une *décision globale*, d'abord obscure puis affermie par le recours à l'analyse" (Chamberland, "De la damnation à la liberté" 55). Quant au fond de cette "décision globale," Chamberland se réfère à Jacques Berque, pour qui "nous assistons actuellement à une rébellion du fondamental et du spécifique contre la montée de la dépersonnalisation et le cosmopolitisme" (54). Berque aurait montré d'ailleurs que, "avec le mouvement de décolonisation actuel, un nouvel usage, une conception révolutionnaire de l'universalisme, de la mondialisation étaient en train de prendre rapidement le dessus" (84). La décolonisation permettra que "la lutte de libération nationale signifie précisément la suppression de l'isolement dans lequel nous plonge la situation canadienne [...]" (83). Aujourd'hui, Chamberland continue à parler d'une "*autre mondialisation* [qui pointe] le caractère urgent, extrême, de la destruction en cours"' ("Chamberland, "L'Expérience de vivre..." 9).

Dans "l'Oedipe colonial," essai qui paraît dans le même numéro spécial de *Parti Pris*—"Portrait du colonisé québécois"—que "De la damnation à la liberté" de Paul Chamberland, Pierre Maheu convient lui aussi que son étude "n'a rien de scientifique;" son point de départ est plutôt le constat que "toute société, toute culture correspond à un *être-au monde* fondamental, qu'elle organise ses valeurs selon un pattern propre; c'est cet être-au-monde, cette configuration globale de l'univers psychique du colonisé québécois que je voudrais tenter d'approcher ici [...Il] s'agit plutôt pour moi de poser les approches, à un niveau précis, d'une étude de la manière d'être québécoise; et cette phase du travail ne peut être qu'intuitive" (Maheu 19).

En fait, les propos de Maheu et de Chamberland s'avèrent fort suggestifs par rapport aux études "identitaires" des années 80 et 90, dont les travaux du groupe *Montréal imaginaire* (1989), les écrits d'Elspeth Probyn sur les "ways of longing and belonging" (les chemins du désir et de l'appartenance) (1994), et les explorations de l'hybridité culturelle effectuées par Sherry Simon (1999) et l'équipe de rédaction de *Fictions de l'identitaire au Québec* (1991), même s'il est fort douteux que ce que Chamberland envisageait par "l'abandon de l'image" et Maheu par "une manière d'être québécoise" n'ait jamais englobé les mutations transculturelles dont ces travaux tiennent compte.

Le post-colonial et la modernité littéraire

Sur le plan littéraire, il est clair que les *topoi* incessamment proposés dans les textes de la décolonisation, tels "la page blanche" et "la table rase," nous communiquent l'espoir ardent des intellectuels de la mouvance anti-coloniale de parvenir à l'expression d'une plénitude subjective: accueillantes, passives, intégrales, ces métaphores topiques ne semblent qu'attendre l'empreinte de l'homme nouveau décolonisé. Il est également intéressant de noter que l'image de la page blanche se prête facilement aux prétentions d'une écriture autarcique et autogénératrice. Fait ironique, le discours de la décolonisation, issu du Tiers-monde, mais partageant les prémisses ontologiques des pays métropolitains qui l'ont dominé, a autorisé la démarche qui consiste à privilégier l'écriture logocentrique qui "devrait s'effacer devant la plénitude d'une parole vive, parfaitement représentée dans la transparence de sa notation, immédiatement présente au sujet qui la parle et à celui qui en reçoit le sens, le contenu, le valeur" (Derrida 36-37). Au Québec, la charge d'utopie qui soutenait l'effervescence des années 60 contribua à la quasi-certitude que cette transparence sociale ne tarderait pas, raison de plus pour que la métaphore de la page blanche eût pu paraître si séduisante.[3]

La figure de la page blanche s'avère donc un site privilégié pour explorer la relation entre le discours de la décolonisation, le paradigme post-colonial de transculture et d'hybridité, et la modernité littéraire. Dans une entrevue récente, Paul Chamberland dresse un bilan de ces interrelations qui nous en révèle toute la complexité. A la question "Quand commence la modernité?," Chamberland répond sans trop de difficulté: "Lorsqu'on arrive au *Vierge incendié*, publié la même année que *Refus global*, en tout cas, la question cesse de se poser."[4] Aussi Chamberland remonte-t-il à l'époque de l'après-guerre pour trouver le moment définissant de la modernité, rejoignant ainsi nombre de chercheurs qui n'acceptent plus le *grand récit* dans lequel la Révolution tranquille se représente comme rupture idéologique et culturelle *ex nihilo*, exceptés quelques "précurseurs" symboliques. L'esprit de révisionnisme a donc touché Chamberland, lui aussi, qui avoue en 2001 que "plus on s'approche d'aujourd'hui, plus il est difficile d'en parler [...]. Une chose me frappe toutefois, en faisant des relectures, c'est la fin de l'âge de l'image [...]." Chamberland fait mention précise de *la Nouvelle barre du jour* et des Editions les Herbes Rouges comme preuves que l'on "quitte la grande époque où la métaphore était reine [...]. Désormais, la poésie se forme autrement que dans une confiance inconditionnelle en l'image. Elle procède davantage du discours [...]" (Chamberland, "L'expérience de vivre et de penser" 8).

---

3 Voir par exemple deux essais de Hubert Aquin rassemblés par René Lapierre dans *Blocs erratiques* (Montréal, Quinze, 1977): "La Disparition élocutoire du poète" de 1974 (263-67) et "Le Texte ou le silence marginal?" de 1976 (269-72).

4 Il s'agit du poème *Le Vierge incendié* de Paul-Marie Lapointe (Saint-Hilaire: Mithra-Mythe, 1948) et du manifeste automatiste *Refus global* de Paul-Emile Borduas (Saint-Hilaire: Mithra-Mythe, 1948).

Ce révisionnisme est confirmé par ce que les écrivains et critiques francophones ont à dire aujourd'hui à propos des littératures d'expression anglaise au Québec. Lors d'un colloque tenu à l'Université de Montréal en 1997 sur "Le Québec anglais: littérature et culture," l'organisatrice Lianne Moyes a invité Nicole Brossard et Gilles Marcotte à répondre à ses propres tentatives, ainsi qu'à celles des conférenciers Linda Leith, Marco Micone, Robert Mazjels et Gail Scott, de redéfinir cette littérature en quittant le terrain de "minoritaire" pour embrasser plutôt celui des pratiques linguistiques et littéraires relevant du "mineur," tel qu'élaboré par Deleuze et Guatarri (1975).

Gilles Marcotte, souvent considéré comme le doyen des critiques littéraires au Québec, fut sans doute invité à ce colloque pour représenter la manière classique dont "les aînés" de l'institution littéraire au Québec s'imaginent les relations littéraires entre les deux communautés. Il est évident que Marcotte a comblé ce désir, car un écart de génération par rapport aux autres conférenciers marque ses propos, à la fois dans ses choix de lectures et dans ses contacts personnels avec les écrivains: "Il m'est assez évident que, lecteur professionnel ou lecteur d'occasion, je ne me sens pas, à l'égard d'un roman de Hugh McLennan ou d'un recueil de poèmes de David Solway, les mêmes obligations qu'à l'égard de Gabrielle Roy ou de Roland Giguère," observe-t-il. "Lecteur d'occasion, j'aborde le *Solomon Gursky* de Richler ou le *Beautiful Losers* de Cohen[5] comme des oeuvres étrangères, même si ces romans contiennent des images extrêmement saisissantes, éloquentes de la ville qui est la mienne" (Marcotte 7).

Pour Marcotte, les ouvrages de ces auteurs lui sont étrangers de par la tradition littéraire; le rapport au temps, à l'histoire, à l'origine; les conventions, habitudes, visions du monde et la référence institutionnelle. En plus, Marcotte possède un sens aigu de la situation précaire et "volontariste" de l'institution littéraire au Québec. Contrairement aux métaphores solides de l'arbre et de la branche que nous avons évoquées au début de cet essai, Marcotte écrit sur cette même institution de manière plus prudente, par exemple dans les essais qui ont comme titre "Institution et courants d'air"! Or, loin de mettre en dérision ce volontarisme, Marcotte l'admire et le trouve même nécessaire dans un petit pays comme le Québec, tout en demeurant attentif aux risques déformateurs de nombrilisme qu'il porte.

Au premier regard, les propos de Marcotte ont l'air de gâcher la fête de la transculture que propose la vision hybride du Québec, et surtout ses manifestations à travers des pratiques littéraires mineures. Pourtant,

---

[5] Il s'agit des romans *Solomon Gursky Was Here* de Mordecai Richler (Markham, Ontario, Penguin Books, 1989) et *Beautiful Losers* de Leonard Cohen (New York, Viking Press, 1966).

il y a un souci éthique dans les propos de Marcotte, pour qui l'hésitation devant la transculture ne découle pas du tout d'un "nationalisme instinctif, un réflexe de défense contre l'autre;" il est plutôt question de "reconnaître ce qui diffère, ce qui n'est pas soi, ce qui n'est pas réductible à soi" (7). Il ne s'agit pas d'investir l'Autre de tout ce que l'on refuse chez soi, mais plutôt de sortir d'une vision solipsiste du monde, où le soi est devenu le critère de l'altérité, que ce soit par manque ou par investissement symbolique.

Quant à Nicole Brossard, ce fut sa présence à la constitution de *La Barre du jour* et à toutes les étapes—y compris *l'écriture au féminin*—qui ont joué un rôle clé dans l'abandon de l'image si chère à la "poésie du pays," qui fit d'elle une invitée d'honneur au colloque. En dialogue avec tous les courants liés à la (post)modernité littéraire, elle y parle d'écritures qu'elle qualifie "d'installations idéologico-esthético-affectives [...] qui exorcisent la réalité des deux solitudes pour n'approfondir que le chaos (au sens de circulation) contemporain qui les nourrit" (Brossard 13). Ceux et celles qui sont familiers avec l'oeuvre de Brossard ne s'étonneront pas de découvrir que, pour elle, les principales *"installations"* sont les écritures féministe, formaliste, et de marginalité sexuelle. Chacune des *"installations"* auxquelles elle se réfère possède un fort et stable composant d'altérité vis-à-vis d'un pouvoir dominateur, et étonnamment, cette altérité relève du national. Autrement dit, *même* pour Brossard, pourrions-nous dire, le national reste le référent primaire, même si, comme le dit Lianne Moyes, organisatrice du colloque, "the lines of affiliation among writers are often generated by factors other than linguistic and cultural identity" (4). Nonobstant ce rappel valable, force est de constater que Brossard insiste pourtant sur le contraire devant son public universitaire: "Je me souviens un jour, le poète George Browning de Vancouver m'avait aimablement dit: 'Nicole, you're one of the greatest Canadian writers.' Je m'étais alors retrouvée dans une terrible ambivalence car d'une part, j'aurais bien voulu accepter le compliment, d'autre part, je me devais de lui rappeler que je n'étais pas une écrivaine canadienne mais une écrivaine québécoise" (Brossard 12).

Il est vrai que Brossard modère cette affirmation identitaire dès qu'elle l'énonce par le biais d'un témoignage sur l'importance des contacts littéraires qu'elle vit tous les jours. C'est en regardant l'écrivain anglo-juif contemporain Robert Majzels à la télévision, par exemple, qu'elle "découvri[t] un écrivain avec lequel il me semblait avoir des affinités sur le plan formel et cet écrivain était un anglophone montréalais parlant français. J'avais envie de lui parler de littérature. Le premier pays des écrivaines et des écrivains dont j'aime les oeuvres s'appelle 'littérature.'" (Brossard 13) Toutefois, Brossard retourne à l'importance du national quand elle se demande "comment une littérature minoritaire arrive-t-elle à occuper un espace culturel autre que celui qui serait normalement le sien?" (13). Elle convient que cela pourrait être "par la qualité de ses oeuvres," mais cette réponse n'est pas la plus importante. "[L]a littérature minoritaire déborde l'espace minoritaire uniquement dans la mesure où la majorité veut bien s'y intéresser, sent le besoin de s'y intéresser. Or le majoritaire ne s'intéresse à l'autre que dans la mesure où il se sent concerné et interpellé; dans la mesure aussi où il trouve en certains écrivains des alliés ponctuels" (13). Les *"installations"* donc sont les sites transitoires de ces alliances de deux manières distinctes: d'abord, autant elle y rencontre d'autres écrivaines lesbiennes, ou d'autres expérimentateurs formels, autant il lui est évident que ces rencontres ne sauraient occuper toute la place des possibles articulations identitaires à l'avenir. Cependant, ces sites sont transitoires non seulement en vertu de la possibilité infinie et illimitée de les recombiner, mais aussi en vertu de la comparaison implicite que l'on dresse entre eux et quelque chose de plus stable, sinon d'éternel: le repère offert par l'identité nationale.

Si la réponse de Brossard contient de l'équivoque, il s'agit alors d'une équivoque nécessaire qui s'efforce de chevaucher les deux pôles du politique et du littéraire: "[L]a littérature canadienne-anglaise du Québec a-t-elle joué un rôle dans le développement et l'évolution de la littérature québécoise?," se demande Brossard. "La réponse est fort probablement non," convient-elle, "mais je n'en ferais pas une réponse définitive [...]. Par contre, si je m'interroge à un niveau personnel afin de connaître le rôle joué par les auteurs anglo-québécois dans ma vie d'écrivaine, je risque de changer les règles du jeu" (Brossard 12-13).

Conclusion

De manières fort divergentes mais interliées, les interventions de Marcotte et de Brossard suggèrent que les notions de transculture et d'hybridité chères au paradigme postcolonial ne sauraient assurer un substitut adéquat aux soucis d'appartenance nationale soulevés par le discours de la décolonisation. Même si le discours postcolonial s'avère poignant précisément dans la mesure où il représente l'abandon du *texte national* tant décrié par Jacques Godbout (1975) en faveur d'un engagement ludique avec la *texture* nationale (dont l'attrait de certains écrivains québécois francophones pour la littérature québécoise contemporaine d'expression anglaise en sera un exemple), il s'agit quand même d'un tissage en mutation perpétuelle où le national sert toujours de trame.

Aussi, le postcolonialisme ne saurait opérer une disqualification de la question nationale. Il est probable que la meilleure manière d'articuler les préoccupations postcoloniales et nationales passe par le paradigme des *petites nations*. Ici, les notions d'originalité et de précarité culturelles propres au discours de la décolonisation regagnent toute leur urgence. Par petites nations, je vise celles dont l'existence est toujours une question ouverte, celles qui ne peuvent jamais tenir leur permanence pour acquis. C'est une idée abondamment explorée par Alain Finkielkraut, de manière fort poignante par exemple quand il parle des Tchétchènes dans un entretien avec Marcos Ancelovici et Francis Dupuis-Déri: "[...]Il semble que leur mort est déjà décidée par les Russes et que personne n'ait le courage ou l'envie de s'y opposer. Les gens qui n'ont jamais été dans la conscience du monde peuvent disparaître sans que celle-ci en soit affligée, ce sont des comètes" (cité dans Ancelovici et Dupuis-Déri, 47-48). Une telle perspective évite le procédé manichéen qui consiste à conjuguer un passé colonial à effacer avec un avenir voué à la restauration de l'authenticité de la nation. En revanche, la problématique des petites nations constitue un aspect mouvant du présent qui marque la durée que nous habitons et façonnons. Ensemble, les petites nations forment une constellation (ou un archipel, pour adopter la métaphore d'Ancelovici et Dupuis-Déri) dans laquelle chaque performance culturelle traduit un rapport singulier entre une histoire événementielle (un *récit* national) et les significations dont elle est investie au présent. Sans en être le seul acteur, force est de constater que la *nation* reste à l'avant-scène de ces performances, même si au Québec—comme à travers le monde entrier—elle se voit obligée de se conjuguer avec une série de revendications identitaires émergeantes qui en peuplent l'arrière-fond.

Bibliographie

Ancelovici, Marcos et Francis Dupuis-Déri. "Entretien avec Alain Finkielkraut." *L'Archipel identitaire. Recueil d'entretiens sur l'identité culturelle*. Montréal: Boréal (1997). 37-51.

Beaudoin, Réjean. *Naissance d'une littérature. Essai sur le messianisme et les débuts de la littérature canadienne-française (1850-1890)*. Montréal: Boréal, 1989.

Berque, Jacques. *Dépossession du monde*. Paris: Seuil, 1964.

Borduas, Paul-Emile. *Refus global*. Saint-Hilaire: Mithra-Mythe, 1948.

Brossard, Nicole. "Quelques réflexions." *Quebec Studies* 26 (Fall 1998/Winter 1999): 12-14.

Chamberland, Paul. "L'intellectuel québécois, intellectuel colonisé." *Liberté* V:2 (mars-avril 1963): 119-30.

—. "De la damnation à la liberté." *Parti pris* nos. 9-10-11 (été 1964) ("Portrait du colonisé québécois"): 53-89.

—. "L'Expérience de vivre et de penser. Parcours et prospectives..." Entretien avec Bernard Pozier." *Lettres québécoises* 103 (automne 2001): 8-10.

Charbonneau, Robert. "L'Avenir du roman." *La Nouvelle Relève* v:10 (octobre 2001): 861-62.

——. "L'édition canadienne a pour mission de révolutionner notre littérature." *Le Canada* XLV: No. 266 (20 février 1948): 4.

Cohen, Leonard. *Beautiful Losers*. New York: Viking Press, 1966.

Corriveau, Hugues. "Chamberland polyphonique." *Lettres québécoises* 103 (automne 2001): 11-12.

D'Allemagne, André. *Le Colonialisme au Québec*. Montréal: Les Editions R.B.,1966.

Derrida, Jacques. *L'Ecriture et la différence*. Paris: Seuil, 1967.

Deuleuze, Gilles et Félix Guatarri. "Qu'est-ce qu'une littérature mineure?" *Kafka: Pour une littérature mineure*. Paris: Minuit, 1975. 29-50.

Godbout, Jacques. "Ecrire (novembre 1971)." *Le Réformiste. Textes tranquilles*. Montréal: Les Editions Quinze, 1975. 147-57.

Lapierre, René. *Blocs erratiques*. Montréal: Quinze, 1977.

——. *Ecrire l'Amérique*. Montréal: Editions Les Herbes rouges, 1995.

Lapointe, Paul-Marie. *Le Vierge incendié*. Saint-Hilaire: Mithra-Mythe, 1948.

Larose, Jean. *L'Amour du pauvre*. Montréal: Boréal, 1991.

Maheu, Pierre. "L'Oedipe colonial." *Parti pris* nos. 9-10-11 (été 1964) ("Portrait du colonisé québécois"): 19-29.

Marcottte, Gilles. "Neil Bissoondath disait..." *Quebec Studies* 26 (Fall 1998/Winter 1999): 6-11.

Memmi, Albert. "Les Canadiens français sont-ils des colonisés?" *Portrait du colonisé* (édition québécoise). Montréal, Editions de l'Etincelle, 1972. 135-66.

(Groupe de recherche). *Montréal imaginaire. Lire Montréal*. Actes du colloque tenu le 21 octobre 1988 à l'Université de Montréal. Textes de François Bilodeau, Louise Dupré, Simon Harel, Ginette Michaud, Raymond Monpetit, Pierre Nepveu et Francine Noël. Montréal: Département d'études françaises, Université de Montréal, 1989.

Moyes, Lianne. "Ecrire en anglais au Québec: un devenir minoritaitre? Summary." *Quebec Studies* 26 (Fall 1998/Winter 1999): 3-4.

Probyn, Elspeth. "Love in a Cold Climate." *Queer Belongings in Québec*. Montréal: GRECC, 1994.

Richler, Mordecai. *Solomon Gursky Was Here*. Markham, Ontario: Penguin Books, 1989.

Rioux, Marcel. *La Question du Québec*. Paris: Seghers, 1969.

Simon, Sherry et Pierre L'Hérault, Robert Schwartzwald, Alexis Nouss. *Fictions de l'identitaire au Québec*. Montréal: XYZ, 1991.

Simon, Sherry. *Hybridité culturelle*. Montréal: L'Ile de la Tortue, 1999.

Driving into the New Millennium on a Trans-Canada Highway That Has Only Entry Ramps

Uma PARAMESWARAN

University of Winnipeg

As we enter the new millennium, there is an increasing awareness that Canada's cultural diversity demands a reconfiguration of our pedagogical maps towards shaping how young Canadians see themselves in terms of country and identity. *Educating Citizens for a Pluralistic Society* is a special issue of *Canadian Ethnic Studies* (XXXII:1, 2000) in which Canadian scholars share their vision of the classroom in the new millennium. Beverley Bailey, writing on her experience with Aboriginal students, speaks about the need to move away from the "one-size-fits-all" type of education that perpetuates eurocentric values of academic proficiency. Other essays, such as those by Beryle Mae Jones, Jon Young, and Robert Graham, deal with recent changes in high school curricula that target the promotion of identity, civic participation, and social justice.

At a more advanced level, the most recent issue of *PMLA* (January, 2002) focuses on the reconfiguration of literature and language for the new millennium in view of today's new spaces, namely, the Fourth World and the Fifth World, terms explored by Guillermo Gomez-Pena in *The New World Border* and used by critics in that issue. Iain Chambers speaks of the Fourth World—the world of the displaced, the exiles, immigrants, asylum seekers—deterritorialized transnationals, who, as D.N. Rodowick explains, are transforming national identities through the "increasing hybridization or creolization of cultures." Thomas Foster sorts out the implications of the Fifth World, the open, borderless country of mass media and cyberspace, which Gomez-Pena negotiates with an intent to "'brownify' virtual space" (47).

My essay will focus on Canadian Literature in the classroom, and if I periodically refer to India, it is because India is the other country with which I have affinities. I confess that it gives me some pleasure to see the new millennium evolving towards the "brownification" of Canada, as separate races give rise to mixed-race generations. I consider strengthening of national identity as a necessary tool of resistance to the forces of globalization in general and to American control of the Canadian culture and economy in particular. Diasporic sensibilities pull transnationals into yet another trajectory. There has been much articulate discussion about transnationals' relationship with their original homelands, and how they are problematized in texts by immigrant writers who experience the "Janus-faced character of the diasporic citizen," as Sangeeta Ray says of transnationals' divided loyalties (154). However, I would like us to think about the new trajectory, along which diasporic affinities erase the border between Canada and the United States, and about what it means, on the one hand, to the way readers and writers of these texts perceive the world around them, and on the other, to our critical reconfigurations of Canadian Literature. As Barbara Godard argues in her comprehensive analysis of the move from identity to hybridity, "[b]order crossing, with its mobility factor breaking open the encircled 'garrison,' functions as chronotope of the contemporary world system" (230). She goes on to say that "[l]iterature is still read synechdochically to take the pulse of the nation, though it is posited as imagined rather than geophysical space" (230).

When I first read the word, "Reconfigurations" in the title of this collection of essays, I remembered E. D. Blodgett's volume entitled *Configuration: Essays on the Canadian Literatures.* I revisited it. The approach and content are so incredibly antediluvian that, if I had not known it was published in 1982, I would have placed it in the 1950s. It acknowledges the presence of Germans and Ukrainians in Canada, but mainly deals with comparisons between classical European writings and several canonical Canadians. As for the First Nations, they are totally absent in Blodgett's volume; and yet, I distinctly remember the sensation caused by Kahn Tineta Horne, the stunningly beautiful activist who emerged in the 1960s to remind us of the Native presence around us and of the Native past which had been unceremoniously buried by the invader-settlers. As we reconfigure our literary space, the seeming exaggeration of the term "antediluvian" is not so exaggerated after all. I would place the deluge in the 1960s, a decade when the cultural map of Canada radically changed because of two major factors, namely, the Native renaissance and the influx of immigrants from non-European countries.

In her introduction to issue 56 of *Essays on Canadian Writing*, Diana Brydon cogently explains the importance of replacing the term "settler colonies" with "invader-settler colonies," but when she says that Canadian imperatives "take us away from grand phrases like the postcolonial moment […]" (3), I demur. I do not know what would be termed THE grand postcolonial moment for any of the colonies, but I believe there have been several post-colonial moments in recent Canadian history, and perhaps we should make our individual lists and then draw up a common list that becomes a shared repertoire.

For me, the first sight of Kahn Tineta Horne was a postcolonial moment, forcefully foregrounding the Native presence which had eluded me when I came to Canada in 1966, as it had obviously eluded Blodgett even fifteen years later. An even stronger moment occurred on the morning of June 9, 1990, when Manitoba's Elijah Harper, holding an eagle feather in hand, quietly and clearly enunciated a single word "NO" and blocked the Meech Lake Accord that ignored Aboriginal rights. Others might see the Mohawks' barricade of March 10, 1990 at the village of Oka outside Montreal as a postcolonial moment. Others still might perceive the Cree resistance to Quebec Hydro's dam-building as such a moment. Together, the events of summer 1990 certainly established the end of a colonial age, articulated by the colonized people in no uncertain terms.

Let us inscribe that into our history. Wilson Harris maintained that if a country does not have a history, one should be created, and he went on to create or recreate the Amerindian history of Guyana. We need not create—we just need to select and interpret our texts. Paul James, in *Nation Formation,* says that in "theorizing the nation, there continues to be a tendency to fracture history into contradictory faces: the primordial past and the culturally invented modern period." (103). In Canada, these are played out in the way minority writings have been appropriated for eliding, conflating, or selectively focusing on aspects that lend themselves to the easy categorizations of resistance/complicity, on which much postcolonial theorizing rests.

Until the current Native Renaissance, I had always thought of Canada as not having a turning point into "post-hyphen-colonialism." In a debate about the hyphen, several critics (Mukherjee, Paranjape, Bennett, Vijay Kumar) have argued that the hyphenated "post-colonialism" reifies Empire, whereas the hyphenless postcolonialism does not. The word, with or without hyphen, has been a constant thorn in the side of critics who like definitions. Of the many critics[1] who have

[1] The term "post-colonialism" has become rather Protean. As many (Arun Mukherjee, Richard Allen, Ngugi w'a Thiongo, Harish Trivedi) have already argued, it has forced under the same umbrella a great many disparate countries and cultures, and has privileged the English-language literature of each country over the other languages. It is a term coined in Britain; according to OED, it was first used in a British newspaper in 1959, while referring to India. Moreover, it has become a commodity as Stephen Slemon, Makarand Paranjape and Harish Trivedi have noted. Cautious critics such as Donna Bennett (*ECW* 52) and Dennis Walder warn us not to "impose a single kind of postcolonialism," or "presume that the postcolonial perspective is the only way to frame one's vision" (342).

spoken about how the term circumscribes critical discourse into polarities of centre and margin, Arif Dirlik is one who sums it up succinctly. He says postcolonialism is just a form of the new global capitalism that feeds on "Third World terrain" (342).

"Oppositional postcolonialism" and "complicit postcolonialism" are useful terms to demarcate post-independence from chronological colonial spaces; however, they are contrapuntal forces and place us in a double bind. Harish Trivedi suggests that the way out of this bind is that [Indian] critics' objective should be neither "an opting out nor a blind rejection but an attempt to alter by challenge and through redefinition and extension the very terms of discourse" (Trivedi and Mukherjee 245).

To me, the hyphen emphasizes the death of Empire. So I opt for the hyphen. Also, how could I not support the hyphen, living in a country where everyone is hyphenated? I have to clarify why I say we are past "post-hyphen-colonialism." "Post-hyphen-colonialism" was a very literal event for India. The historical frame of colonialism and postcolonialism in India seem fairly clear. Europeans came as traders in the seventeenth century. Over the next two centuries, they made inroads with territorial acquisitions, fought between themselves and against Indian princes, and in 1858, almost all of India was brought under the British crown, with the other colonizers retaining just little pockets of territory. Then, in 1947, the British packed up their bags and departed, leaving behind a vast number of bastard children that were theirs, and taking with them a vast amount of wealth and artifacts that were not theirs. To call contemporary India "post-hyphen-colonial" is a grave injustice. Today, in everyday life and in literary works, the legacy of Empire belongs to the ashes of the past. Let us not reify or demonize the Empire's role in either the regenerative self-analysis or the magnificent chaos that India is today. Neo-colonialism remains alive and well everywhere in the world, but that is another matter.

In postage stamps and currency, the British monarch's head was replaced by the Indian symbol of Ashoka Chakra. The Union Jack was replaced by India's tricolour flag at the midnight hour of April 14-15, 1947. Canada went through a comparable sequence of events in the nineteenth century, but the colonizers did not leave; they settled here. And though it was decided as early as 1925 that Canada should have its own flag, this only became an actuality in 1965. Our postage stamps and currency still pay tribute to the Queen of England; so, are we really "post-hyphen-colonial"? I would like to think we are, as of 1965, and so I use that date as the entry point into our post-colonial age. I would like to go further and say that with the repatriation of the Constitution in 1982 and with the massive influx of immigrants from central Europe, Asia, and Africa in the last twenty years, we are definitely past the postcolonial phase. As with India, any great steps we have taken or any major debacles we have suffered are of our own making and cannot be attributed to the colonizers.

After expending so much energy on explaining that the hyphenated form is meaningful, it might seem self-contradictory to omit the hyphen in the rest of this essay. I make a distinction between literary texts and literary theory. I object to categorizing all writings since colonial advent into a common container called postcolonial literature, and insist that the hyphen should be used to distinguish texts that were written after the departure of the colonial power in any given country. However, post-colonial theory is a formulation of parameters for the reading—and especially re-reading—of colonial and post-colonial literatures. Thus, while "post-hyphen-colonial" is linked to the chronological aspect of the text, "postcolonial" is linked to the analysis of what the text means to us today.

In our present context, I hold that we are past the historical phase of "post-hyphen-colonialism." Dennis Walder asks: "Is there an 'after' the post-colonial? Should there be?" (189). Yes, there is. We have to go beyond what Nietzsche calls the numbing "burden of history" to the superhistorical phase in which we arrive at a more composite cultural wholeness. Sylvia Soderlind, in one of her earlier essays, speaks of a lack of "a homogeneous cultural framework" as one of the obstacles to generating a sense of Canadianness. I believe we can build that cultural framework, which does not have to be homogeneous; however, it has to be a shared space, a common repertoire.

In Canada, postcolonial theories are relevant for pre-1965 texts, as well as for all Native-authored texts, past and contemporary. Native texts need to be read in light of postcolonial paradigms so as to expose such aspects as the language of triumphalism and the Imperial Gaze that contribute to the pernicious syncretism of indigenized white narratives, if and where they occur. The word "IF" is important, because one of the pitfalls of the academic rat-race is the Procrustean bed which makes us stretch and trim the text to prove postcolonial experience regardless of its actual presence.

A third category of texts—Native and pre-1965 being the first two—is post-1965 writings by non-white Canadian authors. In the critical discussion about the significance of the colonial experience among non-white Canadians, Arun Mukherjee, in "Ironies of Colour in the Great White North," claims that the writers' "common experience of racism" ("Ironies," 168) generates a discourse that forges "a positive racial identity that is grounded in the memory of the historical struggle of the community" ("Ironies," 170). T. Minh-ha Trinh's advocacy of self-reflexivity, likewise, pits the non-white against white hegemony, saying,

"We no longer wish to erase your difference. We demand, on the contrary, that you remember and assert it" (89). Himani Bannerji is even more passionate in her denunciation of the politics of multiculturalism. While I empathize with Trinh's call for solidarity and appreciate the potency of Himani's rage, I am aware of the fourth and fifth categories of texts—that of white immigrant writers of the last thirty years, and of contemporary readers in my classroom, who form an integral part of a text. We are in this together, all of us. Canada has gone past the post-colonial phase. We need to recognize and make others recognize where we are from, but it is time to leave behind colonial baggage. The recent influx of refugees from central Europe, Africa, Sri Lanka, South America are not victims of colonial oppression but of their own misguided leaders; and if the new generation in my classroom need to know about our colonial pasts, their eyes and mine are nevertheless on the present and future.

For post-1965 texts, let us find new parameters, new languages of discourse. We have to develop an episteme in Foucault's sense of the word, for we have come to a point of sudden ruptures in our history where the old ways of thinking have failed, and we need to find new modes of discourses. All the terms that have the word "postcolonial" only perpetuate the privileging of the West by taking western paradigms as the yardstick, the West as the normative base, and in general by continuing the oppression legitimized by eurocentric hegemonic orders. Canada, I maintain, is not an eurocentric space today. It constitutes a multicultural, pluralistic space, and we are not in a post-colonial era. Demographics have changed so rapidly in the last twenty years that Empire loyalists have long disappeared under the massive influx of immigrants. We have a great many closed doors, as Arnold Itwaru says in his *Closed Entrances*, but again, these are of our own making, and the Empire has little to do with it.

If I sound somewhat impatient it is because I am. Postcolonial and Women's Studies share some common spaces. All this endless talk about colonial and patriarchal oppression, valorization and reification of the master and the masculine, abuse of power and consequent loss of self-esteem in the victim, the scars etched forever and a day on the psyches of the colonized and of women bothers me, because it often makes the colonized and women as weak and helpless as imperialists and chauvinists would have them. We are—and should be—more concerned about strategizing on how to respond to the increasing diversity of Canadian culture than with resisting moribund imperial legacies and moribund terms such as postcolonialism. Cross-cultural communication should be our main focus.

* * *

Since I earn my daily bowl of rice by sorting out and explicating metaphors to prairie students, I looked for one to encapsulate where we are at the beginning of a new millennium. Himani Bannerji, in *Doing Time*, has a powerful metaphor of imprisonment:

> If we who are not white, and also women, have not yet seen that here we live in a prison, that we are doing time, then we are fools [...] (3)

Bill New speaks of *"the great river"* as a typical Canadian image-cluster (*ECW* 52, 162). Stephen Slemon uses a sustained metaphor in which both postcolonial criticism and Canadian corporate culture are brilliantly satirized through tracing how the symbol of Mount Everest has changed over the years: "Genuine, postcolonial encounter has frozen on the mountainside—a photo opportunity for social and literary criticism," while sherpas drop out of fatigue carrying junket cosmetics such as satellite phones which did not work at the higher altitude (Smith 64).

As a prairie person, the first metaphor that came to my mind was that of the railway. But the railway is gone the way of Empire. So, I thought of highways, not the Information Highway that has already clogged up our brain circuits beyond help, and the social and sociological highways of our everyday realities, but highways that link different parts of who and where we are, highways that are constantly expanding in breadth and in length.

As a country, we are on a highway that has a great many entry ramps but no exit ramps. At least for the next few decades, while immigration continues at the current level of 250,000 newcomers per year, we shall experience a greater degree of diversity than ever before. We are embarking on the browning of Canada. Asian immigrants and Natives are not going to take their hitherto invisible places in Chinatowns, India Bazars, and Native Reserves, running laundromats, restaurants, and tourist carnivals. They cannot be forced on to exit ramps because there will not be any.

* * *

It is, of course, a writer's prerogative to write whatever he/she wishes to, but in my classroom, I use selections that feature a link to history, and I would like writers to give us texts that I can use. I choose writers who not only introduce and establish archetypes and cultural allusions out of the historical experiences of their ethnoculture, but also make it part of the national literary and cultural arena. At all times, I would like students to focus on where and when a text is located, and then to see how it can be connected to the world around us. What I would like us to do is to compile a list of historical moments from each ethnoculture and to incorporate them into a common, national repertoire of knowledge.

To take examples from Indo-Canadian historical moments, two events of note are the Komagata Maru incident of 1914 and the Air India tragedy of June 23, 1985. We have to see them as discursive sites, write about these events, talk about them, cross-reference them at every turn until they become pan-Canadian literary and cultural archetypes. The Komagata Maru was a ship carrying 376 passengers of whom most were new immigrants from India and a handful were returning to Canada after a visit to India. It reached Vancouver harbour on May 23, 1914. Following a series of racist uprisings against the Brown Peril and Yellow Plague, as the Indians and Chinese were called, Wilfrid Laurier's federal government and local British Columbia officials ensured that the ship was sent back to India with its unwanted brown immigrants, so that Canada could be kept white. The second event is the crash of Air India flight 182 on June 23, 1985. It crashed off the coast of Ireland with 329 people on board, at least 278 of whom were Canadian citizens or landed immigrants. Canadian Prime Minister Brian Mulroney's first reaction said it all as to how he and his government perceived Indo-Canadians' place in Canadian society. He sent a message of condolence to Indian Prime Minister Rajiv Gandhi on "your great loss," thereby dismissing Indo-Canadians as non-Canadians. These two incidents should, I feel, become part of the blood-consciousness of Indo-Canadians, and also be known by every Canadian, just as should other events such as the wartime internment of Japanese-Canadians or the long-term discrimination suffered by Jewish-Canadians.

Always a proponent of balance, I would also include texts that celebrate Canada. Anthologies usually omit texts that celebrate—rather than denigrate—Canada. I understand the editors' rationale, in that passionate, controversial texts do make for interesting reading and teaching. In my own poetry, I celebrate Canada with my phrase, "Bringing Ganga to the Assiniboine" (*Canadian Ethnic Studies* XVII:3). Rather than perceiving myself as a deterritorialized transnational, I am a Canadian who sees the sacred rivers of my native country in the rivers of Canada.

In my efforts to record what has been done to retrieve Indo-Canadian history, I have started a list of artists who have incorporated the two potential archetypes mentioned above into their art. One is Srinivas Krishna of Toronto, who wrote, directed, and acted in a small-budget movie called *Masala* (1991), not to be confused with the American movie, *Mississippi Masala.* The film's protagonist, Krishna, is a young man whose family died in the air crash of 1985; the image of the crashing plane serves as a leitmotif in what otherwise comes across as a hilarious and rather risqué satire on Indo-Canadian society. But it also shows life as lived by average Indo-Canadians. Krishna's uncle runs a fabric store; his well-wisher, Tiku, works at the Post Office; Tiku's mother is a devout Hindu with her own little niche for incense and offerings to her deity; Tiku's daughter works at a tourist bureau; Krishna himself has gone through a phase of drugs and casual relationships. In a celebration of everyday life, the movie mixes the banal and the sensitive, humour and tragedy. There are numerous cross-cultural allusions that open up both explicatory and substantive discussion: the practice of arranged marriages, culinary and couture-associated customs, or Hindu concepts of God and religion.

I find Srinivas' (to distinguish between author and character, I use his first name) use of allusions to Hindu beliefs quite profound, though at first glance, he seems offensive. Teaching this text is challenging in that one has to steer students away from surface stereotyping. The main character, Krishna, appears blasphemous, and Srinivas himself seems to feed into the negative stereotypes that many Canadians have of Hindu rituals. He ridicules the old woman's daily *pooja* as mumbo-jumbo. However, a richer reading would be that when the old woman talks to God—as she watches a scriptural video-movie—and asks ("orders" might be a more appropriate word) God to help her son pay his mortgage and other debts, He does indeed answer her prayers. He sends a strong wind that in the process of scattering the contents of a postal van, leaves behind an envelope with a rare stamp, which is subsequently delivered into her son's mailbox and solves his financial problems. God manifests more than once under similar far-fetched and flippant circumstances, but the point made is that God is alive and present in our daily lives. Srinivas uses familiar literary images such as wind and light, but the specifics consist of Hindu allusions to Lord Krishna and Hindu scriptures. Just as there are six or seven standard references to the Judeo-Christian mythology that should be in every student's repertoire, I would like six or seven standard allusions from each of Canada's major religions added to it. Srinivas' satire of government and the farcical nature of our multiculturalism are, again, located in familiar Canadian spaces, and these are entry points both for the plays of Rana Bose and for considering where we are headed as a nation.

The second example of Indo-Canadian archetypes incorporated into art is a video by Leila Sujir of Calgary called *Dreams of the Night Cleaners*, an ambitious work with several themes, including the American control of Canadian airlines, the contract takeovers of janitorial services, and the history of Indian immigration to Canada's west coast, shown through the personal history of a Punjabi pilot as pieced together by his Caucasian wife and their daughter. This last theme is powerfully presented through clips from real newspaper headlines of the times. I have used this video in my classes, and the impact of the irrefutable evidence of actual newspaper clips on the screen has always been an eye-opener to each group of students. The average student knows something about such historical events as the internment of Japanese-

Canadians during the Second World War and the discrimination against Jews in Canada and elsewhere, mainly because our creative writers make repeated references to these events. However, little is known about Indo-Canadian history. This film uses real newspapers from the archives, with banner headlines that shrilly scream that white Canada sought to ban non-white immigrants.

In literature, there are two books that retrieve and record Indo-Canadian history. Both are from and about the province of British Columbia. The novel *Maluka* by S. S. Dhami, though published in India only in 1978, is set at the turn of the twentieth century and describes Indo-Canadian life on lumber-factory sites.[2] The second is a recent book of poems by Kuldip Gill. Titled *Dharma Rasa,* this sequence of poems reconstructs a collage of memories that foreground poignant feelings of desire, both for the past from which the persona is exiled and in relation to the present that offers no respite, thus retrieving life as lived by Punjabis in British Columbia in the early decades of the twentieth century. One of her characters, Inderpal Singh, feels exiled in Canada and draws nurture from memories of his honeymoon in distant Punjab, but memories only stir up longings that must subside, for he must "walk alone from the mill with hemlock, cedar sawdust, pitch, slivers in my skin" (15). Some of her other poems show the lighter side of life. For example, immigrants' experience of teaching or learning to speak English can be a source of much real life anguish, but also of humour.

> I asked you to keep saying
> on the bus
> on the way to Woodward's store
> so you could tell the clerk,
>   **I** want a mousetrap.
>   I **want** a mousetrap.
>   I want **a** mousetrap.
>   I want a **mousetrap**.
> Why did you say to the clerk, I want a rat peetie?
> (Dharma Rasa, 85)

* * *

[2] Maluka shares space with novels and accounts by early immigrants from other countries that add a dimension of diversity to any reading list. Examples from other backgrounds would be: Emily Nasrallah's *Flight Against Time* (Ragweed Press, 1987), Katherine Vlassey's *Children of Byzantium* (Cormorant Press, 1987), John Marlyn's *Under the Ribs of Death* (M & S, 1957).

Roots in the Sand is a video-documentary by Jayasri Majumdar Hart (Hart Films, 1991) that documents the experiences of Punjabis in the United States. I see it as an example of how transnational experience erases borders in viewers by enabling them to translocate the experience to one's own country or one's own ethno-cultural history.

Now I would like to deal with specific matters relating to my classroom experience. I am teaching a new one-semester course this year, called *Minority Literatures of Canada.* I study only non-white writers in order to give the course some focus. In addition to Smaro Kamboureli's anthology, *Making a Difference*, I use a compilation of my own selections.

In the "Introduction" to her volume, Smaro Kamboureli discusses the problem of having a Minority literature anthology that might perpetuate the perception that these writings and writers do not belong to Canadian Literature. Whichever way you see it, either as our genuine effort at cross-cultural communication or as zeal for political-correctness, we run into problems of semantics. Which is why I zeroed in on the use of the plural "literatures" in the title of this collection of essays the first time I saw it. The debate is contentious but necessary. Do we need the plural form? Bell Hooks, in her latest book, *Feminism is for Everybody*, favours the singular form for Feminism, arguing that the plural dilutes and divides by legitimizing hierarchies and promoting differences. There are two significant negatives to using the plural in the context of literature. One is the ideological one of further fragmenting a national identity that still appears rather tenuous. The other is the impracticality of sorting out who is who. There are legal measuring devices, I am told, that decide on the Native status of Canadians of Native ancestry. Among second generation Canadians, Native and otherwise, I wonder how many are not of mixed heritage? Further, how do we categorize writers? Should Michael Ondaatje and Rohinton Mistry be shelved under South-Asian Canadian literature? Will Rienzi Crusz ever be called a Canadian poet without his Sri Lankan or South Asian Canadian hyphen? The problems go on.

Let me move on to hands-on experiences of driving along the highway that has no exits. The essays and poems by Minority writers that I include in my selection have generated some covert resentment. This contrasts with the response one gets in Women's Literature courses, where many essays are as strongly worded against male hegemony as these essays are against white hegemony.

I supplement the Kamboureli anthology with plays by Montreal playwrights, Rana Bose and Rahul Varma, to talk about inequities in Canadian society. Varma's *Job Stealer* is about the perception that new immigrants and refugees take away jobs from Canadian born workers. Neil Bissoondath's "On the Eve of Uncertain Tomorrows," Cyril Dabydeen's "Lady Icarus," Ramabai Espinet's "For Patricia Deanna," all reinforce Varma's satire of both government and people's attitudes towards refugees and immigrants. This collective arsenal of texts has a greater impact than isolated samples on the subject. Varma's play uses exaggeration and stylization that run the risk of being dismissed, but the collective strength of these texts cannot be ignored as easily.

Varma's *Isolated Incident* is about a young black Montrealer, Dexter Gibson, being unfairly and brutally shot down by the police. The play foregrounds police violence and the loopholes in the justice system that allow such murders to be condoned on the basis of the legal directive that each incident must be treated as an isolated one. Thus, Officer Savage, though a habitual racist, is let off each time. Once their attention has been directed to the issue, students can go to the Internet and find that an average of eight such brutalities by the police have been documented at length annually since 1975. One of my other strategies to bring home incidence of police injustice is by emphasizing Dexter Gibson's age rather than his colour. "Do police unfairly target young people?," I ask, and sure enough, students have anecdotal evidence of breathalyzer tests and loitering charges. This identification with age gives an entry point to get the students involved in minority issues. Identifying commonalities rather than differences often proves more pedagogically effective. There is always the other side: what is the impact of undermining faith in our judicial, medical, and educational systems?

The text book that I have compiled for the course includes selections from *Miscegenation Blues*, edited by Carol Camper. There are essays and stories that articulate the rage, frustrations, and resentments of mixed-race Canadians, often directed at their parents. I thought this darkness would be lightened by students of mixed-race unions, who would affirm the celebratory side of miscegenation. Instead of mixed-race students, it so happened that there were students who were in a mixed-race relationship, some with children. They spoke to me privately of how deeply the texts disturbed them, because not only did they reopen wounds suffered by the slings of family and friends, but they also opened up the fears of what lay in store for their own children.

My aim, as I have said, is to connect the text to the world around us. I choose texts from the Kamboureli anthology that highlight historical moments in recent Canadian history, and have students consider how far—or not—we have come since then. One of these centres on the Air India tragedy mentioned earlier. Bharati Mukherjee's "The Management of Grief," is a masterpiece that few can read without being moved to tears. I have often thought one need not dwell on the political and cultural aspects of it since its poignancy comes through at the universal level. However, to subsume the specifics under the universals boils down to trivializing the identity of the specific culture, as Arun Mukherjee said more than a decade ago in *Aesthetic of Opposition*. The average undergraduate is quite ignorant not only about India's politics, but even about the differences between Hindus, Sikhs, and Muslims, all of whom are clustered under a generic term, "East Indians."

Along with Bharati Mukherjee's story, I use my own *Kanishka* cycle (in *Sisters at the Well* 11-14) of poems to tell students about Indo-Canadian history. I have a line in one of these poems that refers to Prime Minister Mulroney's message of condolence to Prime Minister Rajiv Gandhi on "your great loss." The insensitivity underlying that gesture was brought home to the students when they connected it to something that happened in the world around us in the immediate aftermath of September 11, namely that President Bush, speaking about the war of terror that he planned to unleash with the help of his staunch allies, mentioned half a dozen allies but omitted naming Canada. Students realized what it is to be treated as less than full citizens when they saw that we had been treated as less than full allies. Our class discussion moved from text to our southern neighbours and to the neo-colonialism that characterizes U.S.-Canada relations. The link then carried us to Canadian neo-colonialism elsewhere in the world, and back again to the neo-colonialism within the country and to one of our texts, namely, the conversation between such key figures in the Racism debate as Makeda Silvera, Himani Bannerji, and Dionne Brand in issue 16 of *Fireweed.* There is an inherent irony when we delve into history in our search for a united future. September 11, 2001 has added a further twist to my efforts at educating students on history and differences without undermining minorities solidarity.

The double bind that remains the bane of postcolonial theory can also be felt in our efforts at solidarity. I think it is a fine irony that while animosities continue in our original homelands, and in the hearts of some of us who have lost friends and family because of communal clashes, as Canadians we have to stand as one. So, the answer to a racial slur such as "Paki" is not to say I am from India and a Hindu. Racial profiling has to be resisted, period. In the absence of texts, I use data from media reports and Internet archives.

Another double bind is that even as I say we need to leave our colonial baggage behind, I also recognize that we have to reinforce its realities in the classroom. Many Native texts pose a serious problem of historical distance, a response of "Oh that was in the past, we are not that way now," a response that I also come across in Women's Literature courses when dealing with sexist oppressions articulated by earlier writers. I choose to discuss at some length Pauline Johnson's "The Cattle Thief." The poem gives us a piece of history, of a massacre of the past. But the injustices it addresses continue to apply today:

> What have you left us of the land, what have you left of the game,
> What have you brought but evil, and curses since you came?

> How have you paid us for our game? How paid us for our land?
> By a book, to save our souls from the sins you brought in your other hand.

The curses of cultural genocide, alcoholism, disease, and sexual abuse are now common knowledge, especially following exposés of life in residential schools. Bell Hooks has said in one of her essays that she takes on the responsibility "for the souls of her students." I would not go so far, but I do feel responsibility for making students connect the text to the world around us, as we reconfigure our literature and life for the new millennium.

In every class, there are a few who harbour overt or covert resentments at the turning tide of minority-power, and who take the discussion on another trajectory. They should be welcomed, for they allow the rest of the class to recognize undercurrents of prejudice that run through society and to engage in the interconnections between text and society. That Natives are exploiting the system, that affirmative action is reverse discrimination, that immigrants who complain should return to their native countries—these are ideas that periodically pop up in class.

The pedagogical challenges appear quite daunting. For instance, Lakshmi Gill, one of our fine poets, who, with Dorothy Livesay, shares the distinction of being the first woman member of the League of Poets, has several hard-hitting poems about immigrants' experiences. In every class where I have used her poems, there is always a student who responds with "If she hates Canada so much, why doesn't she go back?" It makes for an interesting discussion to arrive at a point where students realize that it is a Canadian's right and responsibility to talk about inequities, and that Lakshmi Gill has been a Canadian for longer than any of them.

One of my pedagogical strategies follows the path of celebration—to choose and to present texts that in the final analysis empower youth and minorities, without trivializing the sufferings of those in the text. Jeannette Armstrong's "Indian Woman," for example, can be read in at least two ways. I take a perspective that emphasizes celebration, and discourages the easy categorizations of victim and oppressed. I like the manner in which the text is placed on the page in Kamboureli's anthology, the first part on the left page separated by the two response-columns on the right page. One way to read the poem is to say that the first part projects the internalized colonization of the Native speaker, when she sees herself as "a heathen, a savage, basically a mammal." Then, the writer steps in as it were, and turns the poem around. This reading perpetuates colonial power, and deflects the specifics of colonial history into the universal parlance of psychology. Further, it sets up a hierarchy between the suffering victim and the politicized writer. I prefer to read the first part as a defiant flinging back on the part of the

Indian Woman—this is the way YOU see me; then the second part proclaims—this is way I AM. The speaker is the same in both parts, dispensing with authorial intervention. There are a great many literary nuances, but also obvious strategies such as that the first part is short, and the second long, implying more weight for the latter. This is just an example of how we can direct students into participating in the text in a way that empowers the Native (or non-white or minority, etc.) subject.

This course on *Minority Literatures of Canada* goes forward with an idea I have long held—that we have to expand Canadian vocabulary to include words from other Canadian languages. Arun Mukherjee speaks about the new dimensions opened up by a Caribbean-Canadian student in her class who explicated a reference to a particular culinary dish (*Postcolonialism* 93). In practice, I have a different problem: second generation immigrants are not well-informed about their heritage, be it language or cultural specifics. More pertinently, they do not miss this absence in their identity and do not grasp the enormity of the loss.

Marlene Nourbese Philip's "Discourse on the Logic of Language" offers one of the finest examples of the weight of colonialism articulated in post-colonial terms of analytic debate. Nourbese Philip is a Canadian and the text is post-colonial, but it rests on colonialism in the Caribbean rather than in Canada. One has to make relevant equivalents with reference to the Canadian context, where those who come from non-English- or French-speaking countries experience the loss of mother tongue. The other reality that it articulates is that many immigrants to Canada have experienced double displacement, entering highway Trans-Canada One via another country, or after being dispossessed of language and history in their own homeland.

An extremely relevant question that haunts every immigrant parent is how and where one draws the fine line between transmitting one's ethnoculture by enforced after-school tutoring and making life easier for their children by letting go of their cultural heritage. For us, who would like to shape the dimensions and directions of the highway, the question is how can we have universally recognized traffic signs without stomping out diversity? How can we expand Canadian vocabulary without "chutneyfication?" In tune with the new millennium, explications of culture-specific allusions expand student-repertoire of multicultural allusions. This classroom experience has involved a module of storytelling: each student was assigned the task of collecting stories from different cultures pertaining to given allusions. For example, the Creation stories of Native Canadians led to creation stories from other Canadian ethnocultures. This approach to enlarging our repertoire should optimally be pursued in schools rather than universities, but better late than never.

Another assignment I gave, with a view to bring history to life, was that each student should interview an immigrant and write a record of the subject's events or memories. I encouraged them to choose someone in their own family. The products of their efforts were not particularly literary or analytic, but there was a sea change in the class discussions once students embarked on their projects. Students started talking about their Opas and Nanis, about parents or grandparents, who started their life in Canada as seamstresses, domestics, or janitors. I see this as celebration and recognition: in other words, it is not only okay to have immigrant parents, but immigrant identity is also a linked chain, which means that today's new immigrants—from whom the younger generation, even second generation immigrants, tend to distance themselves—are essentially the same as their own immigrant forebears.

The course on *Minority Literatures of Canada* has convinced me that on this highway that has only entry ramps and no exits, we can have a fruitful time on the slow lane, enjoying the different makes of cars, different colours, and different textures of sky and land, almost as in the olden days when one could take a winding country road that linked various settlements with no one tailgating, crashing, or edging anyone off the road. And the best part of it is that with some political will, we can make the road take the direction of our collective imagination.

Works Cited

Adam, Ian, and Helen Tiffin. *Past the Last Post: Theorizing Post-Colonialism and Post-Modernism.* Calgary: U of Calgary P. 1990.

Armstrong, Jeannette. "Indian Woman." *Making a Difference: Canadian Multicultural Literature.* Ed. Smaro Kamboureli. Toronto: Oxford UP, 1996. 284-85.

Bannerji, Himani. *Doing Time.* Toronto: Sister Vision Press, 1986.

—. "On the Dark Side of the Nation: Politics of Multiculturalism and the State of 'Canada.'" *Journal of Canadian Studies* 31:3 (Fall 1996): 103-51.

Bennett, Donna. "English Canada's Postcolonial Complexities." *Essays in Canadian Writing* 51-52 (1993-94): 164-210.`

Bissondath, Neil. "On the Eve of Uncertain Tomorrows." In Kamboureli 428-440.

Blodgett, E. D. *Configuration: Essays on the Canadian Literatures.* Downsview, Ont.: ECW Press, 1982.

Bose, Rana. *Five or Six Characters in Search of Toronto and Other Plays.* New Delhi: Prestige Books, 1998.

Brydon, Diana. "Introduction: Reading Postcoloniality, Reading Canada." *Essays in Canadian Writing* 56 (Fall 1995): 1-19.

Camper, Carol, ed. *Miscegenation Blues. Voices of Mixed race Women.* Toronto: Sister Vision, 1994.

—. *Educating Citizens for a Pluralistic Society. Canadian Ethnic Studies* XXXII.1 (2000).

Chambers, Iain. "Citizenship, Language and Modernity." *PMLA* 117:1 (January 2002): 24-31.
Dhami, S. S. *Maluka.* Bombay: Arnold Heinemann. 1978.
Dabydeen, Cyril. "Lady Icarus." In Kamboureli 248-249.
Dirlik, Arif. "The Postcolonial Aura: Third World Criticism in the Age of Global Capitalism." *Critical Inquiry* 20.2 (Winter 1994): 328-56.
Espineth, Ramabai. "For Patricia Deanna." *Nuclear Seasons.* Toronto: Sister Vision Press, 1991. 45-46.
Foster, Thomas. "Cyber-Aztecs and Cholo-Punks: Guillermo Gomez-Pena's Five Worlds Theory." *PMLA* 117:1 (January 2002): 43-67.
Gill, Kuldip. *Dharma Rasa.* Roberts Creek, B.C.: Nightwood, 1999.
Gill, Lakshmi. "Letter to an Immigrant." *Geography of Voice: An Anthology of South Asian Canadian Writing.* Ed. Diane McGifford. Toronto: TSAR Books, 1992.
Godard, Barbara. "Notes from the Cultural Field: Canadian Literature from Identity to Hybridity." *Essays on Canadian Writing* 72 (Winter 2000): 209-47.
Gomez-Pena, Guillermo. *Dangerous Border-Crossers: The Artist Talks Back.* NewYork: Routledge, 2000.
Gupta, Nila, and Makeda Silvera. *The Issue of 'Ism': Women of Colour Speak Out.* Toronto: Sister Vision Press, 1989. (Reprint of Issue 16 of *Fireweed*).
Hooks, Bel. *Feminism is for Everybody: Passionate Politics.* Cambridge, MA: South End Press, 2000.
Hutcheon, Linda. "Circling the Downspout of Empire." *Ariel* 20:4 (Oct. 1989): 149-75.
Itwaru, Arnold, and Natasha Ksonzek. *Closed Entrances: Canadian Culture and Imperialism.* Toronto: TSAR Books, 1994.
James, Paul. *Nation Formation: Towards a Theory of Abstract Community.* Thousand Oaks, CA: Sage, 1996.
Johnson, Pauline. "The Cattle Thief." In *An Anthology of Canadian Native Literature.* Ed. Daniel David Moses and Terry Goldie. Toronto: Oxford UP, 1996.
Kamboureli, Smaro, ed. *Making a Difference: Canadian Multicultural Literature.* Toronto: Oxford UP, 1996.
Kortneaar, Neil Ten. "The Trick of Divining a Postcolonial Identity." *Canadian Literature* 149 (Summer 1996): 11-19.
Krishna, Srinivas. *Masala.* Movie. Divani Films, 1991. (Video. New York: Fox Lorber, 1993).
Mukherjee, Arun P. *Towards an Aesthetic of Opposition.* Stratford, ON: Williams-Wallace, 1988.
—. "Ironies of Colour in the Great White North: The Discursive Strategies of Some Hyphenated Canadians." *Double Talking: Essays on Verbal and Visual Ironies in Contemporary Canadian Art and Literature.* Ed Linda Hutcheon. Toronto: ECW, 1992. 158-171.
—. *Postcolonialism: My Living.* Toronto: TSAR, 1998.

Mukherjee, Bharati. "The Management of Grief." *Geography of Voice: An Anthology of South Asian Canadian Writing*. Ed. Diane McGifford. Toronto: TSAR, 1992.

New, Bill. "The Great River Theory: Reading MacLennan and Mulgan." *Essays on Canadian Writing* 56 (1995): 162-182.

Nourbese-Philip, Marlene. "Discourse on the Logic of Language." *Making a Difference: Canadian Multicultural Literature*. Ed. Smaro Kamboureli. Toronto: Oxford UP, 1996. 276-79.

Parameswaran, Uma. "Ganga in the Assiniboine: A Reading of Poems from Trishanku." *Canadian Ethnic Studies* XVII.3 (1985): 120-126.

Paranjape, Makarand. "Coping with Post-colonialism." *Interrogating Post-Colonialism: Theory, Text and Context*. Ed. Harish Trivedi and Meenakshi Mukherjee. Shimla: Institute for Advanced Study, 1996. 37-42.

Ray, Sangeeta. *En-gendering India*. Durham, NC: Duke UP, 2000.

Rodowick, D. K. "Introduction." *PMLA* 117:1 (January 2002): 13-23.

Slemon, Stephen. "Postcolonialism in the Culture of Ascent." *Postcolonizing the Commonwealth: Studies in Literature and Culture*. Ed. Rowland Smith. Kitchener, Ont.: Wilfrid Laurier Press, 2000. 50-70.

Smith, Rowland, ed. *Postcolonizing the Commonwealth: Studies in Literature and Culture*. Kitchener, Ont.: Wilfrid Laurier Press, 2000.

Soderlind, Sylvia. "The Contest of Marginalities." *Essays on Canadian Writing* 56 (1995): 96-109.

Sujir, Leila. *Dreams of the Night Cleaners*. Video. Calgary: 1995.

Trinh, T. Minh-ha. *Woman, Native, Other: Writing Postcoloniality and Feminism*. Bloomington: Indiana UP, 1989.

Trivedi, Harish, and Meenakshi Mukherjee, eds. *Interrogating Post-Colonialism: Theory, Text and Context*. Shimla: Institute for Advanced Study, 1996.

Varma, Rahul. *Isolated Incident. SACLIT Drama: Plays by South Asian Canadians*. Ed. Uma Parameswaran. Bangalore: IBH Prakashan, 1996.

Varma, *Job Stealer*. *SACLIT Drama*. Ed. Uma Parameswaran. Bangalore: IBH Prakashan. 1996.

Verduyn, Christl, ed. *Literary Pluralities*. Peterborough, ON: Broadview Press/*Journal of Canadian Studies*, 1998.

Walder, Dennis. *Post-colonial Literatures in English: History, Language, Theory*. Oxford: Blackwell, 1998.

Detour Canada: Rerouting the Black Atlantic, Reconfiguring the Postcolonial

Diana BRYDON

University of Western Ontario

Detour, or Impugning "the Whole Theory of Directions" (Brand, *Map to the Door* 203)

This is not the essay that I meant to write. My original idea got high-jacked by reading Dionne Brand's latest book, *Map to the Door of No Return*, which led me on a detour that I had not planned but that is probably, for that very reason, more in keeping with the circuitous logic of the detour as an errant tactic for reconfiguring Canadian dialogues with postcolonial thinking.[1] Since delivering the lecture on which the following considerations are based,[2] I have been rereading Gayatri Chakravorty's Spivak's *Critique of Postcolonial Reason* and the reviews it has received by Ian Baucom, Mieke Bal, Terry Eagleton, and Mark Sanders. Baucom, in sympathy with Spivak's method and the Brand citation that heads this section of my text, ventures the theory that Spivak's method in this book constitutes "a public enactment of the

1 Here I am deliberately employing Rey Chow's choice of tactic over strategy in her adaptation of Michel de Certeau's distinctions for "writing diaspora."

2 The present article further develops ideas of a speech originally given at the wonderfully stimulating Brussels conference, "Reconfigurations: Canadian Literatures and Postcolonial Identities" in November 2001. I would like to thank the conference organizers, Marc Maufort and Franca Bellarsi, of the Université Libre de Bruxelles, for their warm hospitality, and the other conference participants for their questions and contributions, which greatly enriched my sense of the complexities and potential of the kind of work that the conference both enabled and encouraged. I am also very grateful to the Social Sciences and Humanities Research Council of Canada, whose financial support has made this research, and travel to the conference, possible. As always, I am deeply indebted to my students, from several courses on diaspora and postcolonial theory over the last two years, for their insights into this material and their intelligent engagements with its challenges.

(use-) value of the oblique" in which "bafflement, crypticism, and singularity [...] are the governing rhetorical strategies of a 'postcolonial reason'" (419). For Sanders, the book blazes "an intricate trajectory on reading" (1), and for Bal, it "teaches how to read, *otherwise*" (2). But according to Terry Eagleton, there is a simpler explanation: "The endless digressions and self-interruptions of this study [...] belong, among other places, to a politically directionless Left" and are "as much the overcodings of an academic coterie as a smack in the face for conventional scholarship" (3). How might the Canadianist seeking to reconfigure the dialogue between Canadian literature and postcolonial theory negotiate these debates? If the typical Canadian strategy for dealing with disagreements has been avoidance, should the oblique strategy of the detour be seen as further avoidance, or can it be reconfigured otherwise?

As frameworks for understanding the world, both postcolonialism (as an analytical category and a decolonising research agenda) and Canada (as a nation-state based on the theft of Indigenous land and reconfiguring its identity through immigration) require continual vigilance and renovation. In Spivak's spirit of "reconstellating" concept-metaphors, then, this paper investigates some of the ways in which the diasporic discursive structures arising from what Paul Gilroy has termed "the Black Atlantic" are compelling a reciprocal rethinking of Canadian and diasporic cultural studies, of the place of the nation within them, and of the rhetorical tactics two Canadian authors, Dionne Brand and Lawrence Hill, are employing to reconfigure them.

In reading Brand's *A Map to the Door of No Return* during a period when I was also teaching postcolonial theory, I was struck by its engagement with the concepts elaborated in Chapter Ten, "Census, Map, Museum," of Benedict Anderson's revised version of his influential reflections on nationalism, *Imagined Communities*. I became intrigued by the idea of reading Brand's book as a detour from Anderson's, a detour that opens new ways of imagining the concept of belonging within Canada and the world. Whereas Brand engages most thoroughly with the idea of the map, Lawrence Hill's *Black Berry, Sweet Juice: On Being Black and White in Canada*, also published in fall 2001, takes on the categorizations of the census and the various legal discriminations devised to differentiate gradations of race and seal them off from one another.

Like Brand's book, Hill's overflows the category of autobiography to remodel the private/public relations that constitute identities both personal and national and their formation through history. In the process, national identity becomes reconfigured as well. In some ways, *Black Berry, Sweet Juice* may be read as updating Frantz Fanon's classic study, *Black Skin, White Masks*, detouring Fanon's struggles with the discursive structures and psychic effects of racism from Algeria, France, and Martinique in the 1940s and 50s into the different conditions of Canada on the cusp between the twentieth and the twenty-first centuries. Whereas Brand's book maps a mental landscape encompassing American, Australian, Canadian, Caribbean, Latin American, and South African literary engagements and multiple modes of racialized and other forms of discrimination, Hill focuses on the black and white of his title as reconfigured through mixed-race unions and on the Canadian/American comparison. Hill notes: "In the strange and unique society that was Canada, I was allowed to grow up in a sort of racial limbo. People knew what I wasn't—white or black—but they sure couldn't say what I was" (5). Interestingly, Brand too, though growing up in Tobago, also begins with a rift between herself and her grandfather, which opens a small space within her, revealing "a tear in the world" (4) that is "a rupture in history, a rupture in the quality of being" (5). The rupture arises because he cannot tell her where they are from. The limbo in which they live "is represented by The Door of No Return: that place where our ancestors departed one world for another [...]. The place where all names were forgotten and all beginnings recast [...]"(5). Both books productively engage their respective limbos to reconfigure Canadian identities as postcolonial in ways that complicate the kinds of identities once shaped for the nation through the models offered by colonial versions of census, map, and museum.

Both recognize the seductive temptations of narratives of origin, and the conspiracies of belonging that they afford, but consciously choose the more difficult territory of negotiating new cultural spaces in which more equitable futures might be constructed.[3] Hill notes: "Growing up, I was aware that Canada provided me with a little manoeuvring space that my American cousins did not have" (229). He takes this Canadian "wiggle room" (229), provided by his version of "the quintessential Canada: the True North, Proud, and Vague" (228), and pries it open to create a space for choosing the terms of one's own self-definition. He asks: "Do we have to embrace the idiotic and racist legacy of our past in North America?" (233). And he concludes: "We have inherited a history and a way of thinking, but we are not passive creatures: we will not lie down so that history can march over us" (238). Instead of fully embracing that past, he swerves from its determining logic into a detour that enables him to negotiate the shifting "sands of identity" (12):

> I am black because I say so, because I feel it, know it, and own it. It is not the only thing I am. I am allowed to be a few other things as well. Human is a good starting place. But having seen issues of race and identity raise their

---

3 See the parking lot anecdote in Brand and Hill's extensive analysis of the implications of his title.

> heads in North America, I know that when the census form comes around, I'll mark myself down as black. (239)

Hill's pragmatism contrasts sharply with Brand's threnody for what might have been. While he feels free to choose what to keep and what to discard from his history, she cannot forget what has been forgotten. Her narrative concludes enigmatically: "A map, then, is only a life of conversations about a forgotten list of irretrievable selves" (224). Each text reconfigures its Canadian identity through reconfiguring the imperial categories of census and map into their postcolonial dimensions, but each insists as well that there must be multiple ways of conceiving human identity in relation to community.

They help me to answer some of the questions raised by the theme of this collection of essays. What is the point of postcolonial theory, and of employing postcolonial as a category, especially in a Canadian context? What cultural work does it do? What is a postcolonial identity? This article argues that the use of such terms has become at once so vague and so constricting, and in the Canadian context so subsumed within multiculturalist agendas, that they require radical redefinition and specification. This book's objectives ask whether resistance against the legacy of Empire can still be seen as a valid model of postcoloniality in Canadian literature at the beginning of the twenty-first century. This question releases many more. What has happened to the legacy of Empire? Is it still a threat or has it transmuted into something else? Into Hardt and Negri's "Empire," perhaps, a structure immune in their theorizing to postcolonial critique? And what has happened to resistance as a strategy of postcolonial critique? Does it assume too calcified a field?

Resistance has become an *overused* word in postcolonial criticism, and has thus been reduced to an ineffective stereotype in many peoples' minds. When I hear the word resistance, I now hear a cliché. As Graham Huggan argues in *The Post-Colonial Exotic*, "postcolonial studies is situated within the context of a utopian pedagogic imaginary that simultaneously recognizes that the institutional constraints placed upon its political effectiveness may in fact form part of the field's attractiveness—and its wider commercial appeal" (261). The fetishizing of resistance within postcolonial studies, as an unquestioned thematic and a textual force, can contribute to its exotification, and thus its *re*containment within the very structures it apparently set out to oppose. Without a clear definition of the force to be resisted, and some sense of our own potential complicities with it, the term can seem futile.

Much more effective, in my view, is to return the field to Frantz Fanon's ringing prayer at the end of *Black Skin, White Masks* (232), paraphrased for gender neutrality "O my body, make of me always a person who questions." Certainly, the body continues to loom large as a source of historical memory and identity in both Brand and Hill's musings, but each is oriented around the need to keep questioning, circling their question and probing it from several angles, rather than adopting the model of the resistance narrative, as discussed by Barbara Harlow and other postcolonial critics. As this volume's rationale points out, the mobility and flux of current conditions require regular re-orientation, including the need to revitalize language that may have lost its force or its original meaning through changing circumstances. I see this recognition as marking less as a turn away from difference and back to universalism, as it has sometimes been described, than as a tactic for keeping decolonization on track, a track that will sometimes be most effectively maintained through the detour and the kinds of detouring tactics performed by Spivak.

For Brand and Hill's books are about renegotiating the legacies of empire and rerouting the historical trajectories that they have set in motion. These legacies survive in both socially produced discourses of racism and internalized reactions to them. They are crystallized in Canada in what Hill terms "The Question." He calculates that 15,330 "is the absolute minimum number of times Canadians have asked me either 'Where are you from? or '*D'où viens-tu*?' or any of the multitudinous variations" (174). He explains that "[t]he offence-causing kernel at the center of this line of interrogation is its implication: 'You are not white, you don't look like me, so you're clearly not Canadian.' It also suggests 'Since you're clearly not Canadian, and I am, I am within my rights to ask you just exactly where you're from'" (176). What adds to its offensiveness, in his view, is the way "it attempts to hang our identity on one factor: our race" (177). Hill and Brand resist these assumptions by exploring the multiple factors of their identity in their full complexity. I find this a much more effective strategy of resistance than that adopted in Hazelle Palmer's anthology, *"... but where are you really from?": Stories of Identity and Assimilation in Canada*, which addresses "The Question" in such a way as to entrench its identity-politics-based assumptions even more firmly, stating "[n]o matter how much we assimilate, we will never be accepted as being Canadian" (VIII). Neither Brand nor Hill advocate assimilation, but both find creative ways to reconfigure the Canadian beyond the false innocence of white privilege that drives "The Question."

The logic of this paper, then, responds to what I see as the detour tactics of Brand and Hill in dealing with Canadian resistances to their resistance to "The Question." If resistance constructs a roadblock, then why not build a detour? Uma Parameswaran and I both chose metaphoric configurations for our respective contributions to this volume. But unlike her, I question the mainstream or highway metaphor with its implications of convergence, progressivist ideology, and the streaming of traffic along a single route without distractions to halt its speeding toward a singly imagined future. In *Black Like Who?*, Rinaldo Walcott, adapting Edouard Glissant's notions of detour as delirium and ruse, suggests employing the concept of the "detour as a method for thinking through the circuitous routes of black diasporic cultures, their connectedness and differences" (17). While I am suspicious of Glissant and Walcott's perhaps too easy adoption of the overused rhizomatic structures of Deleuze and Guattari's construction to describe the detour, I agree that as an "improvisatory and in-between space" (18), the detour may offer potential resistance to the highway as a prescribed route for thinking. In the spirit of the detour, then, I hope to offer a different model for thinking through Canadian literary engagements with identities, resistance, and the legacies of Empire.

Those of us who study Canadian literature need alternatives to the approaches so far offered by mainstream postcolonial theory, which largely ignores or reductively dismisses Canada, even as detour. But we also need alternatives to those nationalist Canadian discourses for which postcolonial theory represents either a dead end or a trendy vocabulary for updating without substantially altering the mosaic model. As Himani Bannerji, Smaro Kamboureli, and Roy Miki persuasively argue, Canadian postcolonialism has been enlisted into reproducing and expanding Canadian nationalism, now containing non-white texts "through the very racialization that formerly excluded them" (Miki 174). The detour may resist such containment, marking alternative paths along which it may become possible to imagine different destinations and to *re*chart one's relation to space.

I am proposing to use detour in two senses, then, both derived from Glissant and Walcott's thesis. First, my own methodology proposes itself as a detour from certain other approaches to Canadian nationalism, postcolonialism, and multiculturalism; and secondly, the particular literary texts I plan to address here—those of the Black Diaspora in Canada—may also be seen as constituting a detour from the mainstream routes described in Paul Gilroy's groundbreaking study, *The Black Atlantic*.

Diaspora is often used as if it were a descriptive term, yet it may be more appropriate to define it as an attempt to shift the terms of production through which identity and belonging are conceived, wrenching these away from the grip of nationally-formed imaginaries and identity politics toward an alternatively conceived view of space and of human relations within it. As Dionne Brand puts it in *A Map to the Door of No Return*, "I don't want to suggest that my thoughts are typical of the Black Diaspora, only that they proceed from the experience" (92). This is an important distinction. The space produces meaning but does not determine it, nor does it name a fixed identity. For Brand, "[o]ur inheritance in the Diaspora is to live in this inexplicable space. That space is the measure of our ancestors' step through the door [in the African slave prison] toward the [slave] ship. One is caught in the few feet in between. The frame of the doorway is the only space of true existence" (20). Because the Door of No Return opened out into a compulsory erasure of identity combined with an inconceivable journey into anonymity and the inhumanity of the Middle Passage, then resistance to that journey has often taken the form of careening, detour, and drift as documented in Brand's novel, *At the Full and Change of the Moon*. As she puts it, her characters "can in the end impugn the whole theory of directions" (*Map to the Door* 203).

What exactly might this mean? In postcolonial terms, it might involve rejecting the kinds of orientation advocated by theories of Orientalism and the knowledge production they provide. It might also put into question the exile's nostalgia for a rootedness in a single place that may be imagined to be the property of peasants, children, or indigenes. Brand both indulges and resists her romanticization of the children of Soufriere. She envies them their sureness, characterizing them as "from someplace solid [...] these people whom a volcano could not persuade to move" (181), even as her imagery quite self-consciously exposes the fallacy of her projection. In Brand's world, all dwell on the abyss, but forgetfulness can seem a blessing as well as a curse. Although she knows that she dwells in the liminal space of the Door, she does not yet know how to plot new coordinates of directions from that destiny, nor how to explain it to others.

If Diaspora frames her consciousness and constitutes her only country, then for Brand and for other Blacks in the Diaspora, the Door of No Return "is a passport which, after boarding the plane, [they] are unable to make disappear by tearing it up and throwing it into the toilet" (48). Their badge of belonging is not something they possess but rather something that possesses them. The Middle Passage continues into the present and shapes the imaginable future: "We are always in the middle of the journey" (49), she says. In Canada, because the small community that she inhabits does not appear to share her consciousness of her self or the world, she feels that she drives "through the possibility of losing solidity at any moment" (142). Although she seems to regret this loss in her text, the lyrical celebrations of fluidity that characterize her oeuvre suggest that, like Hill, she finds agency as well as threat in such a possibility.

This experience marks her, but it also links her to others in forms of imagined and unimagined community that transcend nation and the terms of its imagining. In reading V. S. Naipaul, Brand sees a kinship, not through their shared Trinidadian birth, but through their inheritance of dislocation from an ancestral motherland: "We have no ancestry except the black water [the Kala Pani] and the Door of No Return. They signify space and not land [...]. It is not India which is beyond imagination; it is the black water" (61). Her desire, as a writer and a reader, is to map the moving waters of Diaspora, not what is known but what remains unknowable. *At the Full and Change of the Moon* engages the black water, the sea that is history in Derek Walcott's famous poem. As she puts it: "Derek Walcott wrote: 'the sea is history.' I knew that before I knew it was history I was looking at" (12). Throughout *Map*, she traces similar forms of affinity with other peoples who have found themselves dislocated through imperial, racial, and national initiatives, creating a new form of community of the dispersed and the dispossessed.

Grammar

Adapting Benedict Anderson's identification of the grammar through which the communal imaginary of the colonial state articulated its mode of national belonging, Rinaldo Walcott, in *Black Like Who?* and *Rude*, seeks to elaborate a "grammar of black" underlying the national imaginary that can make explicit the meaning of Canada's Black Diaspora. Anderson argues that

> [...] few things bring this grammar [of colonial state deployment] into more visible relief than three institutions of power which, although invented before the mid-nineteenth century, changed their form and function as the colonized zones entered the age of mechanical reproduction. These three institutions were the census, the map, and the museum: together, they profoundly shaped the ways in which the colonial state imagined its dominion—the nature of the human beings it ruled, the geography of its domain, and the legitimacy of its ancestry. (163-64)

We have already seen how Hill takes on the challenge of the census. Brand's *A Map to the Door of No Return* ranges more widely than Hill and reconfigures Anderson's census, map and museum. Brand stresses their embodiment, less of institutional memory than of the forgetting on which all national imaginaries are constructed. Her book is written out of her "desire for relief from the persistent trope of colonialism" (42) and from the Canadian obsession with establishing origins (64), whether the latter is expressed in "the calcified Canadian national narrative" or the "calcified hyphenated narratives" (70) that stand outside it. If census, map and museum calcify a national narrative of belonging, then she seeks to loosen them from those moorings, re-orienting her reader's understanding of how they work. She seeks a different trajectory from the national narratives they trace, which leads her into an exploration of her own dwelling in the world and in the Door as a paradoxical site of belonging understood in terms of unbelonging. Homi Bhabha reconstellates Freud's notion of the *unheimlich* into an "unhomely" that he sees as "a paradigmatic colonial and post-colonial condition," indeed as "the condition of extra-territorial and cross-cultural initiations" (9). But Brand's writing reclaims the uncanniness categorized by Freud and Bhabha for her own intensely personal negotiations of identity. In the process, "A Map" becomes many maps, forcing Anderson's three foundational institutions into dialogue with Diaspora, which asks of every nation: "nation predicated on what?"(68).

With Lawrence Hill, Frantz Fanon, and many others, Brand contends that the exclusions of "us and them," so foundational to notions of nation and empire, need to be *re*thought as inadequate foundations for human community. In *Black Berry, Sweet Juice,* Lawrence Hill suggests that "[h]uman is a good starting place" (Hill 239) for reconfiguring postcolonial identities in Canada. I agree. Because literary texts remain a good guide for reclaiming humanity and resisting containment in all its forms, they supply me with my detours here. Brand writes of her journey to join the revolution in Grenada as a quest "in search of a thought, how to be human, how to live without historical pain. It seemed to me then that a revolution would do it" (157). If we hear a contradiction in her definitions here, then it is borne out by the result of her quest. The revolution did not do it: to be human is to live with historical pain. Her writing since 10 October 1999 has been generated out of that forced recognition, that failure of her utopian dream, and hence that continuing search for how to begin with the human, in the face of a legacy of inhumanity that cannot simply be swept away in a revolution.

Brand's roads are thus mapped by the history of the Middle Passage, but also by the creative texts generated by writers of the Americas and elsewhere. She dreams landscapes configured by the writing of Gabriel Garcia Marquez (72), Wilson Harris (73), and Pablo Neruda (73). She takes her compass bearings from the sea, the center of her door of no return re-orients their chartings (77). The door is not on the map of Africa, nor on any map. "The door is on [her] retina" (89). The "conjugations" (125) of her grammar come from the literature addressing the legacies of Empire, J. M. Coetzee's *Disgrace* and Toni Morrison's *Paradise*, which she reads as "a call and answer chant" (130). She concludes without conclusion: "In *Paradise*, Blacks can never live peacefully because of racism. In *Disgrace*, whites can never live peacefully without racism. Perhaps myth and allegory are worn out, perhaps they fail as imaginative devices. But so too reality" (134). I see this as another way of impugning directions, this time the generic and figural directions provided by writing of the past. To move beyond racism, for Brand as for Hill, involves working through its historical and its internalized directives, as Morrison and Coetzee do, and discovering new ways of encoding attempts to imagine the future. For Brand, that potential lies in wrenching writing from the service of empire into the service of freedom.

Glissant reminds us that "[t]he only written thing on the slave ships was the account book listing the exchange value of slaves" (5). Brand finds these records, a census of the slaves, in the museum where her novel, *At the Full and Change of the Moon*, finds its gestation (*Map* 196-212). Her writing queries the logic of that census and unravels that "eighteenth century cartographer's theory of directions" (207). She redefines maroonage in the spillage of Diaspora (211) and in the blooming of words (212), composing "A Ruttier for the Marooned in the Diaspora" (213) and a parable that relocates the tragedies of empire in an encounter between a Black bus driver and a Salish passenger on the Granville bus in Vancouver. Her parable concludes: "So the driver through lost maps tells the woman of a lost country her way. [...] It is only the Granville bus surely. But a bus where a ragged mirage of histories comes into a momentary realization" (220-1). Here Brand enacts Gayatri Spivak's insight:

> The figure of the New Immigrant has a radical limit: those who have stayed in place for more than thirty thousand years. We need not value this limit for itself, but we must take it into account. Is there an alternative vision of the human here? The tempo of learning to learn from this immensely slow temporizing will not only take us clear out of diasporas, but will also yield no answers or conclusions readily. Let this stand as the name of the other of the question of diaspora. (402).

Brand's text posits two radical limits for the contemporary imagination: that marked by the Door of No Return and that marked by this encounter. Like Spivak, her text suggests that such a meeting and such a rerouting of the imagination through the "slow temporizing" of the detour may lead toward an alternative vision of the human. Against the official remembering of the museum, Brand places the forgetting embodied in that bus: "We all feign ignorance at the rupture in mind and body, in place, in time. We all feel it" (221). Again like Spivak, Brand recognizes these as sanctioned forms of ignorance inviting a complicity that embraces us all and that will need to be unlearned before new forms of identity and agency can be enacted.

When Brand first came to Canada, she could not see the country for itself. Canada had been obscured by dreams and tales of America. When asked where she is from at Soufriere, she feels that she has "no word for Canada that was understandable. [...] Canada would have to be explained" (180). The detour of the explanation delays the communication of what it means to be Canadian, so that Canada, like the black waters, remains both a challenge to the imagination and yet-to-be realized possibility. This anecdote, close to the end of *Map to the Door of No*

Return, begins that explanation, a reconfiguring of the legacies of empire as irretrievable loss and unadmitted rupture. *Map* reconfigures Canada by framing it within the context of the Black Atlantic and centering her narrative around the moment when she witnesses the death of the Grenadan revolution. As she watches the massacre that signals the end of her dreams, she asks: "What happens if you stand in a moment like this? [...] Aren't we all implicated in each other?" (166). Recognition of that mutual implication may constitute the first step in reconfiguring the helplessness of that moment into a renewed sense of agency for humanity.

Both Brand and Hill reconfigure Black Canadian identities through setting them in dialogue with the dynamics of Gilroy's Black Atlantic. Gilroy asked:

> How do black expressive cultures practice remembrance? How is their remembering socially organized? How is this active remembrance associated with a distinctive and disjunctive temporality of the subordinated? How are this temporality and historicity constructed and marked out publicly? (212)

Each text provides distinctive answers that focus on the ways in which "[t]he Black body is culturally encoded" (Brand 36) and the ways in which "[t]he many permutations and inversions of the original captivity leach into the contemporary popular discourse and the common sense" (Brand 37). Each employs tactically engineered detours to derail this "common sense." Brand writes of the paths of "virtuosity and despair" (28). Hill employs the more conventional divisions of "Family Matters," "Border Crossings," and "Sticks and Stones," each section corresponding to a mode of organizing human community: through procreation, movement, violence, and language. Hill's text interrogates conventional understandings of each of these modes and reconfigures them through the story of his own experience. His family crosses racial boundaries; his experience of border crossings enriches his options for agency and enables multiple belongings; and his text revises the folk wisdom of the childhood chant ("sticks and stones may hurt my bones but words will never hurt me") to acknowledge the words that terrorize and the words that resist.

In my original plan for this essay, I had hoped to bring in many more examples: George Elliott Clarke's triangulation of Paris, the United States, and Canada detoured through a detour from Shakespeare's *Othello* in his blues drama *Whylah Falls* and its depiction of what Maureen Moynagh terms a "cosmopolitan rural community" (218); ahdri zhina mandiela's *dark diaspora in dub*, an "automythobiographical" experiment in creating dub theatre (x); and André Alexis's *Childhood*, a novel that according to many critics appears to deviate from "the normative ontologies of Blackness in Canada" (Hudson 192), while remaining "haunted by an undisclosed trauma of colonialism and the dislocations of immigration" (183). Each employs the tactics of detour to shake different forms of Canadian complacency, reconfiguring identity beyond the categories of the census and official cartographies. This analysis has argued that investigations of diasporic identities may produce their own versions of cosmopolitan Canadian identity—versions which may be seen to strengthen commitment to social justice in Canada and even to love of the Canadian place, but within reconfigured international relations that stress the ways in which all human beings are implicated in one another.

This essay points ahead to further projects. So much more work is needed to investigate the vexed relation of Canada to postcolonialism through bringing together several debates that have tended to unfurl along parallel trajectories: 1) the writing of Black Canada(s); 2) the relations among Canada's many diasporic communities; 3) what the call to indigenize will mean for all Canadians; 4) the relation of the cultural to the political (and the literary to both); and 5) the nationalism versus comsopolitanism debate as it is unfolding in Canada. In other writings, I have argued that the diasporic discursive structures arising from what Paul Gilroy has termed "the Black Atlantic" are compelling a reciprocal rethinking of both Canadian and diasporic cultural studies as well as of the place of the nation within them.[4] The present study continues that survey of contemporary work by prominent Black Canadian creative writers to analyze the challenges they pose to commonsense notions of racial and national identities, concluding that such border work redefines, rather than abandons, the category of nation. Despite the contemporary critical privileging of routes over roots (see Clifford), black Canadian writing sometimes *re*routes the black Atlantic discourse of Gilroy and others to stress settlement and the putting down of new roots in Canada (see Peggy Bristow *et al*), but always in such a way as to alter Canadian space and the established discourse of the nation.

Works Cited

Alexis, André. *Childhood*. Toronto: McClelland & Stewart, 1998.

Anderson, Benedict. *Imagined Communities: Reflections on the Origin and Spread of Nationalism*. Rev. ed. London: Verso, 1991.

Appiah, Anthony Kwame. "Against National Culture." *Text and Nation: Cross-Disciplinary Essays on Cultural and National Identities*. Ed. Laura Garcia-Moreno and Peter C. Pfeiffer. Columbia, SC: Camden House, 1996. 175-90.

Bal, Mieke. "Three-Way Misreading." *Diacritics* 30.1 (Spring 2000): 2-24.

---

4 See Diana Brydon, "Black Canadas: Rethinking Canadian and Diasporic Cultural Studies" (2001).

Baucom, Ian. "Cryptic, Withheld, Singular." *Nepantla: Views from South* 1.2 (2000): 413-29.

Bhabha, Homi K. *The Location of Culture*. London: Routledge, 1994.

Brand, Dionne. *A Map to the Door of No Return: Notes to Belonging*. Toronto: Doubleday, 2001.

—. *At the Full and Change of the Moon*. Toronto: Knopf, 1999.

Bristow, Peggy *et al*, eds. *We're Rooted Here and They Can't Pull Us Up: Essays in African Canadian Women's History*. Toronto: U of Toronto P, 1994.

Britton, Celia M. *Edouard Glissant and Postcolonial Theory: Strategies of Language and Resistance*. Charlottesville and London: U of Virginia P, 1999.

Brydon, Diana. "Black Canadas: Rethinking Canadian and Diasporic Cultural Studies." *Revista Canarias de Estudios Ingleses*. 43 (November 2001): 101-17.

—. "Re-Routing the Black Atlantic." *Topia* 5 (Spring 2001): 94-100.

Clarke, George Elliott. "Whylah Falls: The Play." *Testifyin': Contemporary African Canadian Drama: Vol. 1*. Ed. Djanet Sears. Toronto: Playwrights Canada, 2000. 215-76.

Clifford, James. *Routes: Travel and Translation in the Late Twentieth Century*. Cambridge, Mass.: Harvard UP, 1997.

Eagleton, Terry. "In the Gaudy Supermarket." *London Review of Books* 13 May 1999: 3; 5-6.

Fanon, Frantz. *Black Skin, White Masks*. Trans. Charles Lam Markmann. New York: Grove, 1967.

Gilroy, Paul. *The Black Atlantic: Modernity and Double Consciousness*. Cambridge, Mass.: Harvard UP, 1993.

Glissant, Edouard. *A Poetics of Relation*. Trans. Betsy Wing. Ann Arbor: U of Michigan P, 1997.

Hardt, Michael, and Antonio Negri. *Empire*. Cambridge, Mass.: Harvard UP, 2000.

Hill, Lawrence. *Black Berry, Sweet Juice: On Being Black and White in Canada*. Toronto: HarperFlamingo, 2001.

Hudson, Peter. "The Last Days of Blackness: André Alexis Gets Over." *Rude*. 189-200.

Huggan, Graham. *The Post-Colonial Exotic: Marketing the Margins*. London: Routledge, 2001.

mandiela, ahdri zhina. *dark diaspora in dub*. Toronto: Sister Vision, 1991.

Miki, Roy. *Broken Entries: Race, Subjectivity, Writing*. Toronto: Mercury, 1998.

Moynagh, Maureen. "George Elliott Clarke's Redemptive Vision." *Testifyin'*. 217-19.

Palmer, Hazelle, ed. *"... but where are you really from?": Stories of Identity and Assimilation in Canada*. Toronto: Sister Vision, 1997.

Sanders, Mark. "Postcolonial Reading." *Postmodern Culture* (1999). http: //jefferson.village.virginia.edu/pmc/issue.999/10.1.r_sanders.html (accessed 18/10/99).

Spivak, Gayatri Chakravorty. *A Critique of Postcolonial Reason: Toward a History of the Vanishing Present*. Cambridge, Mass.: Harvard UP, 1999.

Walcott, Rinaldo, ed. *Rude: Contemporary Black Canadian Cultural Criticism*. Toronto: Insomniac, 2000.

—.*Black Like Who? Writing Black Canada*. Toronto: Insomniac, 1997.

"A Fearful Calligraphy": De/scribing the Uncanny Nation in Joy Kogawa's *Obasan*[1]

Gerry TURCOTTE

University of Wollongong

> Freud noted that the archaic, narcissistic self, not yet demarcated by the outside world, projects out of itself what it experiences as dangerous or unpleasant in itself, making of it an alien *double*, uncanny and demoniacal. (Kristeva 185)

I

This paper takes as its starting point Joy Kogawa's 1981 novel *Obasan*, a story which revolves around what McFarlane has called "arguably the most documented instance of ethnic civil rights abuse in Canadian history" ("Covering Obasan" 401): the internment of the Japanese Canadians during and after the Second World War and their subsequent dispossession and exile. It also takes as one point of intersection the Japanese Canadian Redress Agreement—the decision of the Mulroney Government on 22 September 1988 to offer an apology and restitution to the Japanese Canadians for their suffering and unjust treatment. More specifically, this reading is located in the way Freud's analysis of "The Uncanny" (1956) can be brought to bear on an understanding of these events.

I have in mind here a number of "elaborations" of the uncanny. One is a series of readings which locate the uncanny as a central feature of "Gothic" narratives in Canada and Australia, and which highlight the

---

1 This paper was originally presented at the 1st Asia-Pacific Conference in Canadian Studies, organized by the Japanese Association for Canadian Studies (JACS) held in Japan on 27–28 March 1998. I would like to thank the organizers for their invitation, and the many scholars who entered into a constructive debate over the issues raised in this article. I am grateful to my colleague Anne Collett for her suggestions.

way they come to reflect a specifically colonial and postcolonial terror of (un)settlement.[2] I am also interested in two studies by Ken Gelder and Jane M. Jacobs (1995, 1998) which use the insights of Freud's essay to read postcolonial Australia's contemporary responses to recent political developments which have contributed to making that country "unfamiliar to itself."

In particular, they are referring to the relatively recent Native Title Act of the High Court, popularly known as the Mabo decision, which negated, at long last, the offensive myth of British colonization that Australia was *terra nullius*—a land owned by no one and therefore legally available for colonization. Gelder and Jacob argue that the media- and government-generated myth-information that Aborigines can now potentially re-claim most of Australia—a perception encouraged by the Australian Prime Minister himself, in a number of cases by holding up a map of Australia covered in red marks representing potential Aboriginal claims on the country—has had the effect of making Australia at once familiar and unfamiliar to non-Aboriginal Australians. "Mabo (re)produced a great deal of anxiety; and for those non-Aborigines who even momentarily entertained the possibility, after Mabo, of losing their homes to Aboriginal claims to land, Freud's 'uncanny' might offer an immediate truth" ("Uncanny Australia," 1995 150).

Freud's theory of the uncanny provides a useful account of terror-making experiences, suggesting that one of the principal ways in which the feeling of uncanniness is produced is when the familiar is suddenly made unfamiliar. Freud's insight lies in identifying how one becomes the other—his brief etymological study demonstrates how the *heimlich* becomes *unheimlich*, that is, how the homely becomes unhomely—and in showing how the terms effectively co-exist at the same time. As Gelder and Jacob insist, "[t]his simultaneity is important to stress since, in Freud's terms, it is not simply the unfamiliar in itself which generates the anxiety of the uncanny; it is specifically the combination of the familiar and the unfamiliar—the way the one seems always to *inhabit* the other" ("Uncanny Australia," 1995 150–51).

As has been argued elsewhere, [2] the uncanny is resonant in numerous narratives in Australian and Canadian fiction precisely because it enables an emblematic articulation of fears which are, in other circumstances, unmentionable: fears about settlement, dispossession, miscegenation, and contamination. In these narratives, the uncanny is frequently produced as and by a crisis of (il)legitimacy—engendering stories which

---

2 See for example a number of studies by Turcotte, including, "Australian Gothic," "English-Canadian Gothic," "Sexual Gothic," "Footnotes to an Australian Gothic Script," and "How Dark is My Valley?"

agonize over the right of belonging to an invaded place, or stories which attempt to justify invasion by turning the Native peoples into something monstrous to legitimate genocidal activities. In the nineteenth century, these stories are frequently about bloodlines, unlawful or unjust transportation which severs family ties, or they are settlement narratives in which the newcomer, no matter how the migration is "justified" by the authors in political, moral or Christian rhetoric, is threatened or surrounded by a resident evil upon arrival in the new world space. Twentieth-century narratives maintain many of these tropes, though frequently the right of place is less overtly questioned, and instead identity politics are examined through narratives that explore (or exploit) troubling questions about gender and "race."[3]

Gothic figures generally act at once as alien and yet also as strangely familiar figures. In some versions—such as Frankenstein's monster—the creature is born of the detritus of humanity and is the child of the individual/culture which rejects him; in other accounts—say *Dracula*—the "other" appears as a contaminant which will infect the dominant group, so that "us" always finds itself in danger of becoming "them." Or, as Van Helsing puts it in *Dracula*, the vilest threat posed by the vampire "is that we become as him." Certainly, Canadian and Australian narratives about "Asian" migration are frequently framed through metaphors of invasion—in nineteenth-century Australian rhetoric, the Yellow Peril represents a type of migrating Dracula figure which will overwhelm "us," and which will take over "our" land, "our" women, "our" selves.

For Gelder and Jacobs, the current debates over Mabo have "unsettled" many Australians, because they have exposed in the law what has hitherto only been understood in an often unspoken way that "what is 'ours' is also potentially, or even always already, 'theirs': the one may also be the other" ("Uncanny Australia," 1995 151). As they go on to argue:

> [...] because many Aboriginal land claims are either in the process of being dealt with or are yet to be made, a certain kind of un-settlement arises which is given expression by non-Aborigines and Aborigines alike—at the very moment when modern Australia happens to be talking about "reconciliation" [...]. In an uncanny Australia, one place is always already another place because the issue of possession is never complete, never entirely settled [...]. We can think about this process as a way in which "place," as a designation which implies boundedness, is always at the same time in a condition of unboundedness. ("Uncanny Australia," 1995 151)

---

3 Specific examples of such narratives are discussed in the articles by Turcotte cited above.

II

Joy Kogawa's *Obasan* can be understood in similar terms, both in its own narrative account, as well as in its reception. Certainly, Kogawa's book is not gothic in any "familiar" sense of the word, and of course it is not an Indigenous text commenting on landrights in the usual understanding of the term. But it is a text which produced a sense of the uncanny within and without its narrative, by "re-animating" a history of oppression that forced Canadians to confront their own suppressed and unacknowledged violent history. In materialist terms, many Canadians would have had to admit that the very land they owned, the very objects they possessed, were literally stolen from Japanese Canadians. In this sense alone, then, the familiar space of ownership and belonging would have been, for many, made uncanny. Boundaries once solid were unbounded by this realization.[4]

As Gilles Deleuze and Félix Guattari have suggested in "What is a Minor Literature?," in another very real sense, the text, speaking a minority view into a dominant master narrative, produces the effect of deterritorialization. And as Roy Miki has argued, "[b]y 'deterritorialization,' [Deleuze and Guattari] point to a disturbed use of language that foregrounds its surface as a conflicted space" ("Asiancy" 145). Miki goes on to argue that "[m]inority writers, because of their subordinate position, must work in a language that disrupts the stability of conventional discourse and communication" ("Asiancy" 145). He suggests that "[m]inority subject matter, when encoded in forms adjusted to accommodate the expectations of the social majority, can willy-nilly lead to compromise, distortion, and misrepresentation. Formal disruptions, such as the generic crossing of fiction, history, autobiography, and documentary in *Obasan*, become strategies of resistance to norms" ("Asiancy" 145). Rosemary Jackson makes a similar point about uncanny narratives when she notes that,

> A literature of the uncanny, by permitting an articulation of taboo subjects which are otherwise silenced, threatens to transgress social norms. Fantasies are not, however, countercultural merely through this thematic transgression. On the contrary, they frequently serve (as does Gothic fiction) to reconfirm institutional order by supplying a vicarious fulfilment of desire and neutralizing an urge towards transgression. A more subtle and subversive use of the fantastic appears with works which threaten to disrupt or eat away at the 'syntax' or *structure* by which order is made. (72)

Obasan's language is not "opaque" or resistant in the sense defined by Deleuze and Guattari. But it does produce an effect of opacity in its

4 See Kogawa's comment in Fujita (1985) that the people who now own her parents' home are in possession of "stolen property" (p. 41, n. 3).

staccatoed presentation and withholding of the details of its story, and, as Miki suggests, in its blurring of generic conventions. For Goellnicht, Kogawa's "use of multiple discursive modes, tenses and narrative points-of-view [...] disrupts and contests the dominant culture's totalizing, omniscient voice of history" (294). The effect of this "resistance" yields an uncanny narrative, in which "normal" values are reversed and standard images of normalcy are displaced or entirely emptied of meaning.

In many, if not most, fantastic narratives, signification deteriorates and we witness the collapse of language. Fittingly enough, then, *Obasan* is a novel of silences, in which language proves unreliable in so many ways that it produces a general effect of deterritorialization, both for the characters in the novel, but also for readers who see the language which they take for granted de/scribed in a variety of ways.[5]

Throughout the work, the protagonist struggles to find an identity, attempting to define herself in a language inadequate to the task. In the second chapter, for example, Naomi "spells" what she is for her young students: "'Not "Nah Canny,"' I tell him, printing my name on the blackboard. 'NAKANE. The a's are short as in "among"'" (*Obasan* 6). Later, when Naomi is having dinner with one of her student's fathers, she must answer the inevitable question, "Where do you come from?" In her reply, she explains that she was born in Canada, like the widower himself, and then, once again, "spells" what she is: "'NISEI' I spelled [...] 'It means "second generation"'" (7).

Both acts of self-definition are fitting metaphors for postcolonial self-articulation, particularly as they utilize forms and conventions of an older world (pronunciation keys), to define a self not actually accepted in the new environment (her citizenship is questioned by the widower). If Naomi proves unsuccessful in defining herself, it is only because she has not found a language which mediates effectively between her two worlds, or one which adequately expresses her situation in her world. Naomi goes so far as to pun on the nature of herself in grammatical terms: "Personality: Tense. Is that past or present tense? It's perpetual tense" (7). To demonstrate the inadequacy of language is to demonstrate the tragedy of the self in transition—in exile.

---

5 For more detailed studies of silence in Kogawa, see Cheung, Davidson, Fujita, McAlpine, and Willis. Most critics "reading" *Obasan* comment to varying degrees on the way language is "destabilized," or on how expectations about linguistic stability are shattered, in this text. See Miki, "Asiancy"; as well as Goellnicht and Jones. See also Miki's extended note in *Broken Entries*, 155, n. 8, for a brief though important contextualizing of the numerous critical responses to this text, including the way *Obasan* has been institutionally appropriated by US academics so that the "site-specific formation of the Japanese Canadian subject ... tends to become another version of the 'Asian-American' example" (155, n. 8).

In *Obasan*, language is severely scrutinized, its indeterminacy foregrounded in many ways. Kogawa underlines language's fragile connection to history; offers examples of the tendentious nature of academic and journalistic language; and stresses the polysemous character of the Japanese and English-Canadian tongues. This thorough progression through all types of information—of both verbal and non-verbal communication—is meant to establish clearly how tenuous the links between actions, words, and meaning are.

Kogawa's novel deliberately challenges the labels affixed (by both the government and by the non-Japanese Canadians) to the Issei, Nisei, and Sansei, in order to "unname," and so "re-vision" their place in society. Thus, the reader is shown the falseness of the Government's "language" and the obscene reality it attempts to misrepresent. Sick Bay, for example, "was not a beach at all. And the place they called the Pool was not a pool of water, but a prison at the exhibition grounds called Hastings Park" (77). If such things can be lied about, the text suggests, then how can equally pernicious accounts about enemy aliens and the need for exile be believed? Such reflections are profoundly deterritorializing.

Miki's comments concerning the generic combinations which occur in *Obasan* form part of that process of deterritorialization. In *Obasan*, the layers of meaning vie for a place on the page, from acute cultural silences—themselves redolent with meaning—to bureaucratic documents which blatantly state the opposite of what they mean. And yet, it is also true, as Miki argues in a later essay, that *Obasan* is contained by the fields of knowledge which organize, discuss, interpret, and evaluate the novel. In "Sliding the Scale of Elision," Miki discusses the institutionalizing mechanisms which establish CanLit as a field of knowledge, underlining the exclusionary nature of such projects, an "Anglo-European identity politics that imprints itself through a process of differing at the expense of 'its' racialized others" ("Sliding" 130). Numerous critics, even whilst acknowledging this process, take umbrage behind the fear that too comprehensive an inquiry might dismantle, not simply the institution of CanLit, but in Lecker's metaphor, the "peaceable kingdom" itself.[6]

One way to shore up both the stability of the canon—and arguably the "kingdom"—is to gesture towards "challenging texts" without endangering the structure. Indeed, by incorporating such texts—consuming them in other words—it becomes possible to reinscribe "relations of internal dominance" ("Sliding" 134). Miki's account of

---

6 See Miki's discussion of this issue, and Lecker's argument, on pages 130–31 of *Broken Entries*. Lecker's argument can be found in "The Canonization of Canadian Literature," 656–71.

Obasan's canonicity articulates this process of consumption. His metaphor signals the voraciousness of the critical, mainstream appetite which, shark-like perhaps, "circled [*Obasan's*] textual body with interpretive strategies that penetrated its apparent foreignness" ("Sliding" 135). But does this institutionalized acceptance indicate a change in the dominant structure? Miki's view is that it does not. Far from disarticulating the totalizing Anglo-European frameworks, such incorporation frequently leaves the structure intact; indeed, the texts, thoroughly digested, can be used to maintain the flexibility and generosity of the policing boundaries without in fact extending them in any way.

In a powerful reading of *Obasan*, Miki demonstrates how the text is compromised because of its recourse to a series of narrative and aesthetic structures that ultimately recuperate the novel into the dominant system—in particular Naomi's inner journey of self-discovery, and the use of Nagasaki as a gesture of resolution. Whilst I accept Miki's point that there is a danger in universalizing Naomi's experience—particularly through a potentially depoliticizing aestheticization of the text so that it speaks a narrative of personal development at the expense of wider issues—it is difficult to agree with his reading of Nagasaki as a similarly aestheticized moment that flattens the horror of Japanese Canadian internment. Rather, the two events are so conclusively interlocked that they must be read as equally horrific—as large-scale events which indict the Anglo-European community responsible for such atrocity. If universalizing occurs here, it is precisely—and hence productively—at the expense of the dominant culture.

For Miki, the universalizing of suffering and its interiorization through a range of narrative functions, including the use of Christian symbology to recodify Nagasaki, "performs the personal redemption of history achieved through narrative. As Japanese-Canadian internment is transformed through this lens, race comes under erasure to allow for a depoliticization process in which the power of the victimizer [...] is internalized by the victim" ("Sliding" 142). Miki goes on to argue that "[t]his misplacement of blame, on the one hand, elides the materiality of history, but on the other, valorizes the humanist allegory of suffering as a 'universal' condition" ("Sliding" 142).

Yet, the text also always comments on precisely this process of inversion, in which the victim is made to accept the blame for her/his own suffering. Miki is certainly correct when he argues that the recuperative possibilities which exist in the structures which shape the text's reception, as well as in the available reading strategies which allow for this sleight of hand to take place, explain why the text has figured so centrally—so canonically—"in the institutional hall of CanLit" ("Sliding" 142). Despite this, there is a danger in yielding the text entirely to this reading at the expense of its phenomenological impact. It is crucial to continue to insist on how the text can be mobilized to resist "methodologies of institutional readings that consistently fail to account for issues of appropriation and misrepresentation" (143); of not allowing "the majority white 'we' to inhabit the text" (143); or of accepting a construction of the text which would locate the endemic racism it addresses as "past."

One way of doing this is to read the text out of frame—or to read the frame itself. How has *Obasan* made the nation—and the traditional literary history of nation—monstrous, as Jonathan Kertzer has recently argued?[7]

III

If *Obasan* produced an uncanny effect upon the dominant culture in Canada, it did so in part by cleverly showing that this was precisely the impact which Canadian Government policy had had on the Japanese Canadians. For the latter, the Government's response to the outbreak of war—which was to seize property, to imprison people illegally, to force the repatriation (*sic*) of Canadians to a country that was not theirs—resulted in making the familiar terrifyingly unfamiliar. Kogawa's text is uncanny in the way the ordinary gets stripped of its mundaneness; her account makes terrifying reading because it demonstrates that rights which should be taken-for-granted—of belonging, of citizenship, of liberty, and justice—were denied virtually overnight. These rights are re-written in the name of undisguised racism. Identity becomes destabilized. The experience seems straight out of a Gothic novel—except that this experience is not fiction.

For a number of commentators, including Sartre, the world of the fantastic—of the Gothic nightmare—is possible only when "someone right-side up" is "transported miraculously into an upside-down world" which "sets off, by contrast, the strange character of the new world" ("Aminadab" 27). For Naomi—and of course for many Japanese Canadians—this dislocation actually occurs. The safe, "right-side up" nature of the home, which rests on the rightness of law and order, is violently inverted when that law, that home, collapse. As Homi Bhabha has put it:

> To be unhomed is not to be homeless, nor can the unhomely be easily accommodated in that familiar division of the social life into private and the

---

7 See Kertzer's *Worrying the Nation*, in particular Chapter 4. Whilst I am attracted to certain aspects of this study, I am concerned that Kertzer homogenizes "difference" in his assessment of the way in which "ethnic, feminist and Native writers" make "the bourgeois nation" into a monster, "an ideological aberration to be corrected, rather than a natural habitation" (133). Such a blanketing of difference reproduces the homogenizing account of the "other," reductively eliding the very material specificities which Miki is concerned to foreground.

> public spheres. The unhomely moment creeps up on you as stealthily as your own shadow, and suddenly you find yourself [...] making the measure of your dwelling in a state of "incredulous terror." ("World and the Home," 445)

Like the homes of the Japanese Canadians, Canada itself as a political and geographical space becomes uncanny to the Japanese Canadian community, which once lived and moved through a familiar, "owned" landscape. After Pearl Harbour, they are literally deterritorialized and thrust into a Gothic landscape, whilst forced to live in Canadian Ghost towns such as Slocan, and later to move into the "alien" landscape of Prairie towns, where Naomi, for one, loses her humanity and becomes a "scarecrow" (191).

The landscape of Lethbridge, Alberta, is described in *Obasan* in distinctly Gothic terms:

> We have come to the moon. We have come to the edge of the world [...]. Here, the air is a fist [...]. On the miles of barbed-wire fences, there are round skull-shaped weeds [...]. Between the shed and the farmer's house are some skeletons of farm machinery [...]. Every bit of plant growth here looks deliberate and fierce. (191–92)

Everything is unrecognizable to them, prompting Naomi to think, "[t]here are some nightmares from which there is no waking, only deeper and deeper sleep" (194). For all the propaganda which constructed the Japanese Canadians as monstrous figures—an infection in part identified as the Yellow Peril, and turned into a boardgame "Made in Canada"[8]—it is the majority culture which is dis/figured as monstrous by Naomi's narrative.[9] At one stage Naomi points out that "[t]he worse the news from the Eastern Front, the more ghoulish the public becomes" (88). And despite being forced to live invisibly in various ghost towns, the Japanese Canadians bring life, not death, to them. As Naomi says of Bayfarm in Slocan, "[t]he ghost town is alive and kicking like Ezekiel's resurrected valley of bones" (160).

It would be possible to argue that the very spaces of internment, particularly those located in the British Columbia interior, were themselves paradigms of the duplicitous Canadian government policy of saying one

---

8 See *Obasan*: "The Yellow Peril is a Somerville Game, Made in Canada" (152).

9 A similar reversal occurs in the "Preface" to Ken Adachi's *The Enemy that Never Was*, when he claims that he had been "the victim since childhood of a particularly virulent strain of racism," which impelled him to "reveal the demon in all its scaly ugliness and perhaps exorcise it" ("Preface" n.p.). Timothy Findley, in his brief introduction to the 1991 reprinted edition of the book, seizes on this metaphor to note that, "[w]hen he speaks of virulence, Adachi reminds us that racism is a parasitical disease. A sickness. A viral infection that spreads from person to person. It can even bring death" ("Introduction" n.p.).

thing and doing another. As Adachi points out, "[u]nlike the arid desert exile of the Japanese-American evacuees, encircled by barbed wire and military police in watchtowers, the detention camps in the interior of British Columbia were another setting altogether. They were set against a splendid physical background" (251). As he goes on to say, however, "[t]he magnificence of the outdoor setting and the echoes of a romantic past were but candy wrapping, hiding a grim reality" (251).

In *Obasan*, the most uncanny space entered into, however, is not the devastating landscape of the prisons and ghost towns, but memory. It is memory which threatens and allows for the return of the repressed—which is triggered, for Naomi, by her Uncle Isamu's death. Because of his death she is forced to reopen old wounds, to return to the past, and the disjunction created by this rupture is Gothic in tone and circumstance. Indeed, it seems fitting, given Freud's definition of the *unheimlich* as unhomely, that many of the most unsettling moments in the novel take place within the supposedly safe environment of the home, thereby reminding the reader that this space has been permanently violated by the Canadian Government's racist wartime edicts so that it can never again be a space of security and boundedness. The dispossession and violation of the known space is always there. To quote Bhabha again:

> In a feverish stillness, the intimate recesses of the domestic space become sites for history's most intricate invasions. In that displacement, the border between home and world becomes confused; and, uncannily, the private and the public become part of each other, forcing upon us a vision that is as divided as it is disorienting. (445)

Early in the novel, for example, when Naomi returns to Obasan's house, she is compelled to follow her aging Aunt into the attic. Obasan is looking for memories, and her ascent amounts to a type of descent into a profoundly Gothic space, undertaken, as one would expect, at midnight. When they get there, Naomi discovers "a whole cloudy scene of carnage [...]. A graveyard and feasting-ground combined" (25). Here everything is covered in cobwebs and dust—"A whiff of mothballs wafts up. The odour of preservation" (25). The preserved corpse—the *revenant* here—is the past, which rises up to haunt this narrative and its reluctant witness.

This theme is carried through in *Itsuka*.[10] When Naomi is forced to sell Obasan's house, the act of going through everything which her aged aunt has accumulated through the years is described in these terms:

> I'm an undertaker disembowelling and embalming a still breathing body, removing heart, limbs, life blood, all the arteries, memories that keep one

[10] References to *Itsuka* will be cited parenthetically in the text, preceded by the title to distinguish them from quotes taken from *Obasan*.

> connected to the world, transforming this comatose little family into a corpse. We have entered the garbage-dump stage of life and I'm rototilling it all. (*Itsuka* 69)

After she sells the house, the "new owners of the house bulldoze it. Our shack of memories disappears. I should not have let it happen" (*Itsuka* 69).

Whereas, in traditional Gothic, barriers are physical, with locked doors and dungeons signifying entrapment—here it is memory which imprisons. In *Obasan* Naomi says, "we're trapped, Obasan and I, by our memories of the dead—all our dead—those who refuse to bury themselves" (26). But if there is one ghost which haunts this text more than all others it is of course Naomi's mother. The absent mother who haunts the text devours Naomi, who is "consumed by the question" of why she did not return. The language used to address this silent absence is distinctly Gothic. Naomi is "[d]evoured alive" (26) by the memory of her. But no one in the family speaks and Naomi has no "key to the vault of her thoughts" (26). If the mother is characterized as monstrous, however, it is because she is denied a right to speak her/story. As in most ghost stories, this spirit haunts because her pain has not been put to rest. Her/story is still untold. So she communicates obliquely. "I waken suddenly [...]. Something has touched me but I do not know what it is. Something not human, not animal, that masquerades the way a tree in the night takes on the contours of hair and fingers and arms [...]. She is here. She is not here" (167).

Again, in *Itsuka*, the metaphor of the mother as ghost is repeated. When Naomi visits Japan, she thinks "[w]e know so little of their last days, except that they lived within a well of silence, a grave before the grave. A haunted place. Mother hid herself from view. She scuttled through the night" (*Itsuka* 83). The act of visiting the hospice where her mother died strips her of identity. It is significant that as she witnesses the "ghost" of her mother—"I hear Mother in the sounds of footsteps, in the swishing of the broom outside" (*Itsuka* 83)—she is un-named. "When I pick up the pen to sign my name, my hand shakes so much that the N ends up looking like a V. I can't finish my signature. That's Mama's fault" (83).[11]

This spectre is not easy to exorcise because first it must be acknowledged. And for Naomi to do this, she must confront the most terrifying

---

[11] It is worth comparing this moment of de-scription with the earlier instance when Naomi attempts to inscribe herself into "white" space, as mentioned earlier: that is, Naomi "spelling" herself for her students. In *Itsuka*, the complete breakdown of even the act of inscription after her "encounter" with her mother, and in the wake of the horror of Nagasaki, restates the connection between the national and the personal, the public and the private.

horror at the centre of the narrative—and therefore at the centre of her self/body—the bombing of Nagasaki. As Cecily Devereux has argued in relation to *Obasan*,

> [c]ultural discrimination, like gender discrimination, begins at the body, which always visually identifies otherness in relation to the dominant group. The body is a sign of alterity, and is therefore the first and most important place to be taken over by the oppressor; the body is itself identified as "the enemy," an identification subsequently internalized. (234)

For any visible minority, skin represents the mark of difference. A particularly powerful aspect of *Obasan* is how it demonstrates the way in which the racism of Canadian culture made Japanese Canadians foreign *to themselves*. As Stephen says, "[w]e are both the enemy and not the enemy" (70). They are Canadian and yet not Canadian. Naomi's mother is there but not there. In this sense, the experience comes across as specifically uncanny.

What the novel also particularly emphasizes is how such valuations are translated into policy and enacted in the brutality of war. The bombing of Nagasaki makes humanity alien to itself—but far from universalizing that "self," the moment demonstrates the site-specific—the "racially" specific—nature of warfare: "I am wondering, did Grandma and Mother waken in those years with the unthinkable memories alive in their minds, *the visible evidence of horror written on their skin, in their blood, carved in every mirror they passed*, felt in every step they took" (235, italics added). As Devereux puts it, "Naomi's mother is effectively erased from discourse, from signification, as Manina Jones indicates: she is 'de-faced' and 'dis-figured' in the radiation of the bomb" (241). Humanity becomes unrecognizable to itself because the fiction of its representative homogeneity is shattered. The white "we" cannot inhabit the "skin" of the victim in this scene—it is unthinkable.

For all of the texts of Empire which cast the "other" in the role of monster, which define migration as a type of disease which will infect the blood, and which posit the outsider as soulless (so much so that they often cast no reflection),[12] the power of Kogawa's narrative is located in the way she demonstrates where true monstrousness lies. It is not the Japanese Canadians who "infect" the West—indeed they are the West! It is Western technology and policy which disfigures, which contaminates the blood through radiation poisoning, and which carves out the reflection of the other in the mirror of its own making so that the other can no longer bear to gaze upon itself—"project[ing] out of itself what it experiences as dangerous or unpleasant in itself, making of it an alien *double*, uncanny and demoniacal," as Kristeva avers in the opening

---

12 Again, *Dracula* is a useful example in this instance.

epigraph of this paper (185). Naomi's description of her mother after the explosion is truly horrific:

> One evening when she [Grandma Kato] had given up the search for the day, she sat down beside a naked woman she'd seen earlier who was aimlessly chipping wood to make a pyre on which to cremate a dead baby. The woman was utterly disfigured. Her nose and one cheek were almost gone. Great wounds and pustules covered her entire face and body. She was completely bald. She sat in a cloud of flies and maggots wriggled among her wounds. As Grandma watched her, the woman gave her a vacant gaze, then let out a cry. It was my mother. (239)

The beast, in *Obasan*, is a Gothic creature which, like Dracula, not only consumes but transforms its prey. The Japanese Canadians are made unrecognizable to themselves by the infection of the Government wartime policy.

It would be possible to speak of the history of Japanese Canadian internment in Canada as a type of *revenant* which haunts the people who were so brutally oppressed by the Canadian Government; but it is also one which will continue to haunt the Government and the Canadian people as a whole, because such history functions as a narrative which, in the tradition of the uncanny, exposes the illusory nature of totalizing narratives—which underscores the impossibility of wholeness without healing.

In revisiting the past, *Obasan* foregrounds Canada's disparate selves, despite the nation's repeated attempts to present a myth of unity. Uncanny narratives are ruptured spaces, forever incomplete because of an excess of meaning.[13] The past and the present are forever in competition and hence contaminate each other—they inhabit the same space simultaneously—making resolution impossible. History, in this and in all narratives, is un-Dead. Like Naomi's dead, the past refuses to bury itself. As Naomi says of her Aunt Obasan, "[t]he past hungers for her. Feasts on her. And when its feasting is complete? She will dance and dangle in the dark, like small insect bones, a fearful calligraphy" (26). Aptly enough, the body is made to write the fearful story, since it is the body which bears the mark of racialization—it becomes the visible signifier which is either over-invested with, or stripped entirely of, meaning.

---

13 For a more detailed account of the nature of uncanny narratives as they are described here, see Jackson's *Fantasy*.

IV

This article began by invoking theories of the uncanny as they can be understood in a range of issues and texts, in particular that of the Native Title legislation in Australia and the way in which it can be brought to bear in coming to terms with the impact of both *Obasan* and the contemporary history of the Japanese Canadians. It is certainly a dangerous "land slide" to attempt,[14] since it can potentially be charged with "universalizing" the experience of oppression, with obscuring the specificity of experience, and just as pointedly, with equating the dispossession of Indigenous peoples with the experience of members of a settler community, however disenfranchised it may be.

To some degree, however, this skewing of the traditional models of comparison is enacted to suggest the very way homogenizing and totalizing systems attempt to contain and manage those they oppress, so that there is a certain logic to reading against the grain in this manner. Nationalist narratives typically elide difference, except when they articulate the "reason" for which such homogenization is needed. When the latter issue is addressed, difference is spoken to alert the Nation to the monstrous diversity (as opposed to State-sanctioned, that is, "unifying" diversity) which threatens to consume the whole.[15] Scott McFarlane successfully captures the "uncanny" register of such fears when he writes:

> The Canadian State, so dependent on Canadian history for legitimacy, is haunted by the insistent return of armies who challenge its representative authority. And these armies are masked. They doubly challenge the authority of the State so dependent on trust in its vision. The masked armies return like ghosts [...]. ("Haunt" 20)

Such a cross-cultural reading as has been attempted here, therefore, can play a small role in dis/articulating the wholesome narratives of empire—in fragmenting the putatively cohesive, internally consistent fictions of integrity and design—those performances of nation which figure as non-existent or extinct what is constructed as the unlocatable, unassimilable spectre of the "other." By dislocating the parameters of the field, the critic can enact an uncanny mis/reading which challenges

---

14 I am playing here on W.H. New's configuration and meditation on the term in *Land Sliding* to mobilize, as he does, both actual and yet imaginative crossings of space, place, and imagination.

15 Consider, for example, Australia's Nationalist metaphor "We are one, but we are many," which attempts a similar gesture to the strategies of the Canadian Mosaic paradigm. As McFarlane argues, "liberal Canadian nationalism is dependent for legitimation on both historical and contemporary visions of Canada as culturally monolithic. These visions are incommensurate with the alienation experienced by aboriginal people and people of colour" ("Haunt" 20).

the binary structures which frequently hierarchize and frame national debates. This also participates in the equally important project of resisting a universalising blandness by, ironically, opening up the issue—deterritorializing the reading—without evacuating the site-specific dimensions of the story. It is a way of forcing the majority white "we" to be conscious of our role in a wider, on-going totalitarian project, which should make the "possession" of the text obscene.

To return, then, to the opening proposition: if Mabo made the space of Australia suddenly "uncanny" for many of its citizens, it is equally true that *Obasan* on a smaller scale played a similar role in Canada,[16] reminding Canadians of their fractured identity, and exploding the monstrous liberal humanist myth of Canadian democratic unity. Like the Mabo decision in Australia, the Mulroney Government's redress settlement statement similarly reminded Canadians of this fact. But instead of reading this collective, hurtful memory as a necessary step in the process of reconciliation, some commentators chose to re-cast the gesture as a dangerous precedent that would simply further dismember Canada.

Jeffrey Simpson, for example, wrote in *The Globe and Mail* of 14 June 1990 that the "decision to offer financial redress to Japanese Canadians" had set a "precedent." "The Ukrainian Canadian Committee hit Ottawa this week asking for redress [...]. It followed on the heels of organizations representing Italian Canadians and Chinese Canadians who seek similar kinds of redress for historical injustices" (The trouble). For Simpson, the gesture of reconciliation is to be feared, because it has released the monstrous ethnic appetite once more into the benign, reasonable, and wholesome Canadian space.

"Where does this end? Do we compensate Acadians who were expelled? The Irish who were badly treated when they arrived? Those interned during the War Measures Act of 1970?" (The trouble) Simpson goes on to say:

> History has many, often contradictory, lessons to teach us. It is essential to remember those that cast Canada in a dark light, so that they won't be repeated. But there comes a point at which, in a linguistically and ethnically divided country, the search for restitution for past wrongs not only creates

---

16 For an analysis of the many different writers, film-makers and poets who have commented on this violent moment in Canadian history, see Scott McFarlane, "Covering *Obasan* and the Narrative of Internment," and in particular his comment that "no single text concerning the internment has had a greater impact on the Canadian imaginary than Joy Kogawa's *Obasan*" (402). He goes on to argue that "*Obasan* played a significant role in the redress movement as evidenced by its being quoted by both Ed Broadbent and Gerry Weiner during the announcement of the settlement with the government" (402).

precedents that lead we know not where,[17] but also risks piling up more divisions in a country already quite divided.

"It is essential to remember those that cast Canada in a dark light, so that they won't be repeated," so long as it does not cost "us" anything. Simpson, like Naomi in much of *Obasan*, prefers to deny the creature lurking in the darkness, and wishes to retreat into the shadows of silence. But as Naomi learns, to deny the monster does not make it go away. If anything it proves more invasive, more destructive, for being left unchallenged. Simpson locates part of the problem with the greed of minorities—with their *unreason*able desire for compensation. If the Canadian Government had maintained its silence, "[t]he Ukrainian Canadian Committee might have been satisfied with a statement of apology, some historical plaques and possibly the financing of university chairs in Ukrainian studies"—a few bobbles or glass beads, perhaps. But now the floodgates are open, and those who will bear the cost for this ethnic avarice are "today's generation," who will have to "pay for policies and attitudes of generations past."[18] As though we were ever free of our responsibility for/to the past.

It is interesting that Simpson, like John Howard, misnames the monster. For Simpson it is ethnic avarice, just as for Howard it is greedy Aborigines. In one way, this is part of the orientalising process which makes the "other" into an insatiable creature which preys on the so-called "real" citizens of Canada and Australia, in order to justify past and present actions. The "real" monster, however, is not the people

---

17 Compare this with Freud's notion that E. Jentsch's argument is "incomplete" when he maintains that "the uncanny would always be that in which one does not know where one is" (370). The real point is that the uncanny—the *unheimlich*—leads back to the familiar. Or, put another way, the unfamiliar leads back to, is always already imbricated in the familiar. Simpson's real dread, here, is that he knows very well *where all this will lead*: to accountability.

18 This re-figuration of minority calls for justice as dangerous, as avaricious, and as blatantly wrong-headed, are legion. See McFarlane's discussion in "Haunt" of the critical response to the Writing Thru Race conference. See also columns such as Barbara Amiel's in *Maclean's*, in which she maintains that "It makes no more sense for our government to apologize to our native peoples for past treatment than it would to ask today's Africans to apologize for every missionary who was eaten there in the past" ("Saying sorry" 11). The extraordinarily offensive and orientalizing nature of the comparison, coupled with the flawed logic, need not be deconstructed at length here. Predictably, however, the nub of the argument, as with Simpson's, is an economic one. "But the best thing we can do is say 'we are sorry.' Period. Compensation cheque will not follow. Sorry" (11). Not surprisingly, in this context, the Australian Prime Minister has staunchly refused to offer an apology to the Aboriginal peoples on behalf of the nation, arguing that the present should not be forced to make up for actions of the past. A slightly more complex, though similarly motivated argument for refusing redress is offered in J. L. Granatstein's *Who Killed Canadian History?* See, in particular, Chapter 4, "Multicultural Mania."

seeking redress, but the acts of violation which impel this call for restitution. Early in the novel Naomi ruminates on the bad odours emanating from Obasan's fridge and associates them with memories that should be forgotten:

> There are some indescribable items in the dark recesses of the fridge that never see the light of day. But you realize when you open the door that they're there, lurking, too old for mould and past putrefaction.
>
> Some memories, too, might better be forgotten. Didn't Obasan say, "It is better to forget?" What purpose is served by hauling forth the jar of inedible food? If it is not seen, it does not horrify. (45)

In the course of the novel, this notion of beneficial forgetting is shown to be false. Naomi is terrified throughout by nightmares—by *not* knowing. The unseen, as any specialist in horror will attest, is always the most frightening and the most crippling. Howard's gesture of holding up the map of Australia, invaded by falsely represented Aboriginal claims of ownership, enacts a dark parody of the British Imperial map with its pink landmasses demonstrating power, influence, scope, conquest, and ownership. It is ironic (though somehow not unexpected) that what was once an iconic and positive representation of British power and domination—the world map covered in pink—should be twisted around to represent White disempowerment at the hands of the voracious Aboriginal "spectre."[19]

And yet, in closing, two points need to be remembered. Firstly, the representation of Aboriginal or ethnic avariciousness is demonstrably false—a fairly typical and long-standing misrepresentation of the facts which recasts the victim as the powerful and evil aggressor; secondly, it is only in acknowledging the past that any hope of reconciliation becomes possible. But we need to remember that the act of acknowledgement *is* costly—*is* painful. To think that it could be otherwise seems destructively and monstrously naive.

Works Cited

Adachi, Ken, *The Enemy That Never Was: A History of the Japanese Canadians*. Toronto: McClelland & Stewart, rpt. 1991.

Amiel, Barbara. "Saying sorry is fine, but only to a point." *Maclean's* 3. 21 (25 May 1998): 11.

Bhabha, Homi K. "The World and the Home." Chapter 24, *Dangerous Liaisons: Gender, Nation and Postcolonial Perspectives*. Ed. Anne McClintock, Aamir Mufti and Ella Shohat. Minnesota: Minnesota P, 1997. 445-55.

[19] Again, see Gelder and Jacobs ("Uncanny Australia", 1995 and 1998) and Mickler for an elaboration of this "inversion."

Cheung, King-Kok. *Articulate Silences: Hisaye Yamamoto, Maxine Hong Kingston, Joy Kogawa*. Ithaca: Cornell UP, 1993.

Davidson, Arnold. *Writing Against the Silence: Joy Kogawa's Obasan*. Toronto: ECW Press, 1993.

Delbaere, Jeanne. "Joy Kogawa Interviewed by Jeanne Delbaere." *Into the Nineties: Post-Colonial Women's Writing*. Ed. A Rutherford, L. Jensen, S. Chew. Aarhus: Dangaroo Press, 1994.

Deleuze, Gilles and Félix Guattari. "What is a Minor Literature?" *Kafka: Towards a Minor Literature*. Tr. Dana Polan. Minneapolis: U of Minneapolis P, rpt 1994. 16-27.

Devereux, Cecily. "The Body of Evidence: Re-membering the Past in Joy Kogawa's *Obasan*." *Intersexions. Issues of Race and Gender in Canadian Women's Writing*. Ed. Coomi S. Vevaina and Garbara Goddard. New Delhi: Creative Books, 1996.

Freud, Sigmund. "The Uncanny." *Collected Papers: Papers on Metapsychology, Papers on Applied Psycho-Analysis*. Tr. Joan Rivière. Vol. 4. London: the Hogarth Press, 1956. 368-407.

Fujita, Gayle K. "'To Amend the Sound of Stone': The Sensibility of Silence in *Obasan*." *Melus* 12.3 (1985): 33-42.

Gelder, Ken and Jane M. Jacobs. "Uncanny Australia." *The UTS Review* 1.2 (1995): 150-69.

___. *Uncanny Australia: Sacredness and Identity in a Postcolonial Nation*. Melbourne: Melbourne UP, 1998.

Goellnicht, Donald C. "Minority History as Metafiction: Joy Kogawa's *Obasan*." *Tulsa Studies in Women's Literature* 8 (1989): 287-306.

Gottlieb, Erika. "The Riddle of Concentric Worlds in *Obasan*." *Canadian Literature* 109 (Summer 1986): 34-53.

Granatstein, J.L. *Who Killed Canadian History?* Toronto: HarperCollins, 1998.

Harris, Mason. "Broken Generations in *Obasan*: Inner Conflicts and the Destruction of Community." *Canadian Literature* 127 (1990): 41-57.

Howells, Ann Coral. "Storm Glass: The Preservation and Transformation of History in *The Diviners, Obasan, My Lovely Enemy*." *Into the Nineties: Post-Colonial Women's Writing*. Ed. A Rutherford, L. Jensen, S. Chew. Aarhus: Dangaroo Press, 1994.

Jackson, Rosemary. *Fantasy: The Literature of Subversion*. London: Methuen, 1981.

Jones. Manina. "The Avenues of Speech and Silence: Telling Difference in Joy Kogawa's *Obasan*." *Theory Between the Disciplines: Authority/Vision/Politics*. Ed. Martin Kreiswirth and Mark A. Cheetham. Ann Arbor: U of Michigan P, 1990. 213-29.

Kanefsky, Rachelle. "Debunking a Postmodern Conception of History: A Defence of Humanist Values in the Novels of Joy Kogawa." *Canadian Literature* 148 (Spring 1996): 11-36.

Kertzer, Jonathan. *Worrying the Nation: Imagining a National Literature in English Canada*. Toronto: U of Toronto P, 1998.

Kogawa, Joy. *Obasan*. Ontario: Penguin, 1985, rpt.

___. *Itsuka*. Ontario: Penguin, 1993, rpt.

Kristeva, Julia. *Strangers to Ourselves*. Tr. Leon S. Roudiez. New York: Columbia UP, 1991.

Lecker, Robert. "The Canonization of Canadian Literature: An Inquiry into Value." *Critical Inquiry* 16. 3 (Spring 1990): 656-71.

McAlpine, Kirstie. "Narratives of Silence: Marlene Nourbese Philip and Joy Kogawa." *The Guises of Canadian Diversity: New European Perspectives*. Ed. Serge Jaumain and Marc Maufort. Amsterdam: Rodopi, 1995. 133-42.

McFarlane, Scott, "The Haunt of Race: Canada's Multiculturalism Act, the Politics of Incorporation, and Writing Thru Race." *FUSE* 18. 3 (Spring 1995): 18-31.

___. "Covering *Obasan* and the Narrative of Internment." *Privileging Positions: The Sites of Asian American Studies*. Ed. Gary Y. Okihiro, Marilyn Alquizola, Dorothy Fujita Rony and K. Scott Wong. Washington: Washington UP, 1995. 401-11.

Makabe, Tomoko. *The Canadian Sansei*. Toronto: U of Toronto P, 1998.

Mickler, Steve. *The Myth of Privilege: Aboriginal Status, Media Visions, Public Ideas*. Fremantle: Fremantle Arts Centre Press, 1998.

Miki, Roy. "Asiancy: Making Space for Asian Canadian Writing." *Privileging Positions: The Sites of Asian American Studies*. Ed. Gary Y. Okihiro, Marilyn Alquizola, Dorothy Fujita Rony and K. Scott Wong. Washington: Washington UP, 1995. 135-51.

___. *Broken Entries: Race, Subjectivity, Writing*. Toronto: The Mercury Press, 1998.

New, W.H. *Land Sliding: Imagining Space, Presence, and Power in Canadian Writing*. Toronto: U of Toronto P, 1997.

Oiwa, Keibo, ed. *Stone Voices: Wartime Writings of Japanese Canadian Issei*. Montreal: Véhicule Press, 1994.

St. Andrews, B.A. "Co-Wanderers Kogawa and Mukherjee: New Immigrant Wrtiers." *World Literature Today* 66. 1 (Winter 1992): 56-58.

Sartre, Jean-Paul. "'Aminadab': or the Fantastic Considered as a Language." *Literary and Philosophical Essays*. Tr. Annette Michelson. London: Hutchinson, 1968. 56-72.

Simpsom, Jeffrey, "The trouble with trying to compensate groups for historical wrongs." *The Globe and Mail*, 14 June 1990.

Steiner, George. "Humane Literacy." *Language and Silence: Essays on Language, Literature, and the Inhuman*. New York: Atheneum, 1970. 3-11.

Turcotte, Gerry. "Australian Gothic" and "English–Canadian Gothic." *The Handbook of Gothic Literature*. Ed. Marie Mulvey Roberts. London: Macmillan, 1998. 10-19 & 49-53 respectively.

___. "Sexual Gothic: Marian Engel's *Bear* and Elizabeth Jolley's *The Well*." *Ariel: A Review of International English Literature* 26. 2 (April 1995): 65-91.

___. "Footnotes to an Australian Gothic Script: the Gothic in Australia." *Antipodes* 7. 2 (December 1993b): 127-34.

___. "How Dark is My Valley? Canadian and Australian Gothic." *Scarp* 22 (May 1993a): 26-32.

Willis, Gary. "Speaking the Silence: Joy Kogawa's *Obasan.*" *Studies in Canadian Literature* 12. 2 (1987): 239-49.

Zwicker, Heather. "Canadian Women of Color in the New World Order: Marlene Nourbese Philip, Joy Kogawa, and Beatrice Culleton Fight Their Way Home." *Canadian Women Writing Fiction.* Ed. Mickey Pearlman. Jackson, Missippi: UPof Mississippi, 1993.

"Identities Always in Process": Stories by South Asian Women Writing in Canada

Coral Ann HOWELLS

University of Reading

> Perhaps instead of thinking of identity as an already accomplished fact [....] we should think, instead, of identity as a "production" which is never complete, always in process, and always constituted within, not outside, representation. (Hall 392)

I shall begin this essay as the title promises, with Stuart Hall's observations on Afro-Caribbean diasporic identities in post-imperial Britain, because his perspectives would seem to be very helpful for thinking about diasporic subjects from racial minorities living in postcolonial Canada, and also for pondering the wider question of Canadian identity in its reconfigurations. Hall refuses to believe in essentialist notions of "authentic" identity for anybody, arguing that identities—both individual and collective—are always in the process of "becoming," or in other words, always under negotiation, constructed interactively in relation to environmental factors, which include social practices, language, education, economic circumstances, and responses to gender difference. With its emphasis on visibility and theatrical performance, his concept of the multiple dimensions of identity production would seem to be echoed and amplified in the Canadian context by Toronto South Asian feminist critic Arun Mukherjee, who speaks of her own awareness of being non-white in a country whose dominant collective representation is white:

> Moreover, "non-white" is only one aspect of my multiple identities, for I am also a woman of colour, a Third Worlder, a South Asian, an East Indian, an Indian, a Punjabi, and a Mukherjee (my patronymic caste marker). What term I use to describe myself and my subject matter depends on whom I am speaking to and what I am talking about. (James and Shadd 213-14)

We need to remember that this somewhat ironic bravura identity performance is generated by social constructions around colour and race: "Being 'just Canadian' is a privilege only white people enjoy in this country. It is we non-whites who are seen as deviants from the norm" (James and Shadd 213). When discussing recent fiction by women writers of South Asian descent in Canada, those representational frames for identity provide the lens through which to view the narrative and emotional impact of these stories.

In this essay, I shall address the following questions: what does living in "multicultural English Canada" feel like for women who belong to visible minorities (visible because they are not white)? And how might novels and stories help to shift the terms on which Canadian identity is being reimagined? If identity is constituted within representation, surely stories which offer alternative representations of these women's identities might be seen as forms of intercultural exchange? The big question, it seems to me, is this: how to give the rhetoric of "multicultural Canada" a meaningful content? Canada was the first country in the world to introduce a multiculturalism policy in 1971 under Prime Minister Pierre Trudeau, and this was codified into the Multiculturalism Act of 1988, which redefined discourses of nationhood and identity away from the white colonial heritage narrative of the two founding nations, Britain and France. In the *Tenth Anniversary Annual Report on the Operation of the Canadian Multiculturalism Act*, Prime Minister Jean Chrétien in his "Foreword" announced: "Multiculturalism is the Canadian Way [...]. Multiculturalism distinguishes Canada, as a country that not only cares equally about *all* its citizens but also believes that preserving the uniqueness of each holds the promise of a better future for all of us" (*Annual Report, 1998-99* iii). Certainly, as an ideology for a progressive and inclusive society, multiculturalism addresses ethnic and racial difference, though whether it has yet effected social transformation across Canada is still a matter of intense debate (Kamboureli, Bannerji). Interestingly, over the years since the Act came into operation, there has been increasing emphasis on racial difference over ethnicity, so that the "minorities" usually referred to are "visible minorities" or "people of colour." Arguably, this reflects the demographic reality of Canada since the liberalisation of immigration policies in the 1960s away from racial and ethnic discrimination in favour of a points system relating to skills, education, and employment prospects, a system which has shifted the relative proportions of European to non-European immigrants: "While European-born immigrants represented 90 per cent of those who arrived before 1961, they accounted for only 25 per cent of those arriving between 1981 and 1991" (Stasiulis and

Jhappan 118).[1] Predictions are that "in another generation, a single racial group will no longer represent a majority of Canada's population" (*Annual Report 1999-2000* 2). How might multiculturalism be opened out to the future in Canada as experiential reality, as social policy, as national self-image at home and abroad? As one Canadian whose father was born in Ecuador rather skeptically described the situation: "Supposedly we have a multicultural society, but how multicultural is a society that is constantly asking people with dark skin, accents, different mannerisms, and ways of dressing where they are from?" (Ramos 111). Surely, the answer to such dilemmas lies, at least in part, in changing methods of representation, for national identity too is malleable and irredeemably plural. Again, I take my line from Stuart Hall: "Identities are subject to the continuous 'play' of history, culture and power [...] identities are the names we give to the different ways we are positioned by, and position ourselves within, the narratives of the past"—and I would add, "narratives of the present" as well (Hall 394).

I have chosen three short stories which lead away from any grand narrative of an abstract "nation-space" into the representation of subjective spaces occupied by immigrant women all of South Asian descent. These stories, moreover, were written by women who are themselves of South Asian descent.[2] These writers are from very diverse backgrounds—this being a consciously eclectic selection in order to avoid the scandal of generalising any visible minority as "Others." Shani Mootoo, who describes herself in deliberately hybridised terms as "Indo-Caribbean-Canadian," was born in Ireland, grew up in Trinidad, and moved to Canada in the late 1970s; Shree Ghatage, born in Bombay, came to Canada in the early 1980s and was living in St John's, Newfoundland in the late 1990s when her first short story collection was published; Shauna Singh Baldwin, born in Montreal to Sikh parents who returned to India, where she was educated, came back to North America for postgraduate studies in Wisconsin, where she now lives as a Canadian citizen and a landed immigrant to the United States, married to an Irish American. It was also my deliberate choice to turn to the form of the short story, because it is often the genre used to introduce unfamiliar

---

1 It is worth noting that as a New World society, Canada has always been a country of immigrants and indigenous peoples, and that colonisation, as Stasiulis and Jhappan document, has included the recruitment of Asian and Caribbean workers, so that "immigration and settlement in Canada were considerably more ethnically and racially diverse than the white British settler agenda suggested. Indeed, it was this diversity which compelled the conscious construction of racial/ethnic hierarchy" (98).

2 The descriptive term "South Asian"was first used (in place of "Indo-Pakistani") in 1982 by M. G.Vassanji in his first issue of *The* Toronto *South Asian Review*, as Mukherjee notes in "How Shall We Read South Asian Canadian Texts?" in *Postcolonialism: My Living* (1998), 67-83.

subject matter into the literary arena. Both Mootoo and Baldwin have gone on to write novels (Mootoo's *Cereus Blooms at Night* was published in 1996 and Baldwin's *What the Body Remembers* in 1999), but they resorted to short stories to introduce marginalised voices of South Asian immigrant women and to deal with the social dilemmas of a group whose concerns are often regarded as of peripheral interest by the white majority. I have also included the view from a different angle, the representation of Shanita, a Toronto born woman of South Asian descent who does appear in a novel, *The Robber Bride*, by a white writer, Margaret Atwood.

These stories have different plots, but they all centre on moments of identity crisis, when each of the women protagonists has to confront her sense of "otherness" in Canada. That sense of othering has a long colonial history, in which racial or ethnic difference is perceived as a category of disadvantage and in which the other, "highly visible and totally invisible" is marginalised, inferiorised, excluded.[3] It is as if by being seen as "other," there is no context through which these women's individual identities may be recognised in their new country. These stories may be described as following a Quest pattern, searching for new narratives of home and belonging, but they are narratives pervaded by a sense of loss and dislocation. They are all structured around polarities—Here/There; Present/Past; Home/Foreign—as they explore what happens to a subjective sense of space and time when borders between countries and cultures are crossed. In every one of these stories, there is a split subject rather than a pluralised subject, since the self appears as the site of a double consciousness, shifting between two different worlds and at least two modes of self-figuring. How is the quest for repositioning or reinventing a subjective identity in a new context being negotiated? And how successfully? What are the bonds (if any) between subjective identity and Canadian national identity when constructions of "real Canadians" are predicated on whiteness? Lest we should think of these as particular immigrant crises, I have included a similar moment of othering being re-enacted again and again by Atwood's Shanita, who is still made to feel foreign though she was born in Canada. It is a version of that terrible question, "But where are you really from?," which

---

3 Much postcolonial theorising is concerned with the concept of alterity, e.g. Hall and Bhabha, though for specifically Canadian references to Othering, see Arun Mukherjee, "Canadian Nationalism, Canadian Literature, and Racial Minority Women" in *Postcolonialism: My Living*, 67-83; Himani Bannerji, "Geography Lessons: On Being an Insider/Outsider to the Canadian Nation" in *The Dark Side of the Nation*, 63-86; also the essays in Carl E. James and Adrienne Shadd, *Talking about Identity: Encounters in Race, Ethnicity and Language*. The quote about "visibility/invisibility" is from an essay in that collection by Japanese Canadian Stan Isoki, "Present Company Excluded, of Course ... Revisited," 60-71.

suggests the formidable individual complexities behind and within Canadian multiculturalism policies as they are translated at street level on a daily basis.

Shani Mootoo, "Sushila's Bhakti"

Everything about Shani Mootoo exceeds conventional classifications: as an artist, she is what we might call "interdisciplinary," for she is a painter and video maker as well as a short story writer, a novelist, and a poet; as a lesbian, she transgresses normative heterosexuality, and her transcultural identity position as "Indo-Caribbean-Canadian" marks her as a cultural hybrid. As one of her characters describes herself: "We is watered down Indians—we ain't good grade A Indians. We skin brown, is true, but we doh' even think about India unless something happen over dere and it come on de news" (Mootoo 45).[4] Mootoo writes funny, witty stories which offer a double critique of fantasies of cultural authenticity, both on the part of her Indo-Caribbean immigrants to Canada and of white Canadians with their cultural and racial stereotypes. "Sushila's Bhakti" recounts the story of a woman artist's search for her authentic cultural identity. She is a painter of South Asian descent from Trinidad, who has lived in Vancouver for ten years, and the story told from Shushila's perspective begins on the day when she locks herself in her studio, unplugs her telephone, and gets herself into position to perform her first ever act of Bhakti (a Hindu act of devotion to the Lord Krishna) in an attempt to retrieve "her fast-obliterating self-image" (61). It is symptomatic of Mootoo's address to a wide international readership that she explains within the story the terms from Hindu ritual and Indian culture, many of which, as she ironically points out, are as unfamiliar to Sushila as they are to her readers. Mootoo appears mildly satirical about her protagonist's search for her ancestral roots, though not about her imaginative need that inspires that quest; but everything about this act of spiritual devotion remains demonstrably *inauthentic*. Sushila has to negotiate her way into a cultural identity which, given her own hybridised Caribbean history, has never been available as a stable referential context. We are told that she has only ever done one beginner's yoga class at the local community centre in Vancouver and that she learnt the word "Bhakti" only days ago, which she re-interprets from a Western feminist point of view: "She couldn't bring herself to pray to an all-seeing, all-knowing, all-powerful God. And a male one too," so she decides to make her act of devotion to herself: "So the concept of S(s)elf—big S, little S—made much more sense" (59). We also discover

---

4 The Indo-Caribbean experience of India is distant by over 150 years, when indentured labourers were brought to work on sugar plantations after the Emancipation of negro slaves in the 1830s.

that she is using henna (mendhi) and metanil yellow dye for the first time ("Mendhi was not a part of her Indo-Trinidadian past" [60]), and that she has bought this in Vancouver not from an Indian Hindu but from a Ugandan Asian Ismaili shopkeeper who was himself an immigrant to Canada back in 1972, and who warns her about a Canadian government Rule 34 on the label against using it as food colouring: "he was obliged to make that clear" (65).

Sushila has a racial identity and an Indian name, but she feels that they are like lies about herself, for her cultural identity is already hybridised. She stems from a Hindu family with a Brahmin grandmother, but the strongest cultural influences in the colonial Trinidad of her childhood were always British as far as education and language went. Believing herself to be the product of "national cultural chaos," she remembers how her grandmother would read the children stories from the *Bhagavad Gita* and also teach them Christian prayers. Ten years after her immigration to Canada, Sushila goes searching for her Brahmin roots, "connections that could be excavated and polished up"—and she needs to embark on this private quest because, as a diasporic subject in North America, she does not know who she is any more: "Not properly Trinidadian (she could not sing one calypso [...] being a good Brahmingirl), not Indian (except in skin colour ...), certainly not White and hardly Canadian either" (60). In her desire to belong in her new country, Sushila seems to have been seduced by the notion of authentic cultural identity: she even tried to be "an authentic Canadian painter" (60), following other people's rules for what Canadian should be, which she translates, amusingly enough, into paintings of "large temperate-zone fruit and immense cold-country vegetables" (60), only to discover a double inauthenticity when everything in her paintings and her life turned saggy and colourless.

It is in response to the psychological condition close to alienation, in which the self—definitely with a small "s"—is seen as "defective, insignificant, and lacking the possibility of even seeing itself in more positive terms" (McGary 260), that Sushila undertakes her Bhakti as a struggle for survival against her overwhelming sense of otherness in Canada. Ironically, Canada, or at least Sushila's Vancouver, seems to be the place where "real Indians" live, who insist that she is not truly Indian, while white Canadians insist that she must be Indian (and not Canadian) because of her brown skin. Mootoo manages to narrate this dilemma of a doubly inauthentic identity with a mixture of seriousness and comedy: serious with regard to Sushila's yearning for lost origins and her search for the sacred, yet comic in the exposure of her individual westernised feminised adaptations of traditional rituals. Sushila's act of devotion is the activity of an artist, a high priestess of the imagination, who sets out to paint a picture (or perhaps a mandala for meditation);

moreover, she is using henna to do a painting *with* her hands, not *on* her hands—an innovation prompted perhaps by the secondhand nature of her activity, for she learns about henna from the bride of a South Asian friend living in Toronto. She mixes the henna into a paste with water and linseed oil (and a bit of polyfix as well, which might threaten the sanctity of her activity, but which she needs for its adhesive quality on her canvas). While doing this, Sushila would seem to be in a mood quite a long way from her desired "oneness with the universe," as she mutters angry incantations against British imperialism which she blames for her own loss of heritage and fragmented consciousness. As the narrative traces her quest for origins through her painterly activities, there are continuous ironic juxtapositions between Sushila's "delirious" sense of being transported back to a collective racial consciousness, her fantasised image of herself as a "Brahmin woman pundit" in an India she has never seen, and her realistic awareness that origins are infinitely recessive: "How far back need I go to feel properly rooted? I must be looking for an Indian Cro-Magnon" (64).

This is an artist's negotiation across memory and imagination, via the blur of colour from Caribbean Hindu and Muslim festivals in what is recognisably an act of "forgetting and remembering and inventing" (66). The story ends with the epiphanic moment of her painting, which combines very physical sensuous experience with Sushila's creative self-figuring:

> She was beginning to recognize in the painting, in herself, an identity being excavated. She played and fretted and worked and invented until she came to a junction where she could take a turn that skirted needing to be pinned down as Hindu, or as "Indian," or as Trinidadian (in themselves difficult identities to pin down) in favour of attempting to write a story of her own, using her own tools. There were brief moments, brief but empowering, when she felt one with her past. Fleeting. Like a teasing window that opened a crack and instantly closed. But she had become adept at grasping the glimpses, like a hand skillfully snatching flies out of the air. And her delight was transparent. Her finger and hand imprints in the mendhi practically squealed with ecstasy. (66-67)

Sushila sees it as an "excavation" of her true identity, but the story makes it clear that this represents nothing but an empowering fantasy. The ending is both ironic and celebratory of the artist's delight in figuring herself by telling her own story in paint. The painting does not so much evolve into a self-portrait as a nomad's map, a mixing of colours which eludes classification of culture, race and nation, ending with the word "ecstasy," the triumph of the creative imagination. In her ironic way, Mootoo is writing against both an individual's fantasies of authentic identity and also against the reification of ethnic cultural identities, which many people see as the major flaw in Canada's multiculturalism policies. Sushila has created a representation of her own hybridised identity through her painting—but she is alone in her locked room and still has to face the task of translating that self-representation into a relationship with the world outside her studio.

Shree Ghatage, "Heaven-Earth Difference" and "Sensible about Matters of Heart"

Shree Ghatage adopts a different positioning, and I really wish to comment here on the two frame stories in her collection *Awake When All the World Is Asleep*, for they focus on a young woman literally caught between two countries and two cultures. Shaila Goray comes from a middle-class Hindu family in Bombay; she goes to Winnipeg as a postgraduate medical student and falls in love with a young white mathematician from Halifax. Airports and plane flights figure largely in these stories, for these are restless narratives which debate serious questions about how free anyone is to choose her identity, and how much of identity is conditioned by family background and relationships. These stories prove fascinating because Shaila is caught between two different identities and two possible life stories, and she keeps shuttling between them. Is she a Bombay doctor's daughter whose destiny is laid out for her in India as her father's assistant and then as a bride in an arranged marriage? Is she an energetic young woman doctor with a choice of jobs in Calgary or Vancouver, who will marry a Canadian and emigrate to Canada? Either choice precludes the other: "It was as though home and Simon could not coexist" (Ghatage, "Heaven-Earth Difference" 14). On the one hand, Shaila's mother argues for a cultural identity based on family and inheritance; on the other hand, her Canadian lover argues for freedom of choice, though in the end it is he who turns out not to be free of family and cultural assumptions. He breaks off the relationship and marries a girl from his home town. Ironically, it is Simon who echoes the words uttered by Shaila's mother about Heaven-Earth difference between East and West, which is in turn an echo of Kipling's late nineteenth century ballad: "It's an East-West thing. You read the spaces and I see the stars" ("Sensible about Matters of Heart" 157).

The last story counterpoints the first one, with Shaila's visit to a female astrologer, the "wand-lady" in Madras, who like Simon is a star gazer, though her interpretation of Shaila's emotional chaos makes the young Canadian's reading look like a kind of myopia:

> Touching my right palm with her wand, she shook her head. "This boy, that other boy, no permanent thing, isn't it? Both, simply experience in life. You are being sensible about matters of heart therefore all worries behind. No cause for nervousness-doubt! From now on, everything will be right."

> My cynical side told me that she was making such ridiculously generalized statements that I shouldn't believe them. And yet, what she was saying made perfect sense. (158)

The wand-lady's reading puts Shaila's dilemma into a wider perspective not dissimilar to the distanced comprehensive view adopted by Ananda, the eye painter of the Buddha statue on the last pages of Michael Ondaatje's *Anil's Ghost*, as she frees the protagonist into indeterminacy once more. The final image is of the Ashoka trees on the driveway of the hotel in Madras, a seemingly static image of location, though for Shaila those trees are transformed into signs of dynamic motion, "like arrows reaching for the sky" ("Sensible about Matters of Heart" 160). The story ends on a deferral of any decisions, providing a perfect metaphor for a woman's identity *in process*, revolving in the transnational space of contemporary global communications.

Shauna Singh Baldwin, "Devika"

Shauna Singh Baldwin's stories in *English Lessons and Other Stories* began on a Milwaukee radio programme, "The East-Indian American Radio Show where you don't have to be Indian to listen" (175). Recognising her own hybridised identity (Indian, Canadian, and American), Baldwin cheerfully declared in an interview: "I hate purity with a passion ... I love the hybrid world ... I'm reinventing myself every day" (Methot 14). Yet, interestingly, many of her stories are about female silence and the fractured identities of immigrant women who find themselves totally isolated in North American cities. Set in Toronto, "Devika" is the story of a female immigrant casualty, in which Baldwin has taken the genre of popular romance and turned it inside out, so that it becomes the story of domestic trauma and of the breakdown of a marriage. Devika is a young bride newly arrived from Delhi in an arranged marriage, who finds herself living in a twenty-first floor apartment overlooking the Don Valley Parkway with a husband whom she hardly knows and who is determined to climb the corporate ladder in Toronto. This reads as a story of failed expectations on both sides, for these two young people are caught in an interlocking series of contradictory discourses of identity within social contexts that shift between private and domestic, on the one hand, and public workplace on the other. There is a clear binary division here which follows traditional gender roles, with Devika's values of "India, home and family" being rejected by Ratan's espousal of "Canadianness" and the North American success ethic, in which even ordinary words have slipped their moorings and changed their meanings. (Thinking of his white boss, Ratan notes that "In Indian English, mad means crazy. In Canadian English, it just means angry, but when Peter Kendall got mad Ratan couldn't tell the difference," [Baldwin 159]). Devika, trained to be "a sweet girl" and a dutiful Indian wife, suddenly finds that for "*Canadian* Ratan" such virtues make her unsatisfactory. She changes into a woman whose life has been emptied of meaning, and the story traces her disintegration to the point where she becomes a schizophrenic.

Focusing on some of the hidden (and not so hidden) subtexts within multiculturalism, Baldwin explores the complex interaction between immigrant aspirations, systemic racism in the workplace, and the tragic effects of isolation on immigrant wives who may go quietly mad staying at home all day. The narrative structure images the personal and social repercussions of such destabilisations of identity as it is told in blocks alternating between the wife's and the husband's points of view. The story presents a merciless anatomy of the alienated condition of two non-white middle-class immigrant subjects, othered from mainstream white Canadian society, from themselves, and from each other. Though the emphasis is on Devika's breakdown, she and Ratan represent two different faces of alienation: she splits in two, whereas he disintegrates: "His hair was falling out in patches [...]. He was leaving pieces of himself everywhere, all over Toronto" (169, 171). His stress-related symptoms are clearly linked to his smiling endurance of racist insults that are a constant feature of his professional life as a stockbroker, with hostile jokes about "foreigners," "immigrants," and "Pakis"—a process of negative othering which Himani Bannerji described in strikingly similar terms in "The Passion of Naming" as racist discourse "fraught with possibilities of self-division, if not active self-hatred or mimicry" (Bannerji, *Thinking Through* 24). In a desperate attempt to redefine himself and his life style in white Canadian terms, Ratan becomes what Judith Butler (speaking in a different context about mime and mimicry in drag performances) describes as "a subject who repeats and mimes the legitimating norms by which it itself has been degraded" (Butler, *Bodies That Matter* 131), memorably called a "mimic man," as Homi Bhabha reminds us (Bhabha 87-88). Like any non-white colonised subject, Ratan learns to be ashamed of his own culture and becomes schooled into racialised thinking in Canada.

Devika, on the other hand, has no sense of any relation to the dominant culture, for everything in her life is refracted domestically through her relation to Ratan and to his sisters, who live on the outskirts of Toronto in Brampton and Mississauga. As she knows nobody, Canada epitomises for her just an empty space which is not home, and the constant refrain of "No People" pervades her thinking. A curious feature of this text is that though it would seem to be realistic, the topographical details also possess a symbolic dimension, in which Canada always appears as a cold country, where the snow comes early, and in which Toronto is a high rise urban environment with "those faceless nameless people in cars for miles and miles around" (162). This represents Devika's psychic landscape of desolation, from which in her loneliness and bewilderment she retreats into the remembered world of childhood, where she reinvents her old Delhi schoolfriend Asha, "wilful, fun-loving, irreverent Asha" (156), the imaginary figure who comes to symbolise all the things that Devika would secretly like to become as an independent woman in Canada. Asha is Devika's uncanny double in a secret discourse of desire, for Asha likes "the high-heeled cowboy boots, the black patent leather shoes, the jean jacket, the motorcycle helmet, the bikini underwear, the printed socks, the lace camisole, the red velvet sway coat, the lipsticks and the rhinestone tiara" (170) which Devika never wears as they were not bought for her. Asha also demands Benson and Hedges cigarettes and an expensive Olympus camera, as Devika amasses all the signs of North American consumerism while still displacing them for her own conscious desires. However, that imaginary relationship becomes a serious pathological condition when Devika starts hallucinating, not only talking to Asha, but also talking as Asha and laughing "a knowing Asha laugh" (166). This pairing dramatises the struggle within Devika between two different cultural inscriptions of femininity (Indian and Canadian), a phenomenon which, though imaged less starkly, is nevertheless there in Mootoo's and Ghatage's stories.

The story becomes quite surreal in another way as well, for it establishes a curious complicity between husband and wife, as even Ratan is seduced by the evidence of Asha's presence to the point of wishing that Asha would love *him*. Asha is rather like Zenia in *The Robber Bride*, the fantasised Other Woman who figures all that a Good Woman most desires and fears, for this transgressive Canadianised Asha " had made the mistake of believing she was somehow ... *significant*" (168). This is a struggle to the death, which is staged dramatically in the car accident when everything—the car and Devika's body—veers out of control on snow-slippery Highway 401. Devika falls out of the speeding car when she opens the door, because her dupatta is caught in it, the dupatta whose symbolic value is underlined by Baldwin as "so much more than a scarf. It is a woman's modesty, her goodness, to be protected, cherished by her husband" (173). Holding on to the sign of her Indian feminine identity, Devika almost kills herself.

The story ends in the hospital at the moment of Devika's transformation:

> "How are you, Devika?" he asked.
>
> She tried to smile then, but the bruises on her face were too painful. She felt him sit next to her on the bed and winced as he took her hand. How was she?
>
> "I am Asha," she said, voice low and husky. "Devika was afraid of living here, so she just ... flew away."

> Ratan came closer. Asha, Devika—all the same to him. "Asha," he said, as though testing the name. The name means hope.
>
> "When you look better, Asha," he told her, "I will invite Peter Kendall and his wife to dinner."
>
> "When I feel better," said Asha, "I want ..." Speaking was difficult. "I want ... to go to Niagara Falls." And because Asha could live even if Ratan were to die, she said, "I want to take pictures of the falls and send them home to India."
>
> Then Asha closed her swollen eyes and felt Devika drift away as though she had never been. (174)

This is Devika's confession of her fears and her desires; it also represents her pitiful attempt at a redefinition of her identity, and Ratan accepts this in an ending which is supremely ironical, for "Asha" means "hope." Devika vanishes; she is located nowhere; separated from her family and from her husband, invisible in Canada, the only voice she has is that of the schizophrenic. Baldwin's story recognises the pain that may be involved in processes of cultural transformation, while ironically suggesting that the way to feel at home in a new country is to reinvent oneself as someone else—which perhaps amounts to a "nervous condition," or in this case, a "psychic disorder."

Margaret Atwood, *The Robber Bride*

As a coda to this discussion of non-white protagonists in fictions by South Asian Canadian women writers, I shall look briefly at Atwood's representation of Shanita, the one non-white character in *The Robber Bride*. This novel contains Atwood's most explicit interrogation of multiculturalism in Canada: who is a true Canadian? Though her concern is primarily with European ethnic immigrants, Atwood does offer a sharply satirical glimpse into how little English Canadian attitudes towards race have changed since the 1940s—or even since the nineteenth century—in her Toronto of the early 1990s. (Toronto is one of the three most ethnically and racially diverse cities in Canada. Are attitudes any different now, just over ten years later?) Seen from Shanita's perspective, multicultural Toronto comes across as a place rife with that "everyday racism" and "negative othering" which Himani Bannerji, Arun Mukherjee, and Hazelle Palmer record with such passionate political awareness. One quotation will suffice to demonstrate how Shanita cannot escape the daily realisation that she is one of a visible minority, always subject to the curious gaze of white Canadians in what one critic has recently described as "an active overcoding of her racialized body" (Morton 109):

> People coming into the store frequently ask Shanita where she's from. "Right here," she says, smiling her ultra-bright smile. "I was born right in

> this very city!" She's nice about it to their faces, but it's a question that bothers her a lot.
>
> "I think they mean, where were your parents from," says Charis, because that's what Canadians usually mean when they ask that question.
>
> "That's not what they mean," says Shanita. "What they mean is, when am I leaving." (57)

Atwood's satire against white racial prejudice is positively Swiftian here: "Satire is a sort of glass wherein beholders do generally discover everybody's face but their own!" (Swift 1). Shanita manages to survive and indeed to prosper in her shop called Radiance, where Charis is her sole employee, but only does so through her strategies of continual self-reinvention (the same methods which Baldwin says she employs in Milwaukee): "Sometimes she's part Ojibway, or else part Mayan, and one day she was even Tibetan. She can be whatever she feels like, because who can tell?" (57) Shanita's parade of multiple heritages satirises white fantasies of exotic otherness, just as she understands how cultural identity is very much a performance, "always constituted within and not outside representation" (Hall 392). There is a downside to this performativity as well, for her adaptability condemns Shanita to being an eternal nomad for whom "home" remains an elusive concept and is not *yet* in Canada; symptomatically, Atwood leaves Shanita's story unfinished.

To conclude, all these writers signal the gap between Canada's multicultural ideal and the everyday experiences of South Asian women in Canada, as they explore what difference racial difference makes, highlighting "the extreme difficulty of having to negotiate everything through race, gender and ethnicity" (Sanders 174). As realistic appraisals of individual women's identity crises, these stories do not offer solutions, but a more honest recognition of the differences and multiple affiliations within identity constructions and within Canadian society. What we all need to know is how a nation in the contemporary globalised context might shift its paradigm from Us/Them toward inclusiveness and transculturalism. Having read the *Annual Report on the Operation of the Canadian Multiculturalism Act* over a number of years, I believe that Canada's multiculturalism policy itself is endlessly subject to revision, and the latest *Annual Report* places a new emphasis on the need to hear individual stories from ethnic and racial minority subjects, which is exactly what these women's stories provide. Having these published and reading them might contribute towards revising the rhetoric of multiculturalism into a more flexible response to the "irredeemably plural nation-space" of Canada.

Works Cited

Annual Report on the Operation of the Canadian Multiculturalism Act, 1998-1999. Ottawa: Department of Canadian Heritage, 2000.

Annual Report on the Operation of the Canadian Multiculturalism Act, 1999-2000. Ottawa: Department of Canadian Heritage, 2001.

Atwood, Margaret. *The Robber Bride*. London: Virago, 1994.

Baldwin, Shauna Singh. *English Lessons and Other Stories.* Fredericton: Goose Lane, 1999.

Bannerji, Himani. *Thinking Through: Essays on Feminism, Marxism and Anti-Racism*. Toronto: Women's Press, 1995.

—. *The Dark Side of the Nation: Essays on Multiculturalism, Nationalism and Gender*. Toronto: Canadian Scholars Press, 2000.

Bhabha, Homi K. *The Location of Culture.* London and New York: Routledge, 1994.

Butler, Judith. *Gender Trouble: Feminism and the Subversion of Identity.* London and New York: Routledge, 1990.

—. *Bodies That Matter: On the Discursive Limits of "Sex."* London and New York: Routledge, 1993.

Ghatage, Shree. *Awake When All the World Is Asleep.* Toronto: Anansi, 1997.

Hall, Stuart. "Cultural Identity and Diaspora." *Colonial Discourse and Post-Colonial Theory*. Ed. P. Williams and L. Chrisman. New York and London: Harvester-Wheatsheaf, 1993. 392-403.

Isoki, Stan. "Present Company Excluded, of Course ... Revisited." *Talking about Identity*. 60-71.

James, Carl E. and Adrienne Shadd, eds. *Talking about Identity: Encounters in Race, Ethnicity, and Language*. Toronto: Between the Lines, 2001.

Kamboureli, Smaro. *Scandalous Bodies: Diasporic Literature in English Canada.* Toronto: OUP, 2000.

McGary, Howard, "Alienation and the African-American Experience." *Theorizing Multiculturalism: A Guide to the Current Debate*. Ed. Cynthia Willett. Oxford and Malden, Mass.: Blackwell, 1998. 259-75.

Methot, Suzanne. "Lives of Girls and Women: Interview with Shauna Singh Baldwin." *Quill & Quire* 65.9 (September 1999): 114-15.

Mootoo, Shani. *Out on Main Street and Other Stories.* Vancouver: Press Gang, 1993.

Morton, Stephen. "Postcolonial Gothic and the New World Disorder: Crossing Borders of Space/Time in Margaret Atwood's *The Robber Bride." BJCS* 14.1 (1999): 99-114.

Mukherjee, Arun. *Postcolonialism: My Living*. TSAR, 1998.

Palmer, Hazelle, ed. *But Where Are You Really From? Stories of Identity and Assimilation in Canada*. Toronto: Sister Vision, 1997.

Ramos, Howard. "It Was Always There. Looking for Identity." *Talking about Identity.* 104-14.

Sanders, Leslie. "White Teacher, Black Literature." *Talking about Identity*. 168-76.

Stasiulis, Daiva and Radha Jhappan. "The Fractious Politics of a Settler Society: Canada." *Unsettling Settler Societies: Articulations of Gender, Race, Ethnicity and Class*. Ed. D. Stasiulis and N. Yuval-Davis. London: Sage, 1995. 95-131.

Swift, Jonathan. *The Battle of the Books. Jonathan Swift*. Ed. A. Ross and D. Woolley. Oxford and New York: OUP, 1984. 1-22.

Re-configuring the Postcolonial Paradigm: The Fiction of M. G. Vassanji

Jeanne DELBAERE

Université Libre de Bruxelles

> "[...] when two elephants fight, it is the grass that is injured ... But the grass is persistent ... when the elephants are gone, the grass keeps on growing and proliferating [...]" (*The Gunny Sack* 46)
>
> "We are but creatures of our origins, and however stalwarty we march forward, paving new roads, seeking new worlds, the ghosts from our pasts stand not far behind and are not easily shaken off." (*No New Land* 9)

"Memory, Ji Bai would say, is this old sack here, this poor dear that nobody has any use for any more." This is the opening sentence of *The Gunny Sack*, Vassanji's first novel published in 1989. Ji Bai, the narrator Salim's grand-aunt, has just been buried in the unspecified cold overseas country to which he himself has emigrated. Before dying, the old woman had insisted that the sack be delivered to Salim by another of her grand-nephews who had been her companion during the last years of her life. Looking at what a critic has called "the suitcase of the 'insignificant' poor" (Sarvan 515), the narrator comments:

> It sits beside me, seductive companion, a Shehrazade postponing her eventual demise, spinning out yarns, telling tales that have no beginning or end, keeping me awake night after night, imprisoned in this basement to which I thought I had escaped. (There should be no misunderstanding. This drab gunny is no more Shehrazade than I am Prince Shehriyar. She is more your home-grown type, a local version, good at heart but devoid of grace—yet irresistible—whom I name this instant Shehrbanoo, Sheru for short. Sherbanoo, Shehrazade, how close in sound, yet worlds apart.) (5-6)

The gunny sack, the repository of the family's memories, becomes the subaltern storyteller recontextualized into Sheru, a local, home-grown version of the well-known Arabian figure. Such re-encoding is a typical feature of Vassanji's fiction. Writing about the world he knows, he abides faithfully by its specific images and cultural artifacts. Systematically privileging the metonymic mode of writing, he makes ample use of synecdoche like the gunny sack itself, "something distinctly South-Asian in origin" (Parameswaran 195), and the concrete objects it contains, each closely linked with Ji Bai's personal experience and, by extension, with the community to which she and the narrator belong. Vassanji applies the same method to history, which he regards as "very much an accident of time and person" (Rhodes 108). He does not attempt to reconstruct African-Indian history as a whole, but as it is filtered through individual voices at a certain time and in a certain place. Thus the coming defeat of the Germans in the first World War is represented metonymically by rumours about the trembling of the "Mdachis" when the *Koniki* (the *Königsberg*, a German warship) is sunk voluntarily to prevent the British from coming up close and lies "mouth open like a dead fish" (46) on the Rufiji river.

Such stories can only come from the pre-literate oral tradition represented by Sheru. Triggered off by each of the disparate artifacts in the gunny, they largely account for the loose structure of the novel, which does not unfold along a regular chronological line, but consists of

> Wisps of memory. Cotton balls gliding from the gunny sack, each a window to a world ... Asynchronous images projected on multiple cinema screens ... Time here is not the continuous coordinate of Mr Kabir [...] but a collection of blots [...] each [...] in wait for you like a black hole from which you could never return—(112)

Here is such a "cotton ball gliding from the sack"; the place is the flooded piece of land behind Salim's school, where he used to wade with his schoolmates during the rainy season:

> Once when the water subsided, an Indian woman's body was dragged out ... rotting flesh, fragments of a sari, unclaimed, not missed ... Suicide, they said, or murder; what matter? Perhaps she could not bear a child. Perhaps she did not bring a good enough dowry. Why this fragment, Sheru, this frayed remnant of a memory? A tribute, she says, to an unknown woman, a woman with her own memories and her own world. (110)

This loose fragment offers an interesting example of Vassanji's concern for those whose lives are regarded as too insignificant to be worth recording. The community he comes from might very well have known the same fate as the unknown Indian woman of the above passage, had he not given it voice by writing about it. It is that of the diasporic "Baniyas" or shopkeepers, a portion of Indian society which, as Arun Mukherjee pointed out, has always been despised in India and has therefore remained largely invisible.[1] Before Vassanji, nobody had thought them important enough to write about them, even though, like the unclaimed woman of the quoted passage, they too had their own memories and their own world.

It is therefore from the regional angle that, like Margaret Laurence and Jack Hodgins or like Faulkner and Ngugi, two writers he greatly admires, Vassanji approaches his characters, some of whom also recur from one book to the next. However, the place he wants to put on the literary map is not in Canada like Manawaka and Vancouver Island, but in East Africa; and, in his own words, "it is an artistic challenge to bring a place like Dar es Salaam to Canada" (Kanaganayakam 132). Neither is it a fixed place: the Dar es Salaam he knew under colonial rule is disappearing so rapidly that it threatens, if unreclaimed, to be lost for ever. He must therefore recreate a world and a way of life that exist only in his own memory, thus becoming, in his own words, "the writer as a preserver of the collective tradition, a folk historian and myth maker" who "having given himself a history [...] liberates himself to write about the present. To borrow an image from physics, he creates a field space—of words, images, landscapes—in which to work with, and instal the present" (Vassanji, *A Meeting of Streams* 63). Vassanji himself could only instal the present of *No New Land* (set in Toronto) after writing *The Gunny Sack* and that of *Amriika* (set in the U.S.) after writing *Uhuru Street* and *The Book of Secrets*.

The founding myth of diasporic groups is often that of a Promised Land. Salim has heard the elders' story about the bearded man in a long white robe who one evening appeared to the people of Junapur in India and predicted that a saviour would come from the West. As his name was Shamas, they called themselves Shamsis.[2] As time passed and the

---

1 "*The Gunny Sack*, I may say, is the first book from the perspective of the Baniya community, a community about whom negative phrases abound in the Indian languages that I know, namely, Hindi, Punjabi and Bundelkhandi. Baniyas, according to these aphorisms are miserly, cautious, uncultured and cowardly. Mahatma Gandhi, of course, was an exception" (*Oppositional Aesthetics* 173-74). In the same book, Mukherjee explains that she was amazed to discover in Vassanji's novels a part of Indian history which she had never been taught at school and which was nowhere recorded in the official history books of India. I am indebted to her illuminating comments on M. G.Vassanji for my discovery of that author. Having lived in the nearby Belgian Congo for the two years before Independence, the world he portrays is more familiar to me, a Belgian francophone, than to a South Asian academic in Canada or, for that matter, than to an ordinary Canadian reader. There were many such small trading communities in the Congo—Greeks, Levantine Jews, Lebanese—living very much like Vassanji's Shamsis, i.e. in an intermediate *no man's land* between the Belgians and the Africans.

2 Vassanji has explained in an interview that his Shamsis are "inspired by the Ismailis but they are not identical with them [...]. My reason for creating the Shamsi at the

promised saviour failed to arrive, poverty and communal conflicts drove Salim's great-grandfather, Dhanji Govindji, to go and look for him across the ocean. After staying for a year in Zanzibar, Dhanji joined a small caravan southwards on the slave route of the continent. In 1885, the year when Karl Peters was signing up the land around Dar es Salaam for Bismark, he stopped at a place called Matamu, asked for the *mukhi* (the spiritual leader of the community), was provided with an empty store and some merchandise on credit to start up with. To this was added, for thirty rupees, an African slave named Bibi Taratibu, who bore him a son Huseni. Summoned home to find himself a suitable wife, Dhanji stopped in Zanzibar, where he married the daughter of a family of slave owners. Bibi was thrown out while Huseni was allowed to remain in the household, provided he no longer saw his mother. He eventually joined her and disappeared with her for ever after being savagely beaten by his father for ignoring his orders. A century after his ancestor's arrival in Matamu, Salim has settled further west in another Promised Land which we may assume to be Canada, though this is never clearly specified in the novel. The appeal of Canada for westernized South Asians[3] was particularly great after the nonracist immigration policy of 1967. Shamas Pir, the Shamsis' holy man in India had promised them "a saviour from the west, and they had waited for hundreds of years. Now it seemed to some that he had come, not a pir, but a Pierre, Trudeau of Canada, promising a cold Eldorado in the north" (248-49). It is in this "new land" which he sees only from its very bottom, a shabby basement, that Salim comes into his legacy.

Like Rushdie's Saleem in *Midnight's Children*, Vassanji's Salim shares a number of features with his author. Vassanji was born in Nairobi in 1950 at about the time when Salim was also born there. His great-grandfather on his father's side was the first to come to Kenya. His

---

time, though I still think it was a wise choice, was to allow for a certain fictional freedom. If I were to write about a real religious group, then my dates would have to be exactly right. I don't care for that degree of detail; it is not part of my fiction. The Shamsi could have been any other group from India but I just happened to pick this one. There are other groups with similar backgrounds. But to stick to reality, to the facts, just makes fiction boring and restrictive" (Rhodes 116-17).

3 In the *Wasafiri* interview, Vassanji explains that his community did not start out as wealthy but prospered in the 1950s and 1960s, becoming more westernized in the process. They founded their own schools and decided that the community would get educated in English "and once you took that route then you had to finish it and wind up somewhere in Britain or Canada or the United States. Whereas other communities were more traditional, they believed more in the Islamic education for example and therefore westernization did not appeal to them; [...]. In East Africa if they ever left they would leave not for the West but they would go to Iran or some of the Arab countries, the Emirates or Oman, where a lot of Arabs came from, or they would go to India or Pakistan, but they would not go to the West" (Nasta 20).

grandparents on his mother's side moved from India to Zanzibar and onwards to Mombasa, then from Mombasa to Dar es Salaam. His family also belonged to a Moslem community of Baniyas or shopkeepers: his father was a salesman in a department store in Nairobi; after his death in 1955, his widow moved with her five children to Dar es Salaam, where she opened a clothing store.[4] Like Salim, Vassanji spent his childhood in Kenya and Tanzania. Like him, he emigrated to a cold country overseas. The only significant difference between them is the African great-grandmother, Bibi Taratibu, who has no counterpart in Vassanji's own life even though she is an essential element in *The Gunny Sack*. Indeed, Vassanji has claimed that Salim's African roots were "the driving force in the novel, its African spirit" (Kanaganayakam 129) and that the name Salim was chosen deliberately because it could be both Indian and African (Salum in Kiswahili). Salim's African connection is further emphasized by his nickname "Kala" (black in Hindi) given him by his mother Kulsum. In Kulsum's personal version of Genesis, the creator made three identical dolls out of a piece of dough. When he put them in the oven, the first, the white race, came out underdone. The second, the black race, came out burnt. Only the third, the Asian, came out golden brown and perfect. Hence her two sons' nicknames: "Sona and Kala: our nicknames. Gold and black. The colours of Africa" (12).

The two brothers—the only two male descendants of Bibi Taratibu—are not only different physically, they also have diverging interests: while Sona, the scholar, is fascinated by his Indian origins, Kala, the dreamer and the storyteller, is obsessed with his Africanness.[5] He is convinced that his great-grandfather's betrayal of his African wife was also his original sin, the curse that was to lead to his desperate quest in search of his lost son, to his relinquishing of his moral role as the community's *mukhi* when he started dipping into community funds to finance this quest, and eventually to his tragic death by murder. Salim shares his love of Africa with Ji Bai, the legitimate wife's daughter-in-law, who significantly chooses *him*, the illegitimate, "impure" descendant of Bibi Taratibu, to record the history of their family/community.

"Anything that stinks of purity is just abominable," Vassanji once declared,[6] an opinion also shared by his Janus-faced *persona*. Salim,

---

4 For these biographical details, I am indebted to Smith 28.

5 Together Kala and Sona represent the conflicting identities of their author, half Indian, half African, at once creative writer and academic, critic and editor: "I introduced this tension because at one point I was very interested in the academic digging up of history and the two brothers represent two sides of my own interest" (Nasta 21).

6 "Anything that stinks of purity is just abominable. I personally cannot tolerate these calls to purify. The pressure to purify is very much what happens when a small group of people who came from a small part of India suddenly emerge into the world. The

who reappears as Ramji in *Amriika*, is clearly in favour of interracial marriages, while Sona, who also reappears in Vassanji's latest novel,[7] remains strongly attached to the religious syncretism which his community has managed to retain over the centuries. At the end of *The Gunny Sack*, Salim falls in love with Amina, an African activist, but the past weighs too heavily on the present for their relationship to be successful and Amina leaves him in an ironic reversal of his ancestor's story. Like Salim, Ramji falls in love with Rumina, an African girl from Tanzania. Once again, history comes between them when Ramji realizes that his beloved is the daughter of a communist African leader who, by imposing forced marriages between Africans and Asians to integrate the races had caused much misery in his own community. As in the first novel, the tensions of the past cannot be washed away easily, but Ramji and Rumina manage to go beyond them. However, new obstacles arise from a different quarter when "Michel," a Shamsi from Dar es Salaam living in Michigan and suspected of being involved in the terrorist attack of Ashfield, is caught by the police in their home. Rumina leaves Ramji after Michel's suicide and has not yet returned at the end of the book.

Meanwhile, Ramji's friend Sona, a respected university professor in Boston, is concerned with another form of "impurity": he has taken up a cause against encroaching orthodoxy among his Shamsi community, deploring its new policy "to purify itself of so-called Hindu idolatry and move closer to a cleaner mainstream Islam" (204). He hopes to complete his history of the Shamsis and their precious syncretistic beliefs before the fundamentalists can produce their own revisionist version of it. Originally, the Shamsis were Hindus converted to an esoteric sect of Islam by a refugee from a Persia ravaged by the Mongol Khans. In the religion he founded, elements of Islam combined with the Hinduism of his new environment. When the Shamsis settled in colonial East Africa their beliefs became tainted with African animism as Corbin, the British administrator, discovers at his own expense in *The Book of Secrets*. After the turmoils of Independence, those with enough money and with an English education emigrated further west to Britain or North America as do Ramji and Sona in *Amriika*. But the syncretism of the past is more and more difficult to hold on to under the pressure of what Sona regards as the new "Arabic Islamic Imperialism" (205). When he writes that "for their faith to take root in this new country, the Shamsis must adopt the

---

world has its own idea of what constitutes Islam, Hinduism or Christianity, and then tries to impose these ideas on all others. So, paradoxically, the more modern you become the more fundamentalist. This is very ironic and a very strange phenomena. The modern world demands a narrowness where there used to be a greater degree of tolerance" (Rhodes 116)

7 In *Amriika*, Sona is no longer the narrator protagonist's brother but one of his schoolmates who left Dar es Salaam for Boston with him on the same flight.

value and icons of America," and suggests "Emerson, Lincoln, and Martin Luther King as examples" (205), he receives e-mails full of hatred and threats from fundamentalists. With the globalization of religion the small local mosques with the *mukhi* as the central moral authority tend to be superseded by large transnational networks with big imperialistic centres sending instructions worldwide via Internet.

In the last story of *Uhuru Street*, ironically entitled "All Worlds are Possible Now," the Indo-African narrator returns to Dar es Salaam after spending ten years in Canada. He falls in love with the religion teacher's daughter Latifa, who at first reciprocates his feelings but eventually, under the influence of her family, leaves him for Lateef, one of his old schoolmates. Lateef is indeed very rich, having left Canada after only one year to make his fortune in Saudi Arabia. He commutes regularly between home and Saudi Arabia, bringing gifts for everybody and telling thrilling stories about the wealth, arrogance and influence of the Arabs. For many of the young, the Arab world now seems to have the same fascination as the West used to have for the Salims, Ramjis, and Sonas of the preceding generation.

The Indian shopkeepers' fortunes have always been linked to the rise and fall of great empires—Moghul, British, American, Arab—in which they occupy an intermediate position between the colonizers and the colonized. In colonial Africa, this position was inscribed in the very spatial configuration of the towns, represented metonymically by Uhuru Street, the new name of Dar el Salaam's main street (*Uhuru* meaning "independence" in Kiswahili), which "began in the hinterland of exclusively African settlements, came downtown lined by Indian shops, and ended at the ocean ... Here ... Uhuru Street met the world" (*Uhuru Street* xi). Behind their counters, the Indian *dukawallas* catered for Africans and Europeans alike while remaining separated from either.[8] After Independence, they were forsaken by both. Nurdin Lalani, the protagonist of *No New Land* who had taken the Europeans' higher positions as a matter of course during colonial rule, cannot help feeling bitter when his African friend Charles rises above him and gets the promotion he had himself coveted. The worst is still to come, however, when he and his family, on their way to Canada, are refused permission to land in the United Kingdom and visit London, the colonial's dream, "a city they all knew in their hearts" (33). During the first World War the Indian traders with their British passports were caught between the two fighting European powers. Those who lived in German East Africa found themselves

---

8 For Peter Tirop Simatei, "The shop, with its counter forming a sort of barrier between the shopkeeper and the buyer, comes to symbolise the nature of the relationship between the Asian and the African socio-political ambience in East Africa" (Simatei 94).

overnight in the awkward situation of having become alien subjects, cut off from their families in India, Zanzibar, and Mombasa. In *The Book of Secrets*, Pipa, the shopkeeper, is made to spy, very much against his will, for both the Germans and the British. In *Amriika*, the politically lukewarm Ramji is unwittingly involved in extremism when the left-wing activist Lucy Ann-Miller in the Boston of the 1960s and the right-wing "Michel" in the Los Angeles of the 1990s both seek shelter in his room because the police are after them for acts of terrorism.

Vassanji's own intermediate position between the Third World and the West and his inside knowledge of both sides often enable him to turn upside down—or at least to readjust—in his fiction the stereotypes of good natives and bad colonizers.[9] Despite the spatial and administrative separation between the races, at the individual level there was often less discrimination in colonial Dar es Salaam than in the officially multicultural Toronto of *No New Land:* in *The Book of Secrets*, the *mukhi* has an African wife, the British agnostic Gregory and the Christian Goan Fernandez both teach in the Shamsi school, and the beautiful Mariamu is rescued from the hands of the maalim[10] or exorcist by the British administrator. Things changed after Independence. The Indian shopkeepers were terrified to hear about the massacres of Arabs in Zanzibar and about Idi Amin's sudden and arbitrary expulsion of all Asians from Uganda. True, many of them felt it was below their dignity to give up their British passports and become citizens of the new African state, but nothing had prepared them for the confiscation of their rental properties, often acquired the hard way by several generations. In *The Gunny Sack*, Salim's Uncle Hassan is certainly the last to deserve being a victim of the infamous nationalisations:

> Hassan Uncle treated African patients, Ramzani treated Asian grandmothers. Every day Africans from the neighbourhood flocked to Hassan Uncle's store, holding their sides in agony, their heads with pain, pointing to stubbed toes and ingrown nails, rubbing their stomachs, coughing and sneezing, carrying screaming infants and holding weeping pubescent girls ... and went away with a remedy. Thus had gone up Ushirika House. My uncle Hassan, no Albert Schweitzer or Mother Teresa; but 'Ask how many people I treated, how many miseries I took away [...]' (243)

Vassanji's fiction also deconstructs a whole series of homogenizing labels. An Indian can also be an African, a Third Worlder does not necessarily resist the Western world, a racist is not necessarily white, a

---

9 In his excellent article on the *Gunny Sack*, Huttunen notes that the narrator's state of ambivalence "is actually threefold since he is outside both the African and the British discourses" (14).

10 "Maalim" is both a Swahili and an Indian word. Likewise, the practice of exorcism is resorted to by both the Shamsis and the Africans.

terrorist is not necessarily an Islamic fundamentalist, a colonial British administrator is not necessarily a bully, and a foreign shopkeeper in the colonies is not necessarily "among the oppressors" (Mukherjee 173).

In the new nation state of Tanzania, Salim's African girlfriend Amina insists on calling him "Indian," though he was born in Africa as were also his father and grandfather. When she reminds him that his ancestors financed the slave trade, he replies:

> 'Not all of them—'
>
> 'Enough of them!'
>
> ... And what of *your* Swahili ancestors, Amina? If mine financed the slave trade, yours ran it. It was your people who took guns and whips and burnt villages in the interior, who brought back boys and girls in chains to Bagamoyo. Not all, you too will say ... (211)

When Lucy-Ann Miller in *Amriika* tells Ramji that she has left the comfortable bourgeois home of her parents to take up the cause of the Third World, i.e. of *his* world, he reflects:

> The general politics are correct, I think. But she has no inkling of the world I come from. In our house when I woke up and went to brush my teeth, there would be inch-long cockroaches scurrying about. Nothing romantic in that. And in my country Indians like me are sometimes called foreigners even though we've been there more than a century. There are people who want to leave, go away to Britain or America, does she realize that ... I am Indian and African and all screwed up with Western education, and all she sees is "Third World." (152)

The small Shamsi community itself is far from homogeneous. In California, Ramji joins *Inqalab* International, a revolutionary organisation ("Inqalab" is a Urdu-Hindi word for "revolution") composed of Shamsi marxists who share the same ethnicity, a common history under the colonial yoke, and Third Worldness. At the time of the "Phantom affair," he realizes that for all their political radicalism several of his *Inqalab* colleagues are not prepared to tolerate strong religious dissent. For them, the subversive "K.Ali," whoever (s)he may be, is a terrorist whose extreme pronouncements can only reinforce the negative views of Islam currently in vogue in the Western world. Neither do they accept to publish an article in which "Michel," a former member of the "Restore Iran Movement," unwillingly involved in the bombing of the Ashfield bookstore, intends to denounce the activities of that movement supported by the American right wing and funding terrorist acts to discredit the Islamic movements.

Having himself risen from his Third World condition to a fairly comfortable position in an affluent country of the West, Vassanji warns against "wallowing in the victim syndrome." "We have to address *our* own failings as people and human beings," he says, "—there is no point in blaming Rwanda, Idi Amin, the horror of Indian communal conflicts, Islamic fundamentalism, only on the Belgians, the British and so on. And we have to be aware of the *new* imperial order" (Kannaganayakam 134). Instead of nursing a grudge against the Africans or denouncing the racism of his host country—which he sees as real enough but not worse than elsewhere—he does indeed address his own failings, particularly towards Africa[11]—a recurring theme in his fiction. The country of his birth is represented by several warm-hearted motherly African women shamelessly abandoned or betrayed by members of his community: Bibi, the African slave used and discarded by Dhanji Govindji; Mary, the old servant betrayed by Salim's parents, who, at the time of the Mau Mau uprising, hand over to the police the son she had brought to their place for protection; Ramji's grandmother, the old healer, singer and dancer who educated him and whom he left behind "in that country in Africa that would gradually over the years assume the shape of a thorn to prick his conscience" (*Amriika* 188). The political indifference of Vassanji's Indian shopkeepers is a feature they share with other diasporic trading communities around the world:

> Among the trading immigrant peoples, loyalty to a land or a government, always loudly professed, is a trait one can normally look for in vain. Governments may come and go, but the immigrants' only concern is the security of their families, their trade and savings. Deviants to this code come to be regarded and dismissed as not altogether sound of mind. (*The Gunny Sack* 52)

Never being permanently at home wherever they are and having therefore to be constantly on the alert, they merely live from day to day, sticking prudently to the safe neutrality of their "in-betweenness," an attitude which sometimes verges on cowardice.

As a member of a community with a long history of displacement over four continents—India, Africa, Europe, America—and himself a product of everything that has gone into him—Africa, India, Britain, America, Canada, Hinduism, Islam—Vassanji is able to place European colonialism in a more comprehensive perspective than is generally offered in postcolonial theory. The large topical issues he addresses in his fiction, like the loss of traditional values, the new sectarianism, the rise of religious fundamentalism, are indirectly linked to the colonial encounter, but go far beyond the perspective generally offered in postcolonial literature. Processes of domination existed before European colonisation and have since extended beyond it to take on new forms.

---

11 "I think if the Asians had remained there and been allowed to maintain the structures that they had set up—the educational system, the health system, businesses—then the country would have been in a much better shape than it is now" (Nasta 21).

Born in colonial Africa, he himself is already two continents away and two imperialisms further. The hazards of history have often turned former oppressors into victims and vice versa. Closely-knit communities like that of his Shamsis find it difficult to retain their traditions in the modern world. Truthfully and with sympathetic affection, Vassanji depicts their tribulations in the independent African states or in the new lands where they emigrate. With the same gentle humour, he exposes their political lethargy, their opportunism, their awkwardness in the new lands, their sense of superiority towards races they consider as inferior.

The a-typical position of Vassanji's Shamsis in the postcolonial landscape may explain why his fiction has not been more successful with white Canadian critics. In *Post-National Arguments*, Frank Davey explains in a footnote that novels such as Nino Ricci's *Lives of the Saints*, Moyez Vassanji's *The Gunny Sack*, and Rohinton Mistry's *Such a Long Journey* have been left out of his selection of texts because they "contain few if any significations of Canada or of Canadian polity" (Davey 7). Contrary to Davey, I think that the work of Vassanji is particularly relevant to Canada. Indeed, should the ambiguous role of his Indian shopkeepers in colonial Africa not lead white Anglophone Canadians to re-examine their own collusion with British colonizers on the one hand and their victimization of their own aboriginal people on the other? Does the gentle Bibi, sold to Salim's ancestor "for comfort on lonely, breezy African nights" (23), not have her counterpart in the aboriginal women given to the early settlers as a gift for cold nights during the long Canadian winters? Conversely, should the cultural exclusiveness of the Shamsis, sticking together in colonial Africa (*The Book of Secrets*), in the American melting pot (*Amriika*), or in the Don Mills apartment buildings of the Toronto mosaic (*No New Land*), also not lead some migrants to question their own distrustful attitude towards their host country? Reconciliation requires that, like the individual, a nation or a community be able to address its own failings and to identify itself as *both* victim and victimizer. It also requires the retrieval *and* the transcending of the past. At the end of *The Gunny Sack*, Sheru "lies on the floor, crumpled, her throat cut, guts spilled, blood on the floor" (268). Now that she has played her part by providing Salim with enough stories to reconstruct the past, the latter is free to look forward to the future even if that means, he inwardly tells Amina—at once his lost love and his baby daughter—"to embrace the banal present, to pick up the pieces of our wounded selves, our wounded dreams and pretend they're still there intact, without splints, because from our wounded selves flowers still grow" (268-69).[12]

[12] In my article on the Irish past in *The Invention of the World* and *Away*, I show that Hodgins and Urquhart both regard memory as the indispensable foundation of the

After the September 11 attacks on the U.S., Vassanji's latest novel *Amriika* published in 1999 sounds in retrospect particularly prophetic. A terrorist bombing and a victim are needed to make a white American, Federal Inspector Will Jones, enter the South-Asian protagonist's narrative. While investigating the terrorist case, the inspector is also led to investigate the state of his own multicultural country: "Disaffections lurk beneath the surface of our democracy, he explains; grievances against history and fate threaten to tear at its fabric; these defects in our pluralist society have to be understood by the guardians of its security" (408). He also wants to know how a person like Ramji "—haunted by the ghosts of faraway places—ticks in its alien manner" (351). Very soon, he and Ramji play tennis together and exchange ideas about their respective worlds. Canada is not America, but it must not wait for another terrorist attack to become truly interested in the culture and religion of its migrants and in the contents of their gunny sacks. Neither should its diasporic communities continue to remain closed to a host country which after all has given them the home and the security they could not find elsewhere. From this perspective, it is high time, it seems to me, to reconfigure or even replace terms like "postcolonial" and icons like the Canadian mosaic. True cross-culturalism demands a new terminology and a new iconography. It also demands that ethnic and aboriginal writers and critics play more than a footnote part in their coinage and conception.

Works Cited

Davis, Rocio G. "Negotiating Place/Re-creating Home. Short-Story Cycles by Naipaul, Mistry, and Vassanji." *Telling Stories. Postcolonial Short Fiction in English.* Ed. Jacqueline Bardolph. Amsterdam/Atlanta: Rodopi, 2001. 325-32.

Delbaere, Jeanne. "Memory as Healing: Transcending the Irish Past in Jack Hodgins's *The Invention of the World* and Jane Urquhart's *Away.*" *English Studies* 9, *A Tribute to Armand Michaux*. Ed. Alain Sinner and Jean Jacques Weber. Luxembourg: Centre Universitaire, 2000. 81-98.

Huttunen, Tuomas. "M. G. Vassanji's *The Gunny Sack*: Narrating the Migrant Identity." *Tales of Two Cities*: *Essays on New Anglophone Literature*. Ed. John Skinner. Turku: Anglicana Turkuensia, U of Turku, 2000. 3-20.

Kanaganayakam, Chelva. "M. G. Vassanji." *Configurations of Exile: South Asian Writers and their World.* Toronto: TSAR Publications, 1995. 127-37.

Malak, Amin. "Ambivalent Affiliations and the Postcolonial Condition: The Fiction of M. G. Vassanji." *World Literature Today* 67.2 (1993): 277-82.

migrant's identity, but also warn against the danger of remaining trapped in the myths of the past and thereby incapacitated from building the future (Delbaere 95).

Mukherjee, Arun. "Writing from a Hard Place: The African Fiction of M. G. Vassanji." *Oppositional Aesthetics: Readings from a Hyphenated Space*. Toronto: TSAR Publications/*English Studies* 9, 1994. 169-78.

Nasta, Susheila. "Interview: Moyez Vassanji." *Wasafiri* 13 (Spring 1991): 19-21.

Rhodes, Shane. "Frontier Fiction: Reading Books in M. G. Vassanji's *The Book of Secrets*." *ARIEL* 29:1 (January 1998): 179-93.

—. "M. G. Vassanji: An Interview." *Studies in Canadian Literature* 22.2 (1997): 105-17.

Romic Biljana. "All Worlds are Possible Now: M. G. Vassanji and Post-Colonial Spatialities." <http://www.eng.helsinki.fi/doe/ESSE5-2000/biljana.romic.htm>.

Sarvan, Charles Ponnuthurai. "M. G. Vassanji's *The Gunny Sack*: A Reflection on History and the Novel." *Modern Fiction Studies* 37/3 (Autumn 1991): 511-18.

Simatei, Tirop Peter. "The Asian Question." *The Novel and the Politics of Nation Building in East Africa*. Bayreuth: Bayreuth African Studies 55 (2001). 73-103.

Smith, Stephen. "Stories Not Yet Told." *Books in Canada* 21.5 (Summer 1992): 26-29.

Vassanji, M. G. *A Meeting of Streams: South Asian Canadian Literature*. Toronto: TSAR Publications, 1985.

—. *The Gunny Sack*. London: Heinemann, 1989.

—. *Uhuru Street*. London: Heinemann, 1991.

—. *No New Land*. Toronto: McClelland & Stewart, 1991.

—. *The Book of Secrets*. Toronto: McClelland & Stewart, 1994.

—. *Amriika*. Toronto: McClelland & Stewart, 1999.

Panych and Gorling's *The Overcoat*: Silent Remnants; New Genres

Reid GILBERT

Capilano College

> It was precisely concrete artistic work that dared to move into the areas where the theory of theatre had not yet entered even though it has already pointed in that direction. (Jindrich Honzl 1121)

Rethinking the term as more than a descriptor of literary form, Carolyn R. Miller has proposed that genre be seen "as a specific, and important *constituent* of society, a major aspect of its communicative structure, one of the structures of power that institutions wield" ("Rhetorical Community" 71). Miller asks if "speech acts, moves, episodic encounters—the micro-discursive levels—somehow cumulate [...] and 'add up to' culture" (70).

Her question complements, of course, general postmodern speculation on the position and power of language, the "collapse," as Miller puts it, "of positive empiricism in the social sciences" ("Rhetorical Community" 70) and wider speculation among Poststructural theorists who have variously shown language to be a site of postmodern slippage, a metaphoric (and psychological) substitute for an essential Real,[1] and "an arena of the class struggle" (Voloshinov 23).

Miller is part of a North American project to investigate a "New Rhetoric." As Allan Luke sums up the enterprise, the Canadian and American researchers agree with members of the somewhat parallel Australian "Genre Pedagogy" School that genres are "'functional' social processes," arguing "that texts are dynamic cultural forms, subject to heteroglossia and play in local, contested ways" (viii-ix). What worries Luke is that both projects run the risk of

---

1 See, for example, Rorty; Derrida, *Of Grammatology* and "Structure"; Foucault; Lacan.

> writ[ing] over culture as given [...] to assume that [...] particular clinical, laboratory and workplaces sites are benign, consensual social bodies where (mostly monocultural and patriarchal) discourse norms, "common goals," "motive strategies" and "private intentions" occur naturally and unproblematically. The danger here is that failure to acknowledge the material sources of "difference" and power, marginality and exclusion naturalizes these as [merely] "context" variables. (ix)

Similar cautions have been raised about congruent poststructural literary analysis. Haidar Eid sums up two important reactions: Fredric Jameson, he reminds us, points out that the Deconstructionist project pursued "superstructural issues instead of locating their causes in industrial and consumer capitalism" (Jameson 114, qtd. in Eid par. 13), and John Docker cautions against forgetting the tradition of "carnival" and the "carnivalesque" in which "European cultural history has always been contested" (Docker 143, qtd. in Eir par. 14).

Discussion of genre at the beginning of the new millennium, then, urges an infolding of various interrelated theories, particularly if genre is seen as an agent of "reconfiguration" in a changing literary, cultural, and social Canada. Each of these contemporary generalizations is susceptible of critique and refinement, and each is trapped in the central irony that discussions of language *require* language and must, therefore, engage the very forces of historical, cultural, class, and economic control they attempt to reveal.[2] Nonetheless, the general questioning of claims to objective Truth and the recognition that reality is constructed and contingent now seem widely agreed upon in the West, so that any "reconfigurations" of identity in Canadian literature are likely to arise in response to this broad Postmodern assumption.

It is not possible within the scope of this paper to do more than introduce these ideas and to suggest that, if Canadian theatre is currently reconfiguring the sense of self it portrays, it is also refiguring its very sense of form by working with and against traditional elements of genre. This certainly proves true in the series of wordless performance pieces by Morris Panych and Wendy Gorling and, indeed, each of the theoretical filters I have introduced adumbrates an aspect of these complex and layered works.

Because the shows form both a series and a creative progression, a brief history is needed. From the outset, the shows were working in new theatrical territory, and each takes the experiment further, thereby shifting the genre further. Finally, *The Overcoat* can be read virtually as a laboratory site. It reacts to language as a tool of colonial power. It

---

2 To try to escape such contradiction leads, perhaps, to a text such as Derrida's Glas, in which language simultaneously frees itself (to some extent) from its "centre" and becomes (in the process) difficult to comprehend.

develops from issues of class and human exclusion. It carries traces of European memory in its subject matter but uses them within Postmodern pastiche, requiring the spectator to fix meaning. It plays out the "carnivalesque." It opens out the very term, *language*, to explore the physical text, privileging "writing" over speech while actually repositioning dramatic utterance. It sets in motion a Derridean "free play of signification," resonating with "arche-traces" (*Of Grammatology* 66). It vivifies a Lacanian Imaginary, evolving a species of "pre-linguistic performative" that I have elsewhere called "sheer theatricality" (Gilbert, "Panych:Wordless"). The cumulative effect of all these manoeuvres is to create a new, or at least revisioned genre, and to open the possibility that this genre may generate social action.[3]

* * *

The series began in 1989 with a commission for Morris Panych by Kathryn Shaw, Artistic Director of *Studio 58* (a highly regarded theatre school at Langara College in Vancouver) to create a piece for students. Panych—actor, writer, and director—proposed a movement piece set to music. Shaw invited Wendy Gorling—actor, director, choreographer and the movement teacher at Studio 58—to participate, and Gorling brought the particular approach she had gained as a graduate of L'école Jacques Le Coq in Paris to the project. This particular mix of experience and approach may explain—in the most material terms—why the series of works which grew from this beginning defy easy category, why they radiate out from an improvisational centre toward various theatre disciplines.

The first show, *Nocturne*, was set to music by Chopin rearranged by Jeff Corness into fourteen variations. The show worked scene by scene through each musical permutation and included, for example, a baroque section, a cowboy music section, and so on. The piece was an immediate success and led to a second commission, which turned into another popular and critical success: *Scenes from a Courtroom* (1992).

Grounded in music by Poulenc, *Scenes* relies much more on direct story-telling than the earlier (or later) pieces. Here, Gorling based her choreography in *Pantomime Blanche*, coded movement that can be read directly within a lexicon of gestural language—although the show calls upon a larger vocabulary than the set narrative signals of mime or the plot tags of white ballet. Music is foregrounded in a manner more typical of dance than drama, but the piece deflects any simple reception.

---

3 It is only fair, here, to admit that Panych and Gorling do not see this work in such a theoretical manner. Panych claims to be "pathologically afraid of 'understanding' [his] work" for fear of "undermining his creativity" and is always concerned with the material realities of his art; Gorling sees the pieces primarily as vehicles to explore movement.

The music, with no bravura ballet technique superimposed upon it, seems more integral to the action than it does in dance; it does not simply "support" movement, but forms an aesthetic part of that movement. Indeed, as Kenneth Broadway and Ralph Markham, concert pianists who were astounded by the deep symbiosis of music and action, put it: the bodies on stage succeeded in inscribing the profound reaction to music that is always already a physical experience for a musical performer (Gilbert, "Speaking from the Pre-symbolic" 11).[4] The show somehow bridges the gap between the physical response of performer and viewer; the score is, perhaps, an example of what Honzl calls "*music as action*" (1129).

Even in this early piece, and despite the fact that neither creator found this show totally satisfying (see Interviews), the team was already creating a new form designed to affect the viewer rather than to structure a narrative. The audience was certainly invited to watch the bodies as narratological sign vehicles and yet, at the same time, directed to reassign them as sign vehicles of a non-verbal vocabulary of movement, music, and theatrical convention. My sense at *Studio 58* in 1992 that I was witnessing a new genus of performance was shared by other audience members, and the sense that something new was happening features as a consistent comment in reviews of all the shows.[5]

Panych, however, considered *Scenes* "too literal, too adherent to a story" and was anxious to try something "more interpretative" (Interview). The result—*The Company* (1995)—is Panych's favourite piece and his reason for finding it satisfying illustrates his conscious intention to reformulate conventional genre:

> The [Prokofiev piano] music, first of all, is sublime, but also because [the show] is highly poetic and imagistic. In other words, rather than conforming to any rules, it felt [...] like it was inventing rules. (Interview)

Beyond merely "inventing rules," however, Panych also fabricates a form which splices the spectator and the performers into a rhetorical community. Carolyn Miller claims that such a community works, in part, through genre as "the operational site of joint, reproducible social action, the nexus between private and public, singular and recurrent [...] as a site where centrifugal and centripetal forces must meet (to use

---

4 In *Canadian Theatre Review*, I previously quoted these pianists and made this point. I would now add that architect Arthur Erickson also responded to the relationship of the sound, movement, and set. His comments were similar to those of the musicians; all three artists saw the movement as externalizing an aesthetic response—be it to music or to space (Markham and Broadway).

5 In *Maclean's*, Chris Wood said of the Vancouver production of *The Overcoat* that "Whatever it is, it works—brilliantly"; speaking of the show in Toronto, Robert Cushman of *The National Post* echoed that "Whatever it is, it's magical."

Bakhtinian terms)" ("Rhetorical Community" 74). Each of these functions of genre is employed in *The Company* and in *The Overcoat* and each is also extended or disrupted, as I shall later discuss.

The debate the play presents to its "rhetorical community" is one of class struggle. Rather than telling a particular story, *The Company* vivifies the meta-narrative of boss and worker, exploiter and exploited. It sets the story in an unidentified cityscape that suggests Northern or Eastern Europe rather than Canada, in an unidentified time that suggests the first half of the twentieth century. This time-space complements the Modernist-Marxist theme and may be necessary to propose such a theme to a contemporary Canadian viewer. More important, however, such a setting employs the remnant of a mythologized European history that many Canadians carry in their family memory and others have been taught to read as part of the Canadian cultural mindscape. Such remnants are, in Gidden's phrase, a "virtual order. [...] They create structure through memory traces [which] orient [...] the conduct of knowledgeable human agents" (17). For Derrida, all present perception is always already moulded by such traces, themselves previously influenced by prior experience,[6] and the result of this passing-forward of signs is consciousness born/borne in writing. The danger Derrida flags is that language has been given a reproducible "centre" which solidifies meaning in particular regimes.[7] As Miller puts it, "structure [...] is both means and end, both resource and product. [... it] serves as the explanatory nexus between individual and collectivities [...]" ("Rhetorical Community" 70-71). Such linguistic structure, which "has only a virtual existence" must, as Miller argues, "be instantiated in space-time. [...] Hence, actors must *create* structure for themselves and for others. [...] They do this, of course, by relying, recursively, on already available structures, on shared classifications and interpretations which necessarily are social" ("Rhetorical Community" 71). By such means, as Mary Douglas notes, "[i]nstitutions systematically direct individual memory and channel our perceptions [...]. They fix processes that are essentially dynamic, they hide their influence [...]" (92) in a stream of language within established genres. Wordless, the Panych-Gorling shows do the opposite: they reveal the apparatus of their "writing." Wordless, they slip from conventional dramatic genre, avoiding centred text. The result is to expose the "influences" at play, to foreground "writing" over speech, and to evince the Derridean "différance" in writing. As a result, the pieces resist institutional pressure to arrest the dynamic and to inscribe meaning.

---

6 See Derrida, *Of Grammatology* 42-43; *Speech* 86; the essay "Freud and the Scene of Writing," and elsewhere.

7 See *Of Grammatology, passim*.

So it is that a conventional late-Modern Canadian depiction of high-Modern factory exploitation can conjure a Marxist reaction against authority and its treatment of the Outsider while, at the same time, introducing the Althusserian notion of the "bad subject" (169), which, in *The Overcoat*, ends with the complete ostracism of Akaky. The show refuses a univocal political statement. Panych says that he was once a "confirmed Marxist" who became "disillusioned" with the doctrine and—in a typically Panych comment—"its complete lack of a sense of humour" (Interview).

The Company opens out the political debate and *The Overcoat* further admits the clash of centripetal and centrifugal. As well, each show employs humour, allows competing dogma, and centres on the human rather than the ideological. As Panych says of *The Overcoat*, "the piece is neither overtly political nor passive in its indictment of society" ("Director's Notes"). Each is concerned to capture individual moments in the routine of those who play out their lives within and against a capitalist or authoritarian meta-narrative. The easy Marxist theme that can be read directly in the language of mime is not the discussion that engages the audience of *Company* (or later of *The Overcoat*). Instead, the debates raised in these shows are the degree of danger posed by the uncontrolled Outsider, as well as the conflict between individual freedom and group stability. The spectator finds herself at the "nexus between private and public," taking sides, "reading" figures who are present in flesh. In *Company*, this intersection is not meant to develop plot—the plot is really quite secondary—it constitutes the very physical, auditory, and visual stuff of the work. An entirely theoretical "virtual intersection" is made concrete by "writing" it on the bodies of the actors, here and in *The Overcoat*.

A spectatorial economy trains the viewer to complete the characterization which mute performance seems to have overlooked, just as the spectator will humanize a puppet or devise personality for a masked actor. Without dialogue to "explain" character, the spectator is required to build it internally in her own mind and body, by "reading" the movements and noting the subtle variations, the small hesitations and insecurities, the extension of a gesture: in other words, by reading movement as metonymic. The bodily fact of actors on stage (especially in a small venue such as *Studio 58*) fosters a visceral, even sexual response by the spectators.[8] Such a reading is encouraged, in fact, by Wendy Gorling's Le Coq training where each gesture is taken "*jusqu'au bout*"—to the final point. As I discuss elsewhere, she wants her actor to "speak from a

---

[8] As, for example, consciously in the chorus of shirtless male tailors which opens Act II of *The Overcoat*, and satirically in the grotesque sexuality of the Landlady throughout.

heightened reality" (Interview) of the body. In the method, the actor must first contemplate an essence (say, "fire") and then locate it physically in her body so that she can extend the trope to an element of personality (the "fiery person").[9] The spectator is encouraged to feel the extended metonym, to admit the concept into his own body, to feel, for example, "hot," and to understand the urgency of the choleric character. So the spectator must "read" the characters' physical responses to the music in tandem with his own sensitivities to the music and with his sensual reaction to the movement, lighting, costume, set, and so on. (Theatre etiquette teaches the spectator to sit passively, but at many kinds of performances audience members squirm, hum, conduct the orchestra with their hands, sweat: connect their bodies to the action.) Because the characters exist very palpably and publicly on stage in the ceaseless movement of bodies—and very privately in the minds and bodies of the viewer—they capture the iconic and the personal, the other and the self: they cannot be ignored. These characters and their situations cannot, then, be "naturalized," in Luke's terms, as "context variables" in some institutional analysis. Somatic rather than intellectual, the process of characterization is not "benign," but urges spectatorial commitment. The spectator remains neither analytical nor scopophilic, but becomes active.

Spectators trained to identify the mechanics of genre can, of course, quickly catalogue some of these postures and actions tied to musical themes. Some viewers have the experience to recognize allusion (finally—in *The Overcoat*—to two Gogol short stories, one unnamed) and intertext (finally to a complex semiosis of filmic,[10] choreographic, historic, performative, literary, and dramatic quotation). Familiar elements fit comfortably, allowing the spectator "*pre-pared* ways of responding, frozen in synchronicity," as Richard M. Coe puts it: "[t]hey embody our social memory of standard strategies for responding to types of situations we encounter repeatedly" (183). Unfamiliar elements, or explicit technical apparatus, however, jar the spectator, rupturing cultural memory, forging new genre, and opening a space for altered social configurations.

9 "(One immediately sees how such a synecdoche can attach itself to a 'fiery' bar of music)" (Gilbert, "Speaking from the Pre-symbolic" 12).

10 In most Panych shows designed by his partner Ken MacDonald, the credits roll over a scrim at the opening in an echo of movie credits. A contemporary audience is cued to fit the upcoming theatrical piece into a lexicon of response to film. This is a conscious decision to open out definitions of theatre. Panych also admits to liking to see his name in print over the stage: while he reports this in a somewhat self-deprecating manner (Interview), it is, I think, a significant statement of his sense of ownership (and that of MacDonald), of their shared sense of themselves as "makers." I believe

To raise audience reception, however, flags an important caution in any analysis of performance: it is impossible to generalize across audiences. Kenneth Burke, whose work underpins the "New Rhetoric," observed as early as 1935 that "in an age of 'marked instability' such as ours, typical patterns are not widely shared" (32) and the culture has steadily become more "liquid" (Burke 33) since then. To try to theorize spectatorship (particularly of *The Overcoat*, which was remounted, toured very different regions of the nation in 2000, and appeared on television in 2002) reveals itself as an impossible task. Who are the spectators and what is their training? The success of the shows certainly expanded their audience, changing it from students and theatre aficionados in a 95-seat studio to the subscription audience of the 615-seat Vancouver Playhouse. Theatrical acumen naturally differs among these groups and it is never homogenous in any category. Still, the nature of the shows—their broad mimic abstractions, their close characterizational detail, their contemporaneity and historical allusion, their sensual appeal, their musicality, their riot of colour and movement—means that almost every spectator should be able to find some aspects familiar and find others novel. Still, a piece in which narrative is mutely played out on an insistently theatrical stage immediately confronts any viewer with a category dilemma.

As Miller suggests, when a discourse does not fit a standard genre pattern, when "rules do not form a normative whole that we can consider a cultural artefact, that is, a representation of reasoning and purposes characteristic of the culture," then "the interpreter must have a strong understanding of forms at both higher and lower levels in order to bridge the gap at the level of genre" ("Genre" 38). If that gap cannot be bridged, or can be only partially sutured, the viewer likely feels discomfort.

He will first attempt, I suggest, to stretch an accustomed genre to allow entry of the offending stimulus. This is a typical response of a traditional opera-goer, for example, to contemporary stagings by directors like Peter Sellars; this auditor will relax as customary operatic voicing overwhelms the strange theatrics. And it is the response of a young moviegoer who suddenly hears Leonardo DiCaprio reciting Shakespeare even though the opening scene announced an action thriller. This viewer tolerates the poetry by submerging it under the visual. But when the form itself is sufficiently alien (not just *Cosi Fan Tutti* set in a New York diner, or *Romeo and Juliet* set in Los Angeles, but a play without any words set in the spectator's imagination and one in which each aspect of the semiosis demands equal attention), the

---

they are actively but unconsciously creating genre as part of their conscious sense of themselves as craftsmen of the theatre.

spectator is forced to participate ideologically and psychologically in the creation of new form. As *The Overcoat* makes clear, this serves to open up "underlying mental processes, and not merely conventional static patterns" (D'Angelo 57). As Coe observes, "[t]he rhetoric of genre works persuasively in part because human beings feel the abstractness of form as an emptiness" (185) which they are compelled to fill. Invoking Foucault, Coe asks "[t]o what extent does restricting knowledge of appropriate forms [...] silence people?" (185). The Panych and Gorling shows ask the further question: does silencing a literary form such as drama force "people" to "speak out" a new form and, in doing so, embrace positive action? *The Overcoat*, I think, suggests that it may.

This fourth and most ambitious work was commissioned by Glynis Leyshon, Artistic Director of the Vancouver Playhouse, for debut in October 1997. She offered *Studio 58* students the chance to work with her professional company and, in doing so, was able to employ an unusually large cast and to use performers experienced in the Gorling-Panych technique and process. Panych proposed a sketch of *The Overcoat* based on the Gogol short story and grounded in the music of Shostakovich. The piece follows the outline of the original story with some plot and character changes and a significantly altered ending. While Gogol's story concludes in fantasy that hints at a wider socio-political consequence of the action, Panych's version keeps the spotlight on The Man who declines into madness.[11] Here, the hapless Akaky becomes a familiar Panych character: a "Chaplinesque Everyman sliding from a world he cannot understand nor control—a man carried along by events—and even the shoes which imprison him[12]—toward suicide, entombment or incarceration in an asylum" (Gilbert, "Panych: 'Sheer' Texts"). Once again, the focus is on the individual. Once again, the audience and actors are welded into a rhetorical community who must attribute character, ascribe meaning, and determine conclusion. And once again, the stuff of the theatre is exposed, deflecting conventional genre and urging a new "making."

This "making" must occur in time and space. If *The Company* is set in an implied Modernist Europe and carries forward the social traces of that time-space, *The Overcoat* is more exactly set in Gogol's bureaucratic Russia but carries forward more abstract citations of the Outsider. Ever the practical man of the theatre, Panych reports that the setting and music were quite accidental: he is fond of Shostakovich and was reading Gogol at the time of the commission (Interview). His choices, however, require discussion.

---

11 The plot incorporates elements of Gogol's story, "Diary of a Madman."

12 See *7 Stories* 91.

If validating European plays and performance styles as exemplary is a trace of colonial insecurity, as many Canadians would contend in 2001, it seems self-defeating to set plays that resist colonizing language and experiment with new form within precisely such European models. The settings, music, costumes, and even Le Coq style may, perhaps, be examples of a hesitancy among Canadian artists of a certain age and background to locate subject matter in their native soil.[13] More, however, may be at play here.

Panych routinely presents a particular European character: the clown. In *The Overcoat*, his treatment of Akaky, the fact that characterization is built in bodily contortion, and the hilarious physical comedy of Peter Anderson in the role, all invoke the tradition of "carnival." In this carnivalesque world, social convention is turned upside down—at least while Akaky owns his new coat. So too, perhaps, is a colonial respect for the model. In refusing Gogol's ending, Panych refuses the return to a normalized European world, albeit one where fantasy intrudes. While Akaky's ghostly visits remind one of the ever-present possibility of inversion, he finally disappears in the story after achieving revenge. A moral lesson is learned, but the world order is not defeated. In Panych's version, the action freezes in the carnivalesque; Akaky will remain forever outside; the spectator will never achieve closure. A retreat into normalizing convention is denied.[14] Panych's vision is dark, but falling into a hole in time or exile in madness are still freedom from the world of the Director and the regime he personifies. In his postmodern resistance to closure, Panych may intend a kind of colonial rebellion. Still more, however, might be unfolding here.

Like all aspects of the theatrical semiosis, the European remnants on view are subject to audience reception and will be variously "read." Without dialogue to interpret it, any individual seme may be taken as naturalistic, symbolic, or merely as a signifier upon which to make another seme adhere. It may be included in a citational chain, responded to simply as a sensation, or ignored. An example may assist comprehension of this point:

Ken MacDonald's set is in constant movement, as are the actors. A giant wheel turns, descends and ascends. This wheel can be seen as symbolic of the circularity and tedium of Akaky's life; in a traditional play, it might be invested with such symbolic meaning by turning

---

13 But note that Panych's next play, *The Girl in the Goldfish Bowl*, is pointedly set in a coastal Canadian village.

14 In the 2002 video version, the action is framed in madness and the spectator is allowed a higher degree of closure. In this way, as in many others, the video version sidesteps the bold experiment of the stage version and is much less successful. Nonetheless, the following conclusion still holds, even in this version.

behind an appropriate speech where someone describes Akaky's routine. It can also be seen as the relentless power of a system and could become a stage metaphor of the Director's authority if it were to descend as he spoke. It could suggest the mechanism of Modernity. (Here, it is also a filmic allusion to the automation of *Modern Times* and the city of *Metropolis*, film references MacDonald has used before.[15]) It could be taken as the cycle of history itself, or as Fortuna Fortunata's Great Wheel, which takes Akaky momentarily up only to fling him back down. It could universalize the circular turning of Akaky's bed, spun by a figure from Gogol's "Diary of a Madman" (Courtney J. Stevens) who foreshadows his insanity. It could suggest the inhumanity of the crowd of clerks, capturing the momentum of the wheels of the tram which takes them, *en masse*, to work and home again, hopelessly running on the spot.[16] As I earlier suggested, if a spectator can assign any such meaning, the device can be contained within familiar literary and European reference. But what if she cannot? The action still has theatrical power.

It is part of a generalized energy on stage that points in more than one direction: it certainly attracts attention and focuses the viewer, but it may also distract the spectator from other action. It may be a theatrical "punctuation mark" (to coin a term) which starts and stops segments of action. It may be simply attractive to look at.[17] It may cause the spectator to "disattend"[18] the play, wondering how such elaborate set machinery works. It may, as I shall later suggest of all the visual graphemes of this play, speak at a deep level of psychological dream-symbolism: here, of the circle, the stone, the self.

It may—at its most subtle and important—reveal the skeleton of the show, encapsulating as an image the very convergence of centrifugal and centripetal energies which Bakhtin believes to be fundamental to any discourse. Echoing Trevor Whittock, Hyangsoon Yi points out that "fresh figurative meanings engendered from metonymical or synecdochical illogicality gradually attain a metaphoric resonance through interaction with other textual elements" (2). "Tropes," Whittock insists,

---

15 Cf. *7 Stories*, *Ends of the Earth*.

16 A mimic action first choreographed for *The Company* and brought forward as the series of shows progresses begins to form its own patterns of repetition, its own new genre

17 In a review, *The Georgia Straight* called *The Overcoat* "delicious eye-candy" (qtd. Wood 60). While the show is beautiful to watch, this comment misses the layered semiosis I am discussing and, as a result, misses the whole point of the form Panych and Gorling are creating. This form is not "candy" and may, for some viewers, actually be a bitter pill to swallow.

18 The term is Goffman's (202).

> must not [...] be thought of only as isolated devices. They function in relation to one another and to other elements in the work. [...] In art, figurative meanings coalesce to form new constellations, patterns amalgamate to create larger structures; constituent parts are ever-combining into significant wholes. Metaphor is not only an element in this process: the process itself is one of metaphorical transformations. (15, qtd. in Yi 2)

The wheel, then, becomes a metaphor of and an aperture to the *process* of the show. It is visual stimulus without label. It contributes to the pastiche of these plays, an assemblage of parts for which no fixed meaning is spoken and no static value is inscribed on stage.[19] This postmodern refusal signals a point at which these pieces diverge from the conventional characteristics of genre.

Miller emphasizes that genre is "capable of reproduction [...] in more than one situation, more than one concrete space-time [... and with] reproducible speaker and addressee roles" ("Rhetorical Community" 71). I have suggested that these performances display aspects of genre; I now wish to argue that they simultaneously refuse them. This should not be surprising in a play that is actively engaged in "writing" difference, which borrows meaning and, at once, defers it.[20]

If these works de-inscribe elements of European genre, then they render these elements incapable of precise reproduction. If interpretation is contingent upon spectatorial whim, including the most basic happenstance of looking at the right place on stage at the right time, then an interpretation of these works cannot be reproduced in differing situations with different audiences. If these works write themselves in entirely theatrical language on and in the bodies of actors and spectators, then the record of their writing cannot be reproduced. As Peggy Phelan puts it, "[t]heatre continually marks the perpetual disappearance of its own enactment" (115) and the Panych-Gorling shows revolve entirely around this phenomenon.

Phelan's comment carries on from Derrida's observation in *Writing and Difference* that "[t]he theatre is born of its own disappearance [...]" (233). For Derrida, writing functions "in the radical absence of every empirically determined addressee in general [...]. This is not a modification of presence, but a break in it, a 'death' or the possibility of a 'death' of the addressee" ("Signature" 180). Such a notion confronts another characteristic of conventional genre listed by Miller and central to the problematic of the Panych-Gorling shows: the reproducibility of speaker and auditor. What takes place on stage may very well not be the same in

19 I shall later argue, however, that individual meaning is "spoken" backwards onto these mute signs by the viewer.

20 See Derrida, *Writing and Difference*, *passim*, to which I refer specifically below.

a subsequent performance, or may even very well not be the same for the audience member in the next seat. Without dialogue to fix meaning, the plays rely on an "acting-forth" which is "theatrical writing." The performers certainly attempt to reproduce this physical text; indeed, for the remounted production the directors tried to rehire as many of the original actors as possible (Panych, Interview) as they knew the show "in their bodies." But the text exists not only in the actors' bodies but also—as I shall argue next—in the response of the spectators at a given moment, in their interpretation of a theatrical grapheme at the moment of its disappearance. It is a kind of "sheer theatricality," waiting to be "read."[21] Again, these shows recognize a basic characteristic of genre but reconfigure it. The complex, contradictory nature of the performances marks their particular instantiation of genre and gestures toward a use of genre as socially (re)formative. In reinventing the very nature of "writing" and "utterance," these shows recast their rhetorical community, melding the roles of rhetor and auditor.

The Overcoat is performative in that it inscribes social meaning and interpellates its protagonist, setting in motion the consequence of his hailing as "bad subject." In this, it is an almost text-book example of Austin's performative utterance—except that nothing is uttered. Instead, and to repeat, the interpellation is inscribed in a complicated layering of indexical set, costume, gesture, props, movement, light, and sound. The performative utterance—which is silent—exists only in the record of its significance to the auditor, who "reads" his own response back onto the body of the actor. Illocutionary force arises in an argument by the auditor, who is recast as rhetor; the roles are reversed or, more exactly, whirl around each other in competing centrifugal and centripetal streams of discourse even as the set pieces move against each other, the actors, and the gyration of the huge wheel. Together, then, the actor and spectator debate significance and the debate (which is "written" at the site of the body) is "spoken" at the site of the spectator's psyche.

Lacan theorizes that inscription relies on this "effect of retroversion" in that any hailing that is momentarily fixed can only be a reading backwards of normative signifiers of a category already situated within the Lacanian "Big Other (A)"[22] (Zizek 102-05). Genre resorts to the repetition of similarly known signifiers from the register of language. In "speaking out," however, the spectator is not inventing a language. In "speaking out," she can only repeat traces which cling to theatrical signs and have long been reiterated as part of the colonial hegemony of language. It is not surprising that these shows routinely depict situations of

---

21 I expand this argument in "Panych and Gorling: 'Sheer' Texts 'Written' in(to) Perception."

22 See "Graph II" in *Ecrits*.

"authorization and punishment" (Butler 225) cast in the language of interpellation, for this is how genre positions itself as "one of the structures of power that institutions wield" (Miller, "Rhetorical Community" 71).

The "written" text of the shows, however, does not arise in the same register as its "speaking out" by the spectator, but directly from the Lacanian Imaginary. It resonates with Derridean "arche-traces," echoes of the "irreducible 'always-already-there'" (*Of Grammatology* 66). It has no meaning in the realm of the Symbolic until an individual spectator applies one. "Marking its own disappearance," this text exists only in the physical, aural, and visual—the space Lacan's infant occupies before its confrontation with the Mirror (Lacan, "Mirror" 2). The absence of speech decentres the plot and also refuses unitary interpretations of image, symbol, or metaphor. Yi recognizes the metaphoric power of "processual and interactional aspects of figurative elements that arise in contexts outside their original syntactic environments" (2). Here, the process of such interaction creates a new "syntax": a theatrical language. The "differed" meanings of the movement, sound, and plenitude of images embodies a "free play" of text in a kind of writing which, as Derrida says, "precedes and follows speech; it comprehends it" (*Of Grammatology* 238). In "writing" such shows, then, Panych and Gorling deflect the normative repetitions of genre to encourage an opening-up to the Imaginary. "Reading" from this deep psychological space, spectators may reassign meaning and value as they "speak out" the performative utterances the show beckons them to articulate. Put another way, the spectators may "reconfigure" inscription of the Group, the State, and the Outsider. In silence, the spectator may shake off the colonial remnants of language.

Quoting Linda Hutcheon, Helen Gilbert has said of the roles of photography and performativity in Post-Colonial Theatre that "models which conflated observation with knowledge and which failed to consider the psychological, political and cultural specificities of perception, tended to forward notions of a 'transhistorical universality of visual experience (Hutcheon 122)'" (17). The result, suggests Chris Jenks, is that "visual symbolism [...] is dispossessed of its iconographic, or metaphoric role and routinely understood as 'correspondence'" (qtd. in Helen Gilbert 17). In these shows, the opposite proves true. Although the rhetorical communities they assemble respond to elements of genre (in ratio to their literary training), they also empty out the normalizing power of genre in a dynamic process in which the viewer is both spectator (addressee, auditor) and actor (author, rhetor)—object and subject. Derrida points out that the "absence of the transcendental signified extends the domain of the play of signification infinitely" ("Structure" 151-52). This has practical consequence for a commercial stage show—

it might go on forever.[23] More important, it brings us to a crucial role played by genre.

By arresting the play at a point when it is repeatable, genre defers such infinite signification, pausing at an iteration that human subjects can comprehend. (It also, dangerously, may pause in a moment when certain agents have control, or in a colonizing moment which claims to be a model of the normal or correct.) The halt is similar to Laclau and Mouffe's "'nodal point' (the Lacanian *point de capiton*) which 'quilts' [floating signifiers], stops their sliding and fixes their meaning" (Zizek 87). To have practical value, signification must, at times, hesitate in what Catherine F. Schryer calls a "stabilized-for-now or stabilized-enough site of social and ideological action. [...] These discursive practices shape their users while at the same time their users affect the genre" (107). *The Overcoat* in production is an example of such a "stabilized-for-now" site and it also exemplifies how discursive practice can shape the participants in a debate. Whether their rhetorical community leaves Panych and Gorling's auditorium with sufficiently altered notions of self, other, and the power of institutions to make real change in the Canada of the twenty-first century is moot. I believe, however, that these spectators have participated in a process of genre application and reformulation that has the propensity to encourage such change. Unlike earlier models which inculcated colonial hegemonies by vocal reiteration, these shows resist external power by inviting new formulations from the Imaginary to write themselves on the body and, perhaps, on the Body Politic.

Works Cited

Althusser, Louis. *Lenin and Philosophy and Other Essays*. Trans. Ben Brewster. New York: Monthly Review P, 1971.

Butler, Judith. *Bodies That Matter: On the Discursive Limits of Sex*. London and New York: Routledge, 1993.

Coe, Richard M. "An Arousing and Fulfilment of Desires': The Rhetoric of Genre in the Process Era—And Beyond." *Genre and the New Rhetoric*. Ed. Aviva Freedman and Peter Medaway. London: Taylor, 1994. 181-90.

Cosi Fan Tutti. By W. A. Mozart. Dir. Peter Sellars. Prod. Pepsico. 1986.

Cushman, Robert. "You don't have to button up this silent, magical Overcoat." *National Post* 19 Feb. 2000, Toronto ed.: G10.

Derrida, Jacques. "Freud and the Scene of Writing." *Yale French Studies* 48 (1972): 74-117.

—. *Glas*. Trans. John P. Leavey, Jr. and Richard Rand. Lincoln and London: U of Nebraska P, 1986.

---

23 As Marshall remarks of the "free play" of his lifelong impersonation in Panych's *7 Stories*, "we're looking at it more like a long run" (49).

——. *Of Grammatology*. Trans. Gayatri Spivak. Baltimore: Johns Hopkins UP, 1976.

——. "Signature Event Context." *Glyph* 1 (1977): 172-97.

——. *Speech and Phenomenon*. Trans. David Allison. Evanston: NorthWestern UP, 1973.

——. "Structure, Sign and Play in the Discourse of Human Science." *Writing and Difference*. Trans. Alan Bass. Chicago: U of Chicago P, 1978. 278-93.

——. *Writing and Difference*. Trans. Alan Bass. Chicago: U of Chicago P, 1978.

Docker, John. *Postmodernism and Popular Culture: A Cultural History*. Cambridge: Cambridge UP, 1994.

Douglas, Mary. *How Institutions Think*. Syracuse, NY: Syracuse UP, 1986.

Eid, Haidar. "'Worlding' Deconstructive (Post)modernism." *Node9: An E-Journal of Writing and Technology* [University of Freiburg] 3 (1999): 29 pars. 12 May 2001. <http://node9.phil3.uni-freigurg.de>.

Foucault, Michel. *The History of Sexuality. Volume One: An Introduction*. Trans. Robert Hurley. New York: Pantheon, 1978. Harmondsworth, Middlesex: Penguin, 1981.

Giddens, Anthony. *The Constitution of Society: Outline of the Theory of Structuration*. Berkeley, CA: U of California P, 1984.

Gilbert, Helen. "Bodies in Focus: Photography and Performativity in Post-Colonial Theatre." *Textual Studies in Canada* 10 (1998): 17-32.

Gilbert, Reid. "Panych and Gorling: 'Sheer' Texts 'Written' in(to) Perception." To be read at a conference celebrating the 50th Anniversary of the Stratford Festival. Stratford, ON. Oct. 17-20, 2002.

——. "The Panych and Gorling Team: Wordless Creations of 'Sheer Theatricality.'" Read at *Staging the Pacific Province II*. University of British Columbia. Oct. 2001.

——. "Speaking from the Pre-symbolic: Morris Panych and Wendy Gorling's *The Overcoat*." *Canadian Theatre Review* 108 (2001): 10-16.

Goffman, Erving. *Frame Analysis: An Essay on the Organization of Experience*. Cambridge, MA: Harvard UP, 1974.

Gorling, Wendy. Personal Interview. 27 Apr. 2001.

Honzl, Jindrich. "Dynamics of the Sign in the Theatre." Trans. Irwin R. Titunik. *Semiotics of Art: Prague School Contributions*. Ed. Ladislav Matejka and Irwin R Titunik. Boston: MIT P, 1976. Rpt. in *Modern Drama: Plays/Criticism/Theory*. Ed. W. B. Worthen. Fort Worth, TX: Northwestern UP, 1995. 1120-29.

Hutcheon, Linda. *The Politics of Postmodernism*. London: Verso, 1989.

Jameson, Fredric. *The Political Unconscious*. London: Methuen, 1981.

Lacan, Jacques. "The Mirror Stage as Formative of the Function of the I as Revealed in Psychoanalytic Experience." *Ecrits: A Selection*. Trans. Alan Sheridan. New York: Norton, 1977. 1-7.

——. "Graph II." *Ecrits: A Selection*. 306.

Luke, Allan. Preface. *Genre and the New Rhetoric*. Ed. Aviva Freedman and Peter Medway. London: Taylor, 1994. vii-xi.

Markham, Ralph, and Kenneth Broadway. Personal Interview. 15 Feb. 1992.

Miller, Carolyn R. "Genre as Social Action." *Quarterly Journal of Speech* 70 (1984): 151-67. Rpt. with corrections, *Genre and the New Rhetoric*. 23-42.
—. "Rhetorical Community: The Cultural Basis of Genre." *Genre and the New Rhetoric*. 67-78.
Panych, Morris, conceived and dir. *Nocturne*. Comp. Jeff Corness with lyrics by Morris Panych. Set design: Ken MacDonald. Costume design: Nancy Tait. Lighting design: Gerald King. Perf. Students of *Studio 58*, Langara College, Kathryn Shaw, artistic dir. Fp. *Studio 58*, 3 Mar.-2 Apr. 1989. Unpub.
—. "Director's Notes." *The Overcoat: Press Notes*. West Vancouver, BC: Principia Productions, 2001.
—. *The Girl in the Goldfish Bowl*. Fp. Set design: Ken MacDonald. Arts Club Theatre [Vancouver], 3 Apr. 2002.
—. Personal Interview. 3 May 2001.
—. *7 Stories*. Vancouver: Talonbooks, 1990.
—, and Wendy Gorling, co-conceived and co-dir. *The Company*. Set design: Ken MacDonald. Costume design: Nancy Tait. Lighting design: Alan Brodie. Perf. Students of *Studio 58*, Langara College, Kathryn Shaw, artistic dir. Fp. *Studio 58*, 9 Feb-5 Mar. 1995. Unpub.
—, and Wendy Gorling, co-conceived and co-dir. *The Overcoat*. Set design: Ken MacDonald. Costume design: Nancy Bryant. Lighting design: Alan Brodie. Perf. Peter Anderson, Students of *Studio 58*, Langara College. Fp. Vancouver Playhouse, Glynis Leyshon, artistic dir. 29 Oct.-15 Nov. 1997. Remounted, Vancouver Playhouse, Jan. 2000. Broadcast, CBC Television, Jan. 2002. Unpub.
—, and Wendy Gorling, co-conceived and co-dir. *Scenes from a Courtroom*. Set design: Ken MacDonald. Costume design: Nancy Tait. Lighting design: Adrian Muir. Perf. Students of *Studio 58*, Langara College, Kathryn Shaw, artistic dir. Fp. *Studio 58*, 11 Feb.-8 Mar. 1992. Unpub.
Phelan, Peggy. *Unmarked: The Politics of Performance*. London and New York: Routledge, 1993.
Romeo and Juliet. By William Shakespeare. Screen Writer Craig Pearce. Dir. Baz Luhrmann. Prod. Martin Brown and Baz Luhrmann. Perf. Leonardo DiCaprio, Claire Danes, John Leguizamo, Miriam Margolyes, Harold Perrineau, Pete Postlethwaite. Bazmark and Twentieth Century Fox, 1996.
Rorty, Richard. *Contingency, Irony, and Solidarity*. Cambridge: Cambridge UP, 1989
Schryer, Catherine F. "The Lab vs. the Clinic: Sites of Competing Genres." *Genre and the New Rhetoric*. 105-24.
Voloshinov, V. N. *Marxism and the Philosophy of Language*. Trans. L. Matejka and I. R. Titunik. Cambridge, MA: Harvard UP, 1986.
Whittock, Trevor. *Metaphor and Film*. Cambridge: Cambridge UP, 1990.
Wood, Chris. "Body-and soul-language." *Maclean's* [Magazine, Toronto] 7 Feb. 2000: 60-62.
Yi, Hyangsoon. "Kurosawa and Gogol: Looking through the Lens of Metonymy." *Literature Film Quarterly* 27.3 (1999): 210-17.
Zizek, Slavoj. *The Sublime Object of Ideology*. London and New York: Verso, 1989.

Surviving the Residential School System: Resisting Hegemonic Canadianness in Tomson Highway's *Kiss of the Fur Queen*

Richard J. LANE

South Bank University

Reclaiming Memory

This essay is concerned with theorizing the question "how do we reclaim memory?" in relation to First Nations trickster writing. The main fictional text under examination is a fragment of Tomson Highway's novel *Kiss of the Fur Queen*, although reference will also be made to other First Nations writers and theorists.

In a review of the character Gabriel's performance, in *Kiss of the Fur Queen*, we read: "'But the cannibal spirit shedding his costume at death, revealing a priest's cassock, confuses the viewer. The image comes from nowhere. And goes nowhere'" (285). The response of the two brothers, who are the protagonists of the novel, is telling:

> "What's she talking about?" Jeremiah growled.
>
> "You didn't say it loud enough, Jeremiah," said Gabriel.
>
> "Didn't say what loud enough?"
>
> Jeremiah tried to ask again. But, finally, his memory opened the padlocked doors. (285)

The brothers are responding to an image that comes from nowhere and goes nowhere: a saying that is too quiet, yet has the ability to open padlocked doors. Highway writes about the recovery of elusive and labyrinthine memory, using what can only accurately be called *trickster camp*; trickster writing in general is theorised elsewhere in relation to postmodernism (see Vizenor) and queer theory (see Dickinson). But in this essay, I shall argue that the concept of trickster camp accommodates both Vizenor's and Dickinson's advanced theoretical accounts, without entirely subsuming one within the other. In other words, the relationship between a so-called "normative" sexuality against which all others are measured is questioned and critiqued through camp, and this questioning and critique function at multiple levels in Highway's plays and his novel.

The main historical context of *Kiss of the Fur Queen* is the now defunct residential school system in Canada. Andrew Armitage notes that "From the passage of the Indian Act, 1876, until the 1960s, child welfare for First Nations peoples was dominated by a massive attempt to use educational methods to change both their cultures and their characters" (100). Assimilation policies were facilitated and enhanced by the institution of the residential schools (Armitage 109). The abduction and abuse of First Nations children in Canada, via and in relation to this system, was a large-scale cultural catastrophe; Suzanne Fournier and Ernie Crey use the phrase "stolen from our embrace" as the title of their book about this issue, a title which continues with "the abduction of first nations children and the restoration of aboriginal communities." The subclause indicates an important dialectic for these authors between abduction and restoration. My terms for the purposes of this essay are "catastrophe" and "restitution." Restitution is a palimpsest word with multiple meanings: to *give back* something that has been stolen or lost; to *compensate*, not just through approximate or equal value, but through the restoration as far as possible to the original, pre-violated state; to reshape an object, a system, a state of being or a community; to re-build, with the implication of active participation. Why does Highway use trickster camp, to deal with the interplay of catastrophe and restitution? One of the most often quoted lines from Vizenor's work concerns his definition of the trickster: "The tribal trickster is a liberator and healer in a narrative, a comic sign, communal signification and a discourse with imagination" ("*Trickster Discourse*" 187). Vizenor puts it slightly differently earlier on in his text: "The trickster is a communal sign in a comic narrative; the comic *holotrope* (the whole figuration) is a consonance in tribal discourse" ("A Postmodern Introduction" 9). Vizenor is working through an opposition that is not quite a simplistic binary: on the one side, he wants to hold up to view the comic *holotrope*, with communal meaning, and on the other, the *hypotragic*, the incomplete mode of western aesthetics that expresses profound individualism rather than community—the *hypotragic* figure being cut off from his or her community. Vizenor argues that: "Comic signs and tragic modes are cultural variations, the mood and humor in a language game; but they are not structural opposition" ("A Postmodern Introduction" 9). Vizenor is also working with two types, or modes, of critical discourse: that of the humanities and that of the social sciences, in particular, anthropology. To simplify, the social sciences take one element of indigenous culture and make of that element the "whole truth"; such a "whole truth" is thus separated from its communal networks and interrelationships. However, this may already offer a clue to my question about trickster camp: to focus exclusively on the sexual abuse of First Nations children in a social science or *hypotragic* mode may not tease out all of its implications for the communities' restitution. My starting point was memory: how does the *hypotragic* recover memory? Is memory to be accessed by some kind of machine? Is there a technology of memory recovery that can say: "well here it is, the final truth"? Or would it be just as good to hand someone a pen and say "write whatever comes into your head, as quickly as possible, in one continuous stream of activity"? The Surrealists tried the latter, and I would argue that it would be of more interest to Tomson Highway than some recovery machine. In other words, *automatic writing*, as with the re-shuffling of B. S. Johnson's box-book *The Unfortunates*, holds out the possibility that some required solution may simply be gained through random permutation. As Vizenor argues:

> Freedom is a sign, and the trickster is chance and freedom in a comic sign; comic freedom is a "doing," not an essence, not a museum being, not an aesthetic presence. The trickster as a semiotic sign is imagined in narrative voices, a communal rein to the unconscious, which is comic liberation; however, the trickster is outside comic structure, "making it" comic rather than inside comedy, "being it." The trickster is agonistic imagination and aggressive liberation, a "doing" in narrative points of view and outside the imposed structures. ("A Postmodern Introduction" 13)

Can a semiotic sign function via catastrophe and restitution? The shift from the symbolic to the semiotic, explored by Jean Baudrillard, suggests a reduction in communal meaning, not an enhancement (see Lane, "Fractures," for a discussion of Baudrillard and Canadian literature). Baudrillard calls such a shift a movement into a "cool" or "cold" world of commutation and postmodern play:

> Coolness is the pure play of the values of discourse and the commutations of writing. It is the ease and aloofness of what now only really plays with codes, signs and words, the omnipotence of operational simulation. To whatever extent affects or systems of reference remain, they remain hot. Any "message" keeps us in the hot. We enter the cool era when the medium becomes the message [McLuhan]. (*Symbolic Exchange and Death* 22)

While Baudrillard's utilization and incorporation of a primitivist discourse is suspect and can be critiqued in relation to his notions of the symbolic and the semiotic (see Lane, *Jean Baudrillard*), Vizenor re-inscribes the semiotic sign via comedy, chance, and an aversion to containment. Vizenor's postmodernist and poststructuralist conception of the sign means that it escapes reduction and retains a message, whereas from Baudrillard's perspective the semiotic merely becomes a constitutive component of the hyperreal. There is a further way of thinking through this re-inscription of the semiotic sign via comedy, chance, and an aversion to containment: it functions to stop restitution being a memorialization that simply reproduces some unsullied state of being. In other words, if all that restitution achieves is a return prior to, say, the act of abduction and then sexual abuse, the subject or community remains just as unprepared for the catastrophe, has learnt no lessons, no strategies for the future. Put another way: the subject or community has been returned to a state of being with disaster once more as a horizon. Ironically, restitution simply repeats, in this case, the catastrophe; restitution itself becomes a catastrophe. We need to start again, but not in this manner.

Releasing Restitution from Catastrophe

How do we reclaim memory, something that does not appear to exist? Turning again to the review of Gabriel's performance, in *Kiss of the Fur Queen*, we read: "'But the cannibal spirit shedding his costume at death, revealing a priest's cassock, confuses the viewer. The image comes from nowhere. And goes nowhere'" (285). The response between the brothers is telling:

> "What's she talking about?" Jeremiah growled.
>
> "You didn't say it loud enough, Jeremiah," said Gabriel.
>
> "Didn't say what loud enough?"
>
> Jeremiah tried to ask again. But, finally, his memory opened the padlocked doors. (285)

The image that comes from nowhere and goes nowhere could be read from a position or perspective *outside of* an economy of sexual abuse. The image does not make sense in the performance because the narrative clues are geared up for some *other* reading. But that is not to say that a person within the economy of sexual abuse will read the performance differently. *Trickster camp deals with an image that is without an original.* That does not mean that the sexual abuse did not take place, just that there exists no originary or universal aesthetic site that can construct it, represent it, as a norm against which it can measured. The image that comes from nowhere and goes nowhere is thus performative, in Judith Butler's sense, which means that the image is constitutive of the event. In other words, as long as the image continues not to be recognized, the event might as well not have taken place. But in the latter case, why not provide the signs, the narrative clues, for an audience to be able to decode the image, to understand that it relates to predatory abuse? Because trickster camp has it both ways, so to speak, representing the un-representable and providing healing; trickster camp can show the catastrophe *and* laugh at it.

Trickster Camp

There is a line in Samuel Beckett's *Three Dialogues With Georges Duthuit*, which in discussing aesthetics also manages to explain in my context the paradoxical and profound power of trickster camp: "The expression that there is nothing to express, nothing with which to express, nothing from which to express, no power to express, no desire to express, together with the obligation to express" (103). This sounds deeply nihilistic, but remember that we are dealing with an image that comes from nowhere and goes nowhere, a call from the past that cannot be heard, but needs to be heard, and an event that has no originary or normative site with which to be measured. *Kiss of the Fur Queen* takes the impossibility of expressing sexual abuse and makes it a central act. Sexual abuse in the novel partakes of an economy in which communal knowledge is disallowed, yet, it is precisely the community that is damaged in the catastrophe, and the community that will become the site of healing. The community is stripped of the power to express, in part, because it is being told there is nothing to express; yet, restitution lies in the *obligation to express*. Trickster camp is described by Beckett, even though he is talking about something completely different: "Total object, complete with missing parts, instead of partial object" (101). The partial object may be a community stripped of its First Nations identity; the total object may be a community that is undergoing restitution while recognizing the damage that still needs to be expressed: perhaps the damage to individuals who are still coming forward, or are still being found. As Suzanne Fournier and Ernie Crey note:

> [...] Canada's Indian policy, from its very inception, has sought to undermine the bond between aboriginal children and their families [...]. This deliberate policy to separate and forcibly assimilate aboriginal children into the mainstream has pervaded every era of aboriginal history in Canada and profoundly injured [...]. First Nations people both historically and today. Each era saw a new reason to take aboriginal children away from home, placing them in residential schools, foster care or non-aboriginal adoptive families. (*Stolen from Our Embrace* 17)

Trickster camp recognizes that the division, between child and mother, or parents, or community, is one that continues after restitution, after the return; it is a recognition of the doubled subject, thrown into tragi-comic situations all the time. In *Kiss of the Fur Queen*, Mariesis says: "if you ever forgot what those priests taught you at that school, it would kill your father. I tell you, he would just die" (290). Forgetting is not exactly the problem, which generates a kind of black humour here, and being told to remember, while referring to the teachings of Christianity, also becomes a call to remember the abuse as a way of keeping First Nations communities alive. "Never forget" also refers, ironically, to the doubling of the Christian text: which God, of which Testament, should be remembered—the one who will destroy man's enemies or the one who preaches forgiveness? Clearly, this latter is a simplistic reading, but one which hints at the continually two-pronged strategy of trickster camp.

Catastrophic Aesthetics

Andrew Benjamin, in *Present Hope*, argues that "[t]he distinct nature of the Shoah is the emergent discontinuity of the world with itself. It is not, therefore, a question of whether to go on, but of how going on has to incorporate that discontinuity" (24). Ernst Bloch opens *The Spirit of Utopia* with a series of analeptic and proleptic reflections: "What just was will probably soon be forgotten. Only an empty, awful memory hangs in the air" (1). Here we have two notions of catastrophe: first, the obligation to express involves an incorporation, somehow, of discontinuity; second, the obligation to express involves retaining and recovering the memory of an event that the world would rather, simply, forget. The Shoah also sets an epistemological limit; Andrew Benjamin again:

> While there will always be the need to know, while the detail of knowledge remains indispensable, the project of representation and the way it structures both memory and knowledge will no longer pertain in an unproblematic sense. Avoiding this consequence of the Shoah's insistence is to move to a form of forgetful nihilism. Resisting, if not overcoming, the force of nihilism, means that presentation after the Shoah will have to involve reconsidering the nature of re-presentation itself. (14)

Two main types of aesthetic re-presentation can be found in *Kiss of the Fur Queen*: music and dance. These are not separated, as in being opposites, one of which would relate to the body, the other to the intellect; rather, they are equally involved in trickster camp. As with Diaghilev's and Debussy's ballet *Jeux*, trickster camp constitutes a deadly serious form of play, or a game. In keeping with his semiotic reading, Vizenor calls trickster discourse a "language game" with reference to Wittgenstein's *Philosophical Investigations* and Lyotard's well-known use of this concept in *The Postmodern Condition*. But it is important to note that if trickster camp is to be efficacious and to receive the discontinuity of catastrophe, it must function symbolically, as with ritual. The concept of a language game reveals a point where Baudrillard's and Vizenor's theories may actually come together, because the meaning of a language game is embedded and embodied in the actual moment of performance. To put this another way, instead of the meaning of an event being derived from some abstracted code or grammar, meaning is generated within the time of the event itself. For Baudrillard and other theorists, ritual is a key meaningful event in which the time of the event and the processes of the performance are efficacious. For example, within the time of a ritual, a sense of community may be developed or enhanced and/or transformed. Subsequently, the music and dance of trickster camp, as narrated in *Kiss of the Fur Queen*, need to be explored in terms of ritual and performance, in this case theorized via the tragi-comedy of the ballet *Jeux*.

The Case of Bloomsbury Ballet

Nijinsky had planned *Jeux* from about 1912, discussing his ballet with Diaghilev and Debussy in Paris; the futuristic costumes are for an imagined 1920 setting, and the ballet opened in Paris in 1913 (see The Royal Ballet 1999/2000). The ballet is set in a Bloomsbury garden, a man enters looking for a tennis ball which has gone astray from a nearby game. Two women follow, all are dressed for tennis. A strange dance begins, decadent, mysterious, in a private enclosed world where the sporting body is celebrated and passions rapidly arise and disappear in moments. The dancers are not restrained by the Victorian world that precedes them, for this is the world of Bloomsbury, where sexuality and relationships are open and experimental. But there is an approaching catastrophe, perhaps the First World War, and the dance ends with the interruption of … another tennis ball. Nijinsky based his ballet upon a visit to Bedford Square and a tennis game at the home of the literary patron and author Lady Ottoline Morrell (1873-1938). His two female tennis players/dancers are said to be based upon Virginia and Vanessa Stephen. What has this ballet to do with trickster camp and *Kiss of the Fur Queen*? For a start, *Jeux* is not just about modernity and the modernist aesthetic, but it concerns two intersecting technologies of the body: one based upon a stripping down of the body into a sporting machine, the other an enhancement of the body as a desiring machine. Diaghilev wanted the ballet to have three male dancers in an erotic *ménage à trois*; the final version is still risqué with its lesbianism. And *Jeux* was very funny. When it was first performed—with giant tennis balls and a Nijinsky who was more familiar with golf than tennis—and danced as such, the audience was stunned by the modernist aesthetic and laughed hysterically at the ludicrous antics in front of them. Trickster camp similarly combines a powerful, serious bodily aesthetic with the relief of humour. Take Gabriel finally learning how to dance in a studio with twenty-four baby ballerinas: "Avoid his reflection in the distance as he might, the fact remained that few of these five- and six-year-old girls came up to his navel, making him look, and feel, like a Weetigo" (152). *Jeux* is about chance: the tennis ball that takes the dancers to an adjacent, private garden; their fleeting world doomed as war approaches. But chance and humour are also strictly controlled by the technologies of the body: all of this, onstage, just as Jeremiah, Gabriel, and trickster are onstage throughout their lives. Vizenor finds liberation in a postmodern aesthetic and criticism, which perhaps develop a less controlled notion of the body. After all, sport was appropriated by fascism and fed into the world of the catastrophe. Vizenor says: "The trickster is a chance, a comic holotrope in a postmodern language game that uncovers the distinctions and ironies between narrative voices; a semiotic sign for "social antagonism" and "aesthetic activism" in postmodern criticism and the avant-garde, but not "presence" or ideal cultural completion in narratives" ("*Trickster Discourse*" 192). Can there be an avant-garde after the catastrophe? The avant-garde attacks institutional frameworks, blurs boundaries, brings low art and high art into conjunction; the avant-garde starts deadly serious, or seriously comic, and ends up with camp. Camp can be re-contained, but not stifled; just as Jeremiah's Bach switches effortlessly to memories of wild wedding parties at home, and *Toccata* becomes an exercise in touch with multiple signification (*Kiss of the Fur Queen* 100-101). Trickster is "a chance."

Sacred Text

One of the problems associated with the use of Eurocentric postcolonial theory, rather than with criticism that reclaims or re-appropriates theory from an indigenous perspective, is the fact that First Nations writing is rarely discussed as *sacred text*. One way of expanding on this is to think about the oral/written divide, whereby any written text based upon oral culture usually comes under intense suspicion, as being a degraded version of that orality. Contemporary Canadian First Nations writing does not partake of an alienating written culture divorced from the oral past; instead, contemporary Canadian First Nations writing has a "scriptural function." As Brian Britt notes: "[…] a text exhibits the scriptural function if it participates significantly in a religious or sacred function" (20). As Britt argues: "There are two commonly held views of sacred text: *externalist* notions, which regard a text's sacrality as constituted by external social and historical phenomena, and *internalist* notions, which claim a text is sacred on the basis of its contents. But this polarization of internalist and externalist theories reflects a false opposition" (13). The term "scriptural function" deals with the opposition. Britt notes, in relation to Benjamin but of relevance here, that "[f]rom at least 1916 onward, Benjamin posited an ideal language, the only access to which is found in texts, particularly sacred texts like the Bible. Sacred texts do not, however, provide a magical key to the recovery of pure language. Rather, they paradoxically gesture toward pure language through narratives of its loss" (13). I argue that the "scriptural function" is the overall schema of contemporary Canadian First Nations writing: it is composed of metaphors of reclamation not in some simplistic, nostalgic sense (although nostalgia can at times be a powerful and positive driving force), but rather in the sense of recovering the constitutive power of naming and stories. We must not think of First Nations loss as being temporal; rather it is a spatial disconnection. Highway, in plays such as *The Rez Sisters* or his novel *Kiss of the Fur Queen*, creates a world where trickster is present in a kind of parallel universe, or adjacent spiritual realm. First Nations characters tap in and out of the adjacency. As Highway says in his "Note on Nanabush": "Some say that 'Nanabush' left this continent when the whiteman came. We believe he is still here among us—albeit a little the worse for wear and tear—having assumed other guises. Without him [her or it]—and without the spiritual health of this figure—the core of Indian culture would be gone forever" (*The Rez Sisters* xii). A similar adjacency occurs in Eden Robinson's novel *Monkey Beach*, in terms of trickster and the protagonist's interaction, willed or not, with the spirit world. The recovery of the adjacent world in First Nations writing is a recovery of power, but it must be emphasized that this is first and foremost sacred power; First Nations writing in English is analogous to the notion in Benjamin that "[…] language has become the archive of the lost mimetic faculty […]" (Britt 23); the task of "criticism is to retrieve mimetic or pure language" (Britt 23); but the text is never simply singular, it is always already a "constellation" of multiple discourses and practices; thus the task "can never be fully accomplished" (Britt 23). As Britt says, "[…] in order to be accessible at all, the sacred text must strike a compromise between revelation and ordinary language […]" (60).

Final Play

> "What's she talking about?" Jeremiah growled.
>
> "You didn't say it loud enough, Jeremiah," said Gabriel.
>
> "Didn't say what loud enough?"
>
> Jeremiah tried to ask again. But, finally, his memory opened the padlocked doors. (285)

Who has locked the doors? Is it a systematic locking, a sealed environment of pain? Is it a mode of survival? How can identity be expected to be stable, contained, locked away, and located in such a way? As Joseph Dandurand writes in *burning for the dead and scratching for the poor*: "I see my face in the mirror/the reflection is mine but the image/is of another man." Dandurand's poet has "seen the future" and "the future is ok." The spirit of utopia survives the historical battering: catastrophe *and* restitution. In *Kiss of the Fur Queen*, Amanda Clear Sky counters Jeremiah's Eurocentric history of bloody revolutions and political upheavals with North American history: "… the Cherokee Trail of Tears … Wounded Knee, smallpox blankets, any number of atrocities done to the Indian people. Was the colonization of North America not every bit as bloody as the French Revolution?" (148), she asks. After class, she says to Jeremiah that he "[…] shouldn't forget that we have a history too […]" (149). Trickster camp writes history on the body, yet sometimes the body cannot feel or recover the memories, for they are deeply and profoundly painful.

Works Cited

Armitage, Andrew. *Comparing the Policy of Aboriginal Assimilation: Australia, Canada and New Zealand*. Vancouver: UBC Press, 1998.

Baudrillard, Jean. *Symbolic Exchange and Death*. Trans. Iain Hamilton Grant. London: Sage, 1998.

Beckett, Samuel. *Three Dialogues With Georges Duthuit*. London: John Calder, 1999.

Benjamin, Andrew. *Present Hope: Philosophy, Architecture, Judaism*. London: Routledge, 1997.

Bloch, Ernst. *The Spirit of Utopia*. Trans. Anthony A. Nassar. Stanford: Stanford UP, 2000.

Britt, Brian. *Walter Benjamin and the Bible*. London and New York: Continuum, 1996.

Dickinson, Peter. *Here is Queer: Nationalisms, Sexualities and the Literatures of Canada*. Toronto: University of Toronto Press, 1999.

Dandurand, Joseph. *burning for the dead and scratching for the poor*. Langley, BC/Kwantlen First Nation: The Rez Press, no date.

Fournier, Suzanne and Ernie Crey. *Stolen from Our Embrace: the Abduction of First Nations Children and the Restoration of Aboriginal Communities.* Vancouver & Toronto: Douglas & McIntyre, 1998.

Highway, Tomson. *The Rez Sisters*. Saskatoon: Fifth House, 1998.

—. *Kiss of the Fur Queen*. Canada: Doubleday, 1999.

Johnson. B. S. *The Unfortunates*. London: Picador: 1999.

Lane, Richard. "Fractures: Written Displacements in Canadian/US Literary Relations." *Post-Colonial Literatures: Expanding the Canon.* Ed. Deborah L. Madsen. London: Pluto, 1999. 45-57.

—. *Jean Baudrillard*, London: Routledge, 2000.

Lyotard, Jean-François. *The Postmodern Condition: A Report on Knowledge*. Trans. Geoff Bennington and Brian Massumi. Minneapolis: U of Minnesota P, 1989.

Robinson, Eden. *Monkey Beach*. London: Abacus, 2000.

Royal Ballet, The. *Les Biches, L'Après-midi d'un faune, Jeux, The Firebird.* London, Covent Garden: 1999/2000; programme.

Vizenor, Gerald. ed. *Narrative Chance: Postmodern Discourse On Native American Indian Literatures*. Norman: U of Oklahoma P, 1993.

—. "A Postmodern Introduction." *Narrative Chance: Postmodern Discourse On Native American Indian Literatures.* 3-16.

—. "*Trickster Discourse*: Comic Holotropes and Language Games." *Narrative Chance: Postmodern Discourse On Native American Indian Literatures.* 187-211.

Wittgenstein, Ludwig. *Philosophical Investigations*. Trans. G. E. M. Anscombe. Oxford: Basil Blackwell, 1991.

"Restoring the Imprisoned Nation to Itself": Resistance, Repossession, and Reconciliation in the Plays of Tomson Highway

Mark SHACKLETON

University of Helsinki

> The missionaries think that they killed off the Trickster, but we don't think so. To my mind, the Trickster has been passed out under the table for 200 years. Those guys in Hastings Street (Vancouver's skid row) who have been drunk for 25 years—you see the Trickster in them clawing to come back to life. (Tomson Highway interviewed by Ray Conlogue, 1987.)
>
> Native and Métis writers are today demanding a voice [...] theirs should be considered the resisting, post-colonial voice of Canada. (Linda Hutcheon, "Circling the Downspout of Empire" 156)

Edward Said in *Culture and Imperialism* has argued that one of the three great topics that emerge in decolonizing cultural resistance is the insistence on the right to see the community's history as an integral whole, to "[r]estore," as he puts it, "the imprisoned nation to itself" (215). Restoring the imprisoned nation to itself, says Said, involves the concept of the national language, but the national language on its own is not enough. It must, he says, be disseminated through slogans, pamphlets, newspapers, folktales, heroes, epic poetry, novels, and drama. Said argues that national culture organizes and sustains cultural memory. The monumental histories of Western powers and the official discourses of the colonizers need to be resisted by the stories of the indigene, the tales of the local people themselves through, for example, local slave narratives, spiritual autobiographies, prison memoirs, and so on. This paper will discuss to what extent Said's notion of restoring the imprisoned nation to itself can be applied to Native North America writing and to Tomson Highway's plays in particular.

The notion of the nation in the context of Native North American writing is, of course, a complex one, and many positions are represented by Native writers.[1] The traditionalist position, for example, associates nationhood with the specific tribal customs associated with a particular place. Elizabeth Cook-Lynn, a member of the Crow Creek Sioux tribe, puts forth the traditionalist case when she argues in favour of the maintenance of "the myths and metaphors of sovereign nationalism; the places, the genre structures and plots of the oral traditions [...] which have always fueled the literary canon of tribal peoples and their literary lives" (84). As she says, "'[n]ation' as a term is radically connected with native. We are born into relationships which are typically settled in a place" (87). Cook-Lynn criticizes well-known Native American fictionists for failure to examine the meaningfulness of indigenous or tribal sovereignty. By way of example, she cites Louise Erdrich's "Christian-oriented" prose, James Welch's "dismissal of [...] nationhood," N. Scott Momaday's "mythic self-absorption," and Gerald Vizenor's feeling that "whoever wants to be tribal can join the tribe" (85). Her examples serve to show the range and variety of Native North American writing, but on closer analysis also reveal that the traditionalist position still remains strong. Erdrich's work cannot be simply characterized as "Christian," for, as Jeanne Rosier Smith has shown, Erdrich "offers a trickster-inspired view of identity, community, history, and narrative" (72), several of her characters bearing a resemblance to a specific tribal Trickster, the Chippewa Trickster Nanabozho. Similarly, although Momaday's work is certainly "mythic," the myths are not derived from "self-absorption," but from specific Lakota legends associated with actual geographical place and received through family storytelling traditions. Lynn-Cook stands on safer grounds in her characterization of Vizenor, whose use of pan-tribal, pan-national Trickster in his work is among the most generalized and least tribally specific in Native American writing today.

The second issue raised by Said's argument is how far one can call the indigenous people of North America "imprisoned" nations. In the case of Native North Americans perhaps the notion of "dispossession"

1 For an overview of postcolonial positions on nation and nationhood, see John McLeod *Beginning Postcolonialism* (2000). Articles which touch upon Native North American writing, nationhood, and postcolonialism include Linda Hutcheon "'Circling the Downspout of Empire': Post-Colonialism and Postmodernism" (1989); Arun P. Mukherjee "Whose Post-Colonialism and Whose Postmodernism?" (1990); Stephen Slemon "Unsettling the Empire: Resistance Theory for the Second World" (1990); Arnold Krupat "Postcoloniality and Native American Literature" (1994). I am grateful to Katja Sarkowsky for alerting me to these references.

proves more productive. Avtar Brah, for example, sees the oppression of the indigenous peoples of North America and Australia in terms of a common experience of "exploitation, dispossession and marginality" (180, 190). Similarly, James Clifford (1997: 253), views tribal predicaments in terms of loss, involving claims to "firstness" on the land, common histories of decimation and marginality, and visions of a return to an original place. Neal McLeod likewise views indigenous history and culture in terms of dispossession, distinguishing between what he calls "spatial diaspora" (removal of an indigenous group from their land) and "ideological diaspora" (alienation from collective memories as found in tribal stories) (1998:52). However, if "imprisoned" is interpreted in more general and metaphoric terms to encompass, among other things, the psychic imprisonment and loss of self-identity brought about by dispossession of homelands and spiritual heritage, then the word "imprisoned" will certainly suffice.

Tomson Highway's work does not primarily revolve around nation-building or national sovereignty as such, but is, as his "A Note On Nanabush" shows, concerned with sustaining cultural memory through the figure of the Native Trickster:

> Some say that Nanabush left this continent when the white man came. We believe she/he is still here among us—albeit a little the worse for wear and tear [...]. Without the continued presence of this extraordinary figure, the core of Indian culture would be gone forever. (*Dry Lips* 13)

Highway is not alone in seeing contemporary refashionings of the Native Trickster tales as a source of cultural sustenance that links the oral cultural tradition and the modern world. Under Highway, artistic director of Native Earth Performing Arts (1986-1992), many plays with Trickster figures were workshopped and performed, among them Daniel David Moses's *Coyote City*, Monique Mojica's *Princess Pocahontas and the Blue Spots*, and Beatrice Culleton Mosionier's *Night of the Trickster*. In 1986, Highway along with Lenore Keeshig-Tobias and Daniel David Moses founded the Committee to Re-Establish the Trickster; later, in 1988, the Committee published a magazine of new Native writing which ran for two issues. In the first edition, editor Keeshig-Tobias stressed that Native oral literature (ceremonial stories and songs, games, prose cycles, Trickster tales, etc) in either a traditional or a contemporary setting reflect "the deepest perceptions [...] of Native cultures" (2). More recently, in a 1993 interview, Highway said that "Native artists in Canada have all developed ways of expressing this (Trickster) figure lately" (Tompkins and Male 24).

In Highway's work, resistance in part takes the form of regaining what was lost, primarily through the return of the spiritual leadership of the Cree/Ojibway Trickster Weesageechak/Nanabush. In his first published play, *The Rez Sisters*, Nanabush is an invisible presence throughout most of the performance. Unseen by all but two of the Rez women, the mentally disabled Zhaboonigan Peterson and Marie-Adele Starblanket, who is dying of cancer, the Trickster's absence is foregrounded by Pelajia Patchnose's comment on rez life:

> Everyone here's crazy. No jobs. Nothing to do but drink and screw each other's wives and husbands and forget about our Nanabush. (6)

But by the end of the play, through Nanabush's benevolent influence, the women have gained in strength and unity. As Nanabush conducts Marie-Adele into the spirit world, the six remaining rez sisters sing together the Ojibway funeral song. The closure of the play appears, however, ambiguous. When Nanabush lands on the roof in the guise of a seagull, Pelajia is as "unaware and unseeing" (118) of his presence as she was at the beginning of the play, when she could see "seagulls circling over Marie-Adele Starblanket's white picket fence" (2) without realizing that they manifested the presence of Nanabush over the house of the dying Marie-Adele.

Regaining what was lost—or in Said's words "restoring the imprisoned nation to itself"—is a theme which is reverted to in Highway's *Dry Lips Oughta Move to Kapuskasing*. Here again the return to the values represented by Nanabush, whose role, says Highway in "A Note on Nanabush," is "to teach us about the nature and the meaning of existence on the planet Earth" (*Dry Lips* 12), is not without its ironies and ambiguities. Nanabush is not simply a guardian angel "behind the veil," a deific presence who will reveal him/herself to the true believer. Nanabush's appearances, as befits a Trickster, are highly ambiguous and equivocal. Towards the end of *Dry Lips*, Zachary Keechigeesik, kneeling over the dead body of Simon Starblanket, shrieks to the skies demanding divine revelation and some kind of explanation for what is happening to his people:

> [...] God! God of the Indian! God of the Whiteman! ... Whatever the fuck your name is. Why are you doing this to us? Are you up there at all? Or are you some stupid, drunken shit, out-of-your-mind-passed out under some great beer table up there in your stupid fucking clouds?[2] ... Why don't you

---

2 In Ray Conlogue's 1987 essay in *The Globe and Mail* (November 21: C5), Highway is quoted as saying "[t]he missionaries think that they killed off the Trickster, but we don't think so. To my mind, the Trickster has been passed out under the table for 200 years. Those guys in Hastings Street (Vancouver's skid row) who have been drunk for 25 years—you see the Trickster in them clawing to come back to life." On the one hand, Zachary's words can be interpreted as a straightforward insult; on the other, they could be read as an invocation to rouse the Trickster from his drunken sleep.

> come down? I dare you to come down from your high-falutin' fuckin' shit-throne up there [...]. (*Dry Lips* 116)

As Zachary collapses over Simon's body and weeps, a light comes up on Nanabush shown "sitting on a toilet having a good shit. He/she is dressed in an old man's white beard and wig, but also wearing sexy, elegant women's high-heeled pumps. Surrounded by white, puffy clouds, she/he sits with her legs crossed, nonchalantly filing his/her fingernails" (117). On one level, this is a Trickster's parody of traditional iconic representations of the patriarchal Christian god, but this "revelation" equally mocks Zachary. He has asked for a sign, but the revelation (seen by the audience but not by the prostrate weeping Zachary) primarily shows this heavily and contradictorily gendered Trickster's nonchalant indifference to the fate of mortals. Nanabush's lesson on the "the nature and the meaning of existence" is for Native peoples to accept contraries, reconcile themselves to the tragedies of the past and, despite everything, to persevere with optimism. Zachary would appear to have learnt that lesson when in the closing tableau he lifts up his naked baby daughter—a sign of hope for the rez future. The last sounds of the play are Zachary's wife's rich laughter, a "magical silvery Nanabush laugh," which is re-echoed in the amplified laugh of their baby. The fact that the baby is female specifically emphasizes what in a 1993 interview Highway calls "the return of the goddess" (Tompkins and Male 16), "the trickster [...] regaining his/her strength, particularly the female side of Cree mythology" (Tompkins and Male 24).

"Restoring the imprisoned nation" in Highway's most recent play, *Rose*,[3] a full-scale musical, involves female assertion against male abuse, a theme foregrounded by the epigraph to the play: "a nation is not conquered until the hearts of the women are on the ground" (Tompkins and Male 24).[4] The play thus makes a further contribution to what Highway calls the "move whereby men's dominion over women is disproven" (Tompkins and Male 15). The battle for female rights within Native North American communities derives initially from the imposition of patriarchal Christianity with the arrival of Columbus, when, as Highway says, "the power was turned over to the male figure" (Tompkins and Male 24). Highway shows in *Dry Lips* and *Rose* that the

---

3 *Rose* is Highway's most recent play in the sense that it is the most recent play to date to receive a full production. *Rose* started off as a cabaret of songs produced by Native Earth Performing Arts Inc. in the 1989/90 season. It has been worked on a great deal since then. The script I quote from in this essay dates from June 1994, but the script has been subsequently shortened for performance. The University College Drama Program of Toronto University staged the first full production of *Rose* in 2000.

4 This quotation, a traditional Cheyenne saying, is also one of the epigraphs to Monique Mojica's play *Princess Pocahontas and the Blue Spots*.

twentieth-century heritage of colonization has had a psychologically disastrous effect on Native males. Robbed of their self-esteem, the male humiliation and sense of emasculation find release in acts of misogyny and violence towards women. In *Dry Lips*, Big Joey recounts his exploits seventeen years earlier, when as an act of resistance and solidarity he and a number of the men from the Wasaychigan Reserve went to the siege of Wounded Knee (1973) to join their embattled Sioux brothers. They raise the battle cry "This is the end of the suffering of a great nation!" (119), but find themselves beaten to the ground by the FBI. Big Joey's repeated nightmares of castration and powerlessness derive directly from that time:

> Ever since that spring, I've had these dreams where blood is spillin' out from my groin, nothin' there but blood and emptiness. It's like ... I lost myself. (*Dry Lips* 120)

Big Joey's nightmare becomes reality in *Rose* when he is ritually castrated by the Rez women in return for his brutal mutilation of Pussy Commanda. But in the context of *Dry Lips*, what is noticeable about Joey's hatred is that it is not directed against white-controlled power structures, but against Native women. When asked why he did not prevent the rape of a young Native woman (Patsy Pegamaghbow) by his own (unacknowledged) son, he spits out this reply:

> Because I hate them! I hate them fuckin' bitches. Because they—our own women—took the fuckin' power away from us faster than the FBI ever did. (*Dry Lips* 120)

At the end of *The Rez Sisters*, Philomena Moosetail points to the inherent chauvinism of reservation life when she remarks to her sister, Pelajia, that she will never be chief "[b]ecause you're a woman" (114). But in *Rose*, set in 1992, six years after the events of *Rez Sisters*, and, significantly, five hundred years after Columbus, Philomena's words have proved wrong. Pelajia Patchnose is now Chief Big Rose, the leader of the community. In this position, she heads the female resistance to Native and non-Native misogyny, attempting to outmanoeuvre Big Joey over his plans to turn the community hall into a gambling casino, a move that would increase prostitution, drug taking, and Mafia presence on the reservation. *Rose* also concerns healing, particularly Emily Dictionary's coming to terms with the ghosts of the past: the loss through suicide of her lover Rosabella Baez, her unborn daughter Rosetta, and the murder of Chief Big Rose. These dead loved ones are female Trickster spirits whose presence in the play is visually foregrounded through recurrent images of hearts, rose petals, and a pink full moon. Highway explains:

> When Emily comes to grips with her grief for Rosabella Baez, she grabs her heart and a shower of rose petals comes down as the heart—now it's Rosabella's heart seen in the sky as a new moon. (Tompkins and Male 26)

All Highway's work can be understood in part as elegies for the female victims of male sexual violence. In particular, the memory of Betty Jane Osborne, a seventeen-year-old Cree girl personally known to Highway, who was raped and stabbed to death with a screwdriver by four white youths, resurfaces in Zhaboonigan Peterson in *The Rez Sisters*, Patsy Pegahmagahbow in *Dry Lips,* three ghostly mutilated Trickster women, Evelyn Rose McCrae, Madeline Jeanette Lavoix, and the Madonna of North Main in *Kiss of the Fur Queen*, and the biker woman Pussy Commanda, brutally beaten by Big Joey in *Rose*. In effect, as Patsy's rape with a crucifix in *Dry Lips* symbolically shows, the rape of a Native woman is also the rape of a culture. In Highway's work "restoring the imprisoned nation" involves dealing with the effects of colonization that have destroyed Native culture. These effects impinge particularly on Native women, who are, on the one hand, the source of the culturally sustaining female/Earth principle in Native culture, on the other, the main targets of violence from both Native and non-Native men.

Resistance in Highway's plays takes the form of repossession, of regaining what was lost. This relates not only to the re-establishment of female power on the rez, but also to a wider vision of regaining (at least in the imagination) the land from the colonizers. Said's notions of "restoring the imprisoned nation" are no doubt influenced by the fact that he is a Palestinian. Highway's vision of repossession, however, is not concerned with the re-establishment of an actual lost homeland, but of the recreation of lost imaginary homelands—an imaginative (re-) apprehension of the world of the Trickster. This point can be best exemplified by an analysis of Scene 7 (the first scene in Act Two) in *Rose*. The scene is set in "The Hilarium," a hothouse of laughter where the rules of everyday reality no longer exist. The Native Trickster is, of course, the presiding deity of anarchic laughter in which all rules are reversed. Chief Big Rose identifies the major problem of the world: it is run by men who take themselves too seriously, and she cites Hitler, Stalin, Pol Pot, Vlad the Impaler, and "that wretch Mussolini" (Rose 42) as examples. Big Rose imagines serious Premier Bob Rae coming to Manitoulin Island to sign a treaty, and then she cancels that notion to imagine something even more bold, namely Prime Minister Brian Mulrooney coming to give back Manitoulin Island to the Indians, and being tickled helpless for his pains. Meanwhile, in an instrumental break, seven hothouse avocado plants have come to life in the hilarium and dance a "lusty Rockettes-cum-Ukrainian kick-line across the stage" (43) to the accompaniment of a hurdy-gurdy played by the Trickster ghost Rosetta Dictionary. With the end of this song, the manic interlude fades and "stark reality seeps back in" (45). Most significantly here, the return of lost tribal lands is plainly placed within a never-never land of Trickster fantasy. It is not going to happen in real life. But the energy of the vision is enough to preserve the imagination. The fact that the vision *can* come to life in the imagination, however, means that, at least on one level of reality, it does exist. As a vision, it sustains the people.

The fantasy of repossessing the land is a running gag that escalates throughout *Rose*. Chief Big Rose "cancels" Mulrooney, replacing him with George Bush, who will "sign over the province of Ontario" (56G), followed by Queen Elizabeth who will give back Canada to the Indians (64), then Pope John Paul II will come to the Wasy reservation "to sign all of North America back to the Indians" (68E). The Pope is cancelled, however, and instead Jesus is invited down from the skies to Wasaychigan Hill "to return to the world to us" (81). Realizing that this might be a somewhat ambitious plan, Big Rose decides to go for "something more ... reasonable" (83), namely Elvis's offer to return Graceland to the Cherokee, an offer which, at least for a time, Chief Big Rose considers. Inevitably, Elvis is cancelled, to be replaced by the Ojibway Trickster Nanabush, who will not only open the new reservation gambling casino, but also "sign the Treaty giving the entire Universe back to the Indians" (108). Chief Big Rose's endless play with her community, endlessly cancelling and postponing, "because, as you know, I just love to cancel things ..." (108), reveals that she too is a Trickster, or at least that she embodies the spirit of the Trickster. The Chief's ever-expanding imagination shows that the presence of the Trickster is coming closer. Indeed, the whole play undergoes continual expansion as the real world gives way to the mythological. The final scene of *Rose* is like a Cree version of Wagner's *Ring Cycle*, where instead of women on horse transporting the female spirits to Valhalla, we have twenty-one Rez women on motorbikes conducting the three Roses (Rosetta, Rosabella and Chief Big Rose) to the spirit world, where their souls will shine as moons. *Rose* is a supremely ambitious work that risks a great deal, but the final scene—lit by projected images of first the Wasy rez by air, then Sudbury, then Toronto, then New York, then the globe and the cosmos—perfectly matches the transfigurations and expansions that the whole play has undergone.

Ultimately, resistance and imaginative repossession in Highway's plays must be linked to the theme of survival. To repossess and retain an imaginative vision of one's people and community constitutes an act of resistance against all the forces that would crush it. It is a means by which a culture can survive. Native North Americans have been frequently sentimentalized by non-Natives as a dying race; one thinks of books like Joseph Dixon's *The Vanishing Race* or the famous Indian portraits of Edward S. Curtis. The primary message of all Highway's work is that Aboriginal North Americans are not a dying breed. Chief Big Rose spells this out in *Rose*:

> You know, I've lived on this reserve for near sixty years, watched three generations grow from acorns to oaks, watched children laugh, men cry, women work, people just plain refusing to throw in the towel. And all this in the face of textbooks telling us there was no hope, that we were a dying race? Hogwash! Just plain hogwash! (65)

This theme of resistance and survival, this time specifically women's survival in the face of male brutality, is reprised towards the end of the play by the ghost-Trickster Rosabella, speaking not from the realms of the dead, but from "another dimension" that can, nevertheless, affect the real world:

> [...] it's true what they say, the Elders, the medicine people, there is no death. No death. Only a going away, to another world, another dimension of this same old ... Earth. We are still here, we will be here forever. 20,000 years, 10,000 generations of us. They can kill us and they can rape us and shoot us and set our bodies on fire and stick broken beer bottles and screwdrivers into our cunts but we are still here, we will always be here, we will never go away. (96)

If resistance in Highway's plays takes the form of repossession, of regaining what was lost, reconciliation comes through the acknowledgement of the need to confront the pain of the past in order to heal the wounds. In the epigraph to *Dry Lips*, Highway quotes the respected elder Lyle Longclaws: "Before the healing can take place, the poison must be exposed." In *The Rez Sisters*, healing takes place on the van journey to the bingo game in Toronto through the mutual support the women give each other, as first Marie-Adele and then Emily Dictionary expose the pain of coming to terms with the loss of a loved one. In *Rose*, six years later, Emily still grieves for the loss of her lover Rosabella, the play opening with her words "Taneegi? Taneegi pimatisiwin?" ("Why? What's the reason for living?"), followed by the burning of sweetgrass accompanied by her chanted healing song. She takes out of a drawer a piece of pink smocking (symbolizing her unborn daughter Rosetta Dictionary), a red stiletto shoe (Rosabella's), and an eagle feather (Chief Big Rose's), and puts them in a toy box. As she chants a healing song, the box begins to glow, and unwilling to confront the pain of remembering these three dead Roses, she throws the box out of the window. The spirit of Rosetta Dictionary as a five-year-old girl (the age she would have been had she lived) is passing by, and she opens this Pandora's box[5] of unhealed grief, in effect beginning the action of the play. As she

---

5 Highway alludes to this box as "Pandora's toybox" in his 1993 interview (Tompkins and Male 26). Talking in a 1992 interview with Robert Enright about his fusion of

reaches out three dolls, symbolizing the three Roses, the stage slowly fills with Native women on motorcycles, first Rosabella, then Chief Big Rose, then Rosabella's bike gang, and finally the Rez sisters, until twenty-one women on motorcycles fill the stage in a dramatic visual demonstration of female power.

In *Rose*, the deaths of the three Roses that the action of the play seeks to heal evoke different aspects of the experience of Native women on the reservation. Rosetta was killed when the already nine-month-pregnant Emily is kicked in the belly by Gazelle Nataways. Rosabella committed suicide by driving into an eighteen-wheel transport truck after a bitter fight with Emily. Chief Big Rose is shot by Creature Nataways at the end of the play, because she represents a threat to male power, symbolized most clearly by Big Joey's Mafia-supported gambling operations on the rez. As with *Dry Lips*, the violence in *Rose* resides both within and comes from outside the reservation, self-destruction and inner-directed violence being as prevalent a danger as overt external oppression. The end of *Rose*, too, parallels *Dry Lips,* in that the closing scene evokes the beginning: the play comes full circle. The final spot lights up Rosetta, plainly a female Trickster, "Smiling impishly at the audience" (111). Before discarding the toy box she had at the beginning of the play, she takes out the Rosetta biker doll and plays with it. Rosetta's memory, we must imagine, is no longer a source of pain and loss for Emily. The last sound we hear is "echoing [...] little girl laughter" (111), the laughter of Nanabush, and as with *Dry Lips* there is a sense in which the whole play can be seen as taking place within the Trickster's dreamworld. In *Dry Lips*, Highway fuses Native mythology with Greek mythology, hence Zachary Keechigeesik (Keechigeesik meaning "great sky" in Cree) is a down-to-earth Native version of Zeus. In *Rose*, the classical parallel concerns the myth of Pandora's box. Pandora is the first woman and a symbol of female power that redresses the imbalance of patriarchal power in the Greek pantheon. She can be compared to Native Tricksters in that she is responsible for bringing evils to the world (as Coyote, for example, does), but also represents the positive forces of endurance and survival against all the odds. When Pandora's box released evils to the world, one thing remained: hope.

Referring to his use of Tricksters in his work, Highway has said "hopefully [...] the trickster is increasingly sophisticated in each one of them" (Tompkins and Male 18). Certainly, Highway's work exhibits a

---

Native and classical mythology, Highway said: "Even though I come from Northern Manitoba and from a Cree background, I've become very much a part of mythologies worldwide. I don't resist the impulse to combine mythologies because ultimately I believe they are universal and that their archetypes are all the same" (24, 25).

remarkable consistency in that each appears to evolve out of the next. His work in Said's terms "restores the imprisoned nation to itself" by foregrounding the Native Trickster as a source of cultural memory and as a force for (female) resistance. His plays are written in English, but continuously remind us of the presence of Cree language and culture, both through untranslated or partly translated passages in Cree and through characteristically earthy Trickster humour.[6] Resistance in his work is coupled with reconciliation, both seeking to heal the poisons of colonial history. "History is a nightmare from which I am trying to awake," Stephen Dedalus's words in *Ulysses*, would be a fitting epigraph to Highway's work. In his plays, he evokes what he calls "The dream world[7] of North American Indian mythology" (*Dry Lips* 12) to bring back the spirit of Nanabush—"albeit a little the worse for wear and tear" (*Dry Lips* 13)—and to re-affirm the presence of this extraordinary figure on which, in Highway's view, Native North American culture depends. Highway's work directly concerns reconfigurations: the Trickster figure in his plays is a shape-shifter and transformer who continuously challenges the audience to re-imagine the boundaries of the possible.

Works Cited

Brah, Avtar. Cartographies of Diaspora: Contesting Identities. London: Routledge, 1996.

Clifford, James. *Routes: Travel and Translation in the Late Twentieth Century*. Cambridge, Mass.: Harvard UP, 1997.

Conlogue, Ray. "Mixing Spirits, Bingo and Genius." *The Globe and Mail*, Toronto, November 21, 1987: C5.

Cook-Lynn, Elizabeth. "The American Indian Fiction Writers: Cosmopolitanism, Nationalism, the Third World, and First Nation Sovereignty." *Why I Can't Read Wallace Stegner and Other Essays. A Tribal Voice*. Madison: U of Wisconsin P, 1996. 78-96.

Enright, Robert. "Let Us Now Combine Mythologies: The Theatrical Art of Tomson Highway." *Border Crossings* 1:4 (December 1992): 22-27.

Highway, Tomson. *The Rez Sisters*. Saskatoon: Fifth House, 1988.

—. *Dry Lips Oughta Move to Kapuskasing*. Saskatoon: Fifth House, 1989.

—. *Rose*. Unpublished play script, 1994.

—. *Kiss of the Fur Queen*. Toronto: Doubleday, 1998.

---

6 For Highway and linguistic resistance, see Mark Shackleton "Language and Resistance in the Plays of Tomson Highway" (1999).

7 In his 1992 interview with Robert Enright, Highway said "[...] our spiritual centre is very much expressed in the way our dream world operates. Our dream visions affect our day-to-day lives and, certainly for North American Indian culture, our dream life is every bit as important as our physical, conscious life" (24,25).

Hutcheon, Linda. "'Circling the Downspout of Empire': Post-Colonialism and Postmodernism." *Ariel* 20:4 (October 1989): 149-75.

Keeshig-Tobias, Lenore "Introduction: Let's Be Our Own Tricksters, Eh." *The Magazine to Re-Establish the Trickster* 1:1 (Fall 1988): 2-3.

Krupat, Arnold. "Postcoloniality and Native American Literature." *The Yale Journal of Criticism* 7:1 (Spring 1994): 163-80.

McLeod, John. *Beginning Postcolonialism*. Manchester and New York: Manchester UP, 2000.

McLeod, Neal. "Coming Home Through Stories." *International Journal of Canadian Studies* 18 (Fall 1998): 51-66.

Mojica, Monique. *Princess Pocahontas and the Blue Spots: Two Plays*. Toronto: Women's Press, 1991.

Moses, Daniel David. *Coyote City* (1990). *Coyote City and City of Shadows: Necropolitei*. Toronto: Imago Press, 2000.

Mosionier, Beatrice. *Night of the Trickster*. Unpublished play script, 1996.

Mukherjee, Arun P. "Whose Post-Colonialism and Whose Postmodernism?" *World Literature Written in English* 30:2 (1990): 1-9.

Said, Edward W. *Culture and Imperialism*. New York: Alfred A. Knopf, Inc., 1993.

Shackleton, Mark. "Language and Resistance in the Plays of Tomson Highway." *Postcolonialism and Cultural Resistance*. Ed. Jopi Nyman and John A. Stotesbury. Studia Carelica Humanistica 14. U of Joensuu, 1999. 215-21.

Slemon, Stephen. "Unsettling the Empire: Resistance Theory for the Second World." *World Literature Written in English* 30:2 (1990): 30-41.

Smith, Jeanne Rosier. *Writing Tricksters: Mythic Gambols in American Ethnic Literature*. Berkeley and Los Angeles: U of California P, 1997.

Tompkins, Joanne, and Lisa Male. "'Twenty-One Native Women on Motorcycles': An Interview with Tomson Highway." *Australasian Drama Studies* 24 (April 1994): 13-28.

Reconfiguring North: Canadian Identity in the 21st Century

Sherrill GRACE

The University of British Columbia

> A bunch of the boys were whooping it up in the
> Malamute saloon.
> The kid that handles the music-box was hitting
> a jag-time tune;
> Back of the bar, in a solo game, sat Dangerous
> Dan McGrew,
> And watching his luck was his light-o'-love, the
> lady that's known as Lou.
>
> When out of the night, which was fifty below,
> and into the din and the glare,
> There stumbled a miner fresh from the creeks,
> dog-dirty, and loaded for bear.
> He looked like a man with a foot in the grave,
> and scarcely the strength of a louse,
> Yet he tilted a poke of dust on the bar, and he
> called for drinks on the house.
> There was none could place the stranger's face,
> though we searched ourselves for a clue;
> But we drank his health, and the last to drink
> was Dangerous Dan McGrew.
>
> [...]
>
> Then I ducked my head, and the lights went out,
> and two guns blazed in the dark;
> And a woman screamed, and the lights went up,
> and two men lay stiff and stark;
> Pitched on his head, and pumped full of lead, was
> Dangerous Dan McGrew,
> While the man from the creeks lay clutched to
> the breast of the Lady that's known as Lou.
>
> These are the simple facts of the case, and I guess
> I ought to know;

They say that the stranger was crazed with
"hooch," and I'm not denying it's so.
I'm not so wise as the lawyer guys, but strictly
between us two—
The woman that kissed him—and pinched his
poke—was the lady that's known as Lou.
(from "The Shooting of Dan McGrew" 52, 56)

Reading the Klondike

In August 1896, gold was discovered on Rabbit Creek in the Yukon. This discovery led to what we now know as the Klondike Gold Rush, which, by any measure, was one of the truly major events of late nineteenth-century Canadian history and a contributing factor to the formation of twentieth-century Canadian identity. There are many stories about who first discovered that gold and many stories about the miners, the police, and the life of Dawson City from 1896 until the early years of the twentieth century. There are also many songs, photographs, memoirs, and histories, with a few plays, some recent videos, CD-ROMs, and paintings; and there is besides a wealth of popular mythology—car license plates, key chains, coffee mugs, etc. The Klondike has enjoyed a discursive life *far* beyond its brief moment of glory, and no single contribution to that life has been more popular, influential, or long-lived than the poems of Robert Service.

Many of Service's poems from *Songs of the Sourdough* remain popular—indeed, the volume has never been out of print since it first appeared in 1907—but two poems are especially loved: "The Cremation of Sam McGee" and "The Shooting of Dan McGrew." Emphatically inscribed in both poems are a whole set of values, assumptions, and representations, and a range of colloquialisms, images, and turns of phrase that continue to shape Canadians' understanding of who they are *as a Northern nation*. Dan McGrew's North is one of wild white miners, loose white women—who were there, as the phrase still has it, "to mine the miners"[1]—murder, jealousy, greed, booze, gambling, Northern Lights, and unimaginable cold. Despite the misery-grisery of "the men who moil for gold" ("Cremation of Sam McGee" 57), this North represents masculine adventure, romance, challenge, mystery, and high derring-do. No uncomfortable questions are asked about what was really happening or who was not seen in the picture. What is more, this North has stayed with us in some extremely interesting ways: it is still uncriti-

1 This pejorative phrase recurs from the earliest accounts of the Klondike to some of the most recent, and it persistently scripts the women who went to the Klondike as prostitutes. See for example, Berton, Coates, or Gates, and, for an alternate reading of women in the Klondike, see Backhouse and Porsild.

cally celebrated in Dawson City, in Gold Rush histories, films, and popular culture, in reprints of *Songs of the Sourdough* (with one edition lavishly illustrated by Ted Harrison); and it lies behind some much more complex renderings of the North, the Gold Rush, Service himself, and finally of Canadian identity. John Gray has his Billy Bishop recite a piece praising a WWI bomber ace "performed like a Robert Service poem" (77); Margaret Atwood calls her Clarendon lectures, subtitled *The Malevolent North in Canadian Literature, Strange Things*; and Robert Kroetsch (who tells us he was lured north by Service's word "moil" and who is a large part of why I begin with a quotation from Service) has tackled the Klondike and its memorializing poet head on in his 1998 novel *The Man From the Creeks*.[2]

I shall return to Kroetsch and his man from the creeks in a moment, but before I do, I want to linger over the Klondike a little longer and place it in a wider context of epic moments or events in Canadian *Northern* history. I read the Klondike as one of a number of paradigmatic sites of reconfiguration along with, for example, hydroelectric dams like Churchill Falls in Labrador or James Bay in Quebec, the Mackenzie Pipeline debates, the scandals of residential schools, the creation of Nunavut, and that haunting, ubiquitous presence of John Franklin. I use the term reconfiguration here to underscore the points that something had to have happened already before it can been revisited at all, that in reconfiguring a happening we are, in fact, altering it in some significant way, and that any reconfiguration, insofar as it has a socio-cultural or political impact, changes something larger than a single happening: Canadian identity itself, I believe, can be reconfigured. In *Canada and the Idea of North*, I have described this reconfiguring process and how it prompts change in many ways. Sometimes, I call the strategies of reconfiguration "supplementarity," sometimes "transculturation," and often "writing back."[3] Whatever term, theory, or description I use, the consequence of the reconfiguring process is much the same: a once familiar image/story/history, one we had not previously questioned or probed, is turned upside down and inside out; it is opened out and supplemented to include hitherto missing voices, identities, issues, and perspectives.

---

2 In "Why I Went North and What I learned When He Got There," Kroetsch explains that it was the word "moil" that lured him north in the first place; see *A Likely Story* (14) and my analysis of the novel in *Canada and the Idea of North* (194-97).

3 For the theory of supplementarity, see Bhabha, 306; for a definition of transculturation, see Pratt, 6; and for the concept of "writing back" in postcolonial literature, see Ashcroft, Griffiths, and Tiffin, 32-33, 78-82.

Reconfigurations of Canada-as-North

If the Klondike is a quintessentially discursive image of Canada-as North, and I think it is, it cannot be read today as it was over a hundred years ago. Today, we can no longer think of Canada or the North as we once did. Many things have happened to alter the picture; other equally productive sites of reconfiguration have surfaced between 1901 and now. Perhaps the most momentous of these is the creation of Nunavut, which came into official existence on 1 April 1999.

Nunavut changed the map of Canada. What had once been a single territory (and in the nineteenth century was known as Rupert's Land), with a territorial government in Yellowknife, became two territories: the Northwest Territories and Nunavut. Along with this truly significant cartographic and constitutional change came others, many of which are still being tested, tried, and worked out. For example, names were changed to recognize a return to indigenous toponymy: Frobisher Bay, named for a sixteenth-century British pirate in the 1940s, when Americans set up military bases on Baffin Island and across the Canadian Arctic, reverted to its original name, Iqaluit, and Inuit today are returning to their former Inuit names; Inuktitut, already the common lingua franca, became the official territorial language; land claims were settled in favour of the Inuit; and self-government, with the territorial capital in Iqaluit, became a reality (see Duffy; Hamilton). In short, a doubly colonized territory reverted to its ancestral inhabitants, and on 1 April 1999, during the formal investiture of the Nunavut government, for the first time ever in Canadian history, Inuktitut was heard on Southern, mainstream CBC radio and television as a primary language in Canada.[4] Rupert's Land and the Northern Territories, with their spectres of a remote, internal colonial rule seemed to be fading into the past.[5] For a

---

4 While the ceremonies on 1 April 1999 were presented in a positive light, much of the radio, television, and, most notably, newspaper coverage of Nunavut leading up to and following after 1 April 1999 was negative. The statistics quoted on population, unemployment, and average income were often distorted to suggest the near impossibility of the new territory succeeding, and the all-too-real socio-economic problems of the North were depicted as probable drains on the Southern taxpayer's purse. Nowhere in the Southern press did I read a thoughtful analysis of the interdependency of North and South, of the cultural riches contributed to Canada by the Inuit, or of the root causes of the social problems in Nunavut.

5 In his cartoon series called *Ice Box*, the Inuk artist, Alootook Ipellie, satirizes and comments upon many aspects of inter-cultural relations from an Inuit perspective. In one strip, the members of his Inuit family, the Nooks, discover some high quality soapstone sticking up out of the Arctic snow. Papa Nook, however, is puzzled by what he takes to be "some kind of ancient writing on it." He asks his son, Bones, to decipher the writing and is told that the English words read: "THIS MOMUMENT WAS ERECTED IN MEMORY OF ONE OF OTTAWA'S GREATEST GOVERNMENTS." In the final box, we can see beneath the snow to the entire stone, which

short while at least, Southern Canada was reminded of the fact that it is a circumpolar nation with a host of connections and responsibilities not defined by American/Southern realpolitik.

The Mackenzie Pipeline debate is famous, but it is by no means over and decided. In 1974, Justice Thomas Berger held a unique series of public hearings *in the North* about the impacts and feasibility of building an oil pipeline from the Beaufort Sea south through the Mackenzie Valley corridor to Southern Canadian and American markets. The initiative was blocked, because land claims had not been settled, the environment would be threatened, and the lifestyle and culture of the Dene would be jeopardized (see Hamilton 180-207). Twenty-seven years later, in 2001, however, the debate began to gather momentum once more. Oil is needed by a resource-hungry South; George W. Bush is in the American White House; and promises of jobs, money, and development are dangled like carrots before various Northern groups. Moreover, some Northerners seem to be listening. What has not changed in this scenario is Southern greed and ignorance. Just as with the Klondike, the Canadian North continues to be valued solely for what it provides for Southern markets; otherwise, it is rarely seen or heard. As Jose Kusugak, head of the Inuit Tapiriit Kanatami, puts it: "Inuit inhabit 40% of Canada but only a fraction of its consciousness [and] that must change" (A21).What *has* changed since Berger's commission is who gets to speak and on what terms. Now, when I turn on the television news, the Dene are being interviewed, the Dene are disagreeing, the Dene are in control—or so it seems. The troubling question now, in the twenty-first century, is the old colonial one: is this North any less a colony than it was in the last century? Is the sound of Dene debate substantially different from the debate Berger reported? Are the First Nations of the Western Arctic—be they in the Yukon or what remains of the Northwest Territories—any less colonized than they were in 1896? What finally will happen to their homelands?

If I single out hydroelectric dams (Labrador and James Bay) as my third site of reconfiguration, it is because they have entered so very forcefully into my imagination, even though I have never visited either place. Labrador and its people—most notably for my purposes the Innu—have made contemporary news headlines over the past year. During the winter of 2000-01, Southerners watching television in the comfort of their homes were able to see Innu children overdosing on solvents and to learn about others burning to death when their drug of *choice* (if that is the term) caught fire in communities like Sheshashits. But the story of abuse and colonization in Labrador extends much

---

bears the name—Yellowknife—the capital of the former Northwest Territories, when it included Nunavut.

further back than the winter of 2000-01 or the relocations to Davis Inlet in 1967. What I think of as the current tragedy of Labrador really began in 1966 with the building of the Churchill Falls Hydroelectric Dam.[6] But this dam is not unique in Canada; the James Bay, La Grande, and Great Whale projects remain infamous in the recent history of Quebec's development of its Northern territories, a development at once economic and political—in the name of *la patrie* and *maîtres chez nous*—and the Bennett Dam in Northern British Columbia follows the very same pattern. In each of these examples, Northern rivers and lakes were dammed to harness hydroelectric power for sale in Southern markets to service Southern, urban centres in Canada and the United States. In each of these examples, the First Nations—Northern Cree and Innu—were *not* consulted about the impact that this development would have on their lands and lives.

From Labrador, however, we are beginning to hear the other side of the story in important books like Marie Wadden's recently republished *Nitassinan: The Innu Struggle to Reclaim their Homeland* (1991, rpt. 2001), in the 1990 film *Hunters and Bombers* (by Wadden, Nigel Markham, and Hugh Brody), and most immediately in a wonderful new volume called *It's Like the Legend: Innu Women's Voices* (2000). In *Nitassinan*, a grieving Innu matriarch, Maniaten, looks out over the "barren and desertlike scene" (48), which is all that remains of the once mighty falls, and tells Wadden that the Innu called the great falls "Patshetshunau [meaning: steam rising]" because "[y]ou could see the mist going straight up [...] and since it's been dammed you can't see the mist anymore. [...] All Innu are deeply hurt when we think about this" (48). In the 1990s, Maniaten fought against the military base and test flights at Goose Bay and was jailed for her protest. Speaking out in *It's Like the Legend*, another Innu protester, Katie Rich, insists:

> We have a right to exist as a people. My grandfather never signed any treaty or agreement with anyone, yet we were pushed aside. [...] What the whites have taught us is how to become beggars in our own territory, but if we try to pick up the pieces, we will realize the power that we have. We will see more of this power. (261)

[6] The resource potential of the mighty Churchill Falls was first noted in the early nineteenth century and then described scientifically by A. P. Low in 1894. Building of the dam began in 1966, after a series of complex negotiations were in place between Newfoundland and Quebec for the sale of power, and was completed in 1974. For its day, this dam represented the largest civil engineering project ever undertaken in North America. The La Grande dam at James Bay would outclass Churchill in due course. Vast tracts of land—Innu homelands—were flooded or drained (waters from 5,698 square kilometres were pooled by dikes to create the Smallwood Reserve); great Lake Michikamau was erased; and the once thunderous sound of the Falls was silenced.

Instrumental to exercising this power is having a voice and being heard, and books like *Nitassinan* and *It's Like the Legend* make those voices and their stories available to all who will listen. The great falls of "steam rising" may be dead and silent, but the Innu people are not.

The other side of the story at James Bay also continues to unfold. Like the Innu, the Cree, who first battled Quebec Premier Robert Bourassa in the early 1970s and lost—the La Grande dam, one of the three largest in the world, was built, flooding 15,000 square kilometres of Cree homelands—continue to face renewed demands from the South. In the 1990s, the Cree took their protests to an international stage; they protested by paddling their traditional boats, "odeyaks," on the Hudson River in New York City's harbour, for which they received immediate media attention (see *Never Without Consent*). Today, the Quebec government is working on a deal that will settle millions of dollars and short-term jobs on the Cree in return for relinquishment of all outstanding legal suits and an unchallenged right to develop the Rupert River. In 1990, I had the good fortune to hear Chief Billy Diamond speak about his peoples' fight, but today, as then, it is not easy to follow events.[7] The Innu and the James Bay Cree seem remote; to Canadians in the South, their Northern lands seem abstract, irrelevant. The latter's protests and claims are most often viewed as nuisances or the cause for legal action—when they are noticed at all. And this indifference will persist unless Southerners read *Never without Consent*, *Nitassinan*, or *It's Like the Legend*, and make it their business to learn where Labrador and James Bay are, to appreciate those who already live there, and to realize just how dependent we are on them for the resources that light our cities and fuel our economy.

This learning process, which is beginning to reconfigure the Norths of James Bay and Labrador, has started not only with the books I have mentioned, but also with the work of young scholars like geographer Caroline Desbiens, who has subjected the La Grande dam to a critical re-reading that foregrounds the scale of the enterprise, its political foundations, and the propagandistic rhetoric that made the development seem right and inevitable "pour tous les Québecois" (Desbiens 10). And yet, Desbiens' work, like the other texts I have mentioned, leaves me asking a larger question: insofar as these texts are reconfiguring the North, the discourse of Canadian identity, and the "imagined community" (see Anderson) of the nation state, how actively political are they?

---

7 For the text of Chief Billy Diamond's speech, see "The Development of the North: Confrontation and Conflict." See also Richardson's *Strangers Devour the Land* for a careful analysis of the Cree fight against James Bay in the 1970s. For information on Quebec Premier Bernard Landry's attempt to re-open development, I am indebted to Caroline Desbiens.

Does having a voice in a debate with Quebec Premier Bernard Landry mean that the Cree will prevail or be bought? Have the protests in Labrador (now officially the province of Newfoundland and Labrador) stopped low level military test flights, brought resources to the Innu, or changed the culture of despair that leads youngsters to sniff gasoline? Do *we* in the South *get it*, are we listening, do we care?

The last two sites of reconfiguration on which I want to touch are residential schools and Sir John Franklin, and each of these brings me more centrally into the domains of creative literature and the arts, those domains that I know best. Among the most powerful works to examine the residential school situation, as Jerry Wasserman also notes, are Wendy Lill's play *Sisters* (1991) and Tomson Highway's important novel *Kiss of the Fur Queen* (1998). I have examined this novel at length in *Canada and the Idea of North* (254-60), so I shall only say here that, in my view, with *Kiss of the Fur Queen* Highway has taken the novel genre itself and reconfigured it to tell a Cree story. He has supplemented English with english, placed Cree at the narrative's speaking centre, and explored and problematized ideals of transculturation, which all too often serve the ends of assimilation. He has, in short, *written back* to the self-proclaimed empire of the colonizing South by exposing that empire as the most deadly of all Windigos. And the reversal of that particular cannibalism trope to represent not savage Indians, but white priests and Euro-Canadian culture as the devouring monsters is a crucial *coup de grâce*.

Wendy Lill's play approaches the problem of abuse from a different perspective. Lill is a white, middle-class woman with some, but limited, knowledge of Native communities and the North. *Sisters*, which is set in Nova Scotia, is presented from the perspective and through the memory play form of a young white nun who rebelled against the system by burning down the school. Wisely, I think, Lill does not try to speak for the Native children; as she did in *The Occupation of Heather Rose* (a monodrama tour de force in which a young white nurse explores her experience on a remote Northern reserve), she stays within her own sphere and speaks directly to her non-Native, Southern audience, notably through the voice of the white lawyer Stein, who is trying to make Sister Mary not so much confess to her arson as acknowledge why she set the place on fire. "I'm no expert," he tells her, "but I'd say that when people do things like burn down schools, they're making some kind of statement. [...] Were you asking for help, Sister Mary? Were you angry? Were you lashing out?" (42) By the play's end, he has forced or cajoled her into reliving and understanding what happened and why she acted as she did:

Stein: Why did you burn down the school?

Mary: Because it caused such pain. It hurt so much.

Stein: Go on.

Mary: Because I hated it. (94)

Sir John Franklin, of course, is a long-standing, highly complex site of reconfiguration (see Grace, "Re-Inventing Franklin"). He began his narrative life as a British explorer, which after all he was, but with time he became discursively sedimented into an evolving Canadian Arctic narrative. By the last quarter of the twentieth century, he was firmly ensconced as a Canadian myth, a Canadian place name, and a Canadian victim (see Leacock; Berton; Mowat). At times, I think, Canadians have delighted in the image of this arrogant, foolish old Brit trapped in *our* Arctic ice: the telling of Franklin can sometimes be a Canadian revenge tragedy.

Works about Franklin are too numerous to mention and they exist in all media, from novels like Rudy Wiebe's superb *A Discovery of Strangers* and Mordecai Richler's epic masterpiece *Solomon Gursky Was Here*—both of which reconfigure the old man *and* Canadian identity—to documentary films, plays, visual arts, and popular songs (of which none is more famous than Stan Rogers' "Northwest Passage"). What I find especially fascinating about Franklin is less the continuing search for his ships, *Terror* and *Erebus*, than recent attempts to re-write his story. In Geoff Kavanagh's play *Ditch*, for example, Franklin pales in comparison with the two ordinary seamen who admit their love for one another before they die, while in Ken McGoogan's *Fatal Passage*, the hero of the day is not Sir John Franklin but the hapless Dr John Rae, whose reputation was virtually destroyed when he dared to announce to the British Admiralty and the London papers that he had found evidence of cannibalism on the final Franklin expedition.[8] He was villified, but history has proven him right. Franklin remains for Canada and Canadians a spectral presence, shifting with the pack ice, constantly bringing North south, troping Canada-as-North, and tantalizing us with the stories still left "frozen in time" and waiting to be told.[9]

---

8 When Rae reported to the London papers and the Admiralty in 1854 that he had reliable reports from the Inuit of clear signs of starvation and cannibalism among Franklin's men, Lady Jane Franklin was horrified and immediately began a campaign to discredit Rae and safeguard her husband's reputation. Charles Dickens supported Lady Franklin in both his racist articles for *Household Words* and in *The Frozen Deep*, a play he co-authored with Wilkie Collins and in which the British sailors are depicted as noble heroes (see Brannan; McGoogan).

9 The phrase "frozen in time" is Owen Beattie's from his, and John Geiger's, famous account of opening the graves of Franklin's men on Beechey Island—*Frozen in Time*. Margaret Atwood's story "The Age of Lead" uses the television feature based

Re-reading the Klondike—Kroetsch's *The Man from the Creeks*

In this his most recent novel, published during the centenary of the Klondike, Kroetsch has gone north for at least the third time (the first was *But We Are Exiles*, followed by *Gone Indian*) to poke around in the permafrost in search of likely stories. In his telling of it, or at least as his 114-year-old narrator Peek (the boy who handles the music box) tells it, the story of Robert Service's "man from the creeks" is an elegiac romance in which Peek's hero, "the Lady that's known as Lou," is his mother, and Service got things all wrong. According to Peek/Kroetsch, the central narrative of the Klondike recounts the saga of going north, and the truth of Lou's story is that she made the trip successfully, that she really loved Ben Redd, her man from the creeks, and that Dan McGrew was a total scoundrel who died, along with Ben and Lou, in the shoot out in the Malamute saloon. What is more, we find out at the end of Peek's tale that his beloved mother, Lou, is buried with her gold in the permafrost beneath the very cabin from which her aged son now gives us this Klondike *her*story.

The Man from the Creeks is Kroetsch's most complex historiographic fiction to date. From its title to its grounding in historical facts, documents, dates, and characters, to its dustjacket image (which reproduces, in sepia tones, a famous photograph of miners struggling up the treacherous Chilkoot Pass on their way to the Klondike), prefacing quotations, and governing intertext—Service's poem "The Shooting of Dan McGrew"—Kroetsch's novel revisits and recreates this quintessentially masculinist founding story of nation from the 1890s. In recreating it, however, he rescripts it as a woman's history and as a Canadian love story. The gold that matters to Peek and to us, as we listen to his tale, is not the stuff those predominantly American miners were moiling for, but the 24-carat stuff of Canadian narrative. And, as one might expect in a story about the Klondike, there are many stories within the story, one of which proves particularly important to any reconfiguring of North. Peek is careful to inform us, in case we had missed the dominant story along the way, that Lou had her own, contradictory views about who discovered that famous gold nugget on Bonanza Creek, the nugget that George Carmack claimed, the nugget that started the Gold Rush. Lou "believed with a kind of fervour that George's wife Kate made the discovery while she was doing the dishes in a mining pan. All three men, George and Jim and Tagish Charlie, were napping. She glanced

---

on Beattie's research as an intertext to comment upon issues of human hubris, ignorance, and faith in technology (see Grace, "Franklin Lives.").

down into the pan and saw a nugget staring at her like a golden eye" (232).

Kroetsch's *Man from the Creeks* articulates an indigenized Klondike in which the overwhelmingly white, male, American story of discovery and riches is replaced by a Canadian family romance told by a man who arrived in Dawson City as a boy and stayed to become the living embodiment of a Canadian Northern story-teller. The story he tells is emphatically not one of riches, masculine exploits, conquering and mastering and taming, and then returning south to the United States, as George Carmack and thousands of miners did. Peek's story revises history, while re-accentuating and repeating many of its familiar facts: it moves into the North and makes it a home instead of a place to exploit; it feminizes the narrative, the heroes, and the moral of the story; it celebrates endurance, love, and memory; it opens the record to permit other versions of discovery on Bonanza Creek through Lou's privileging of Shaw Tláa (Kate Carmack). The real romance of the Klondike, according to Kroetsch and his ancient narrator, is the truth (the truth of fiction that is more real than facts). As Peek tells us,

> I hibernate in the winter. Come spring I roll my wheelchair from room to room, here in this cabin, following the drift of Yukon light. I need it. So I can find the page and follow my notes. I want to make a few things clear. I want to set the record straight, especially about Lou. (301)

What we get in this postcolonial novel, this highly intertextual, historiographic metafiction, is a radical reconfiguration of the Klondike that revisits the site (of discovery, of storying, of history) to decolonize it, to free it from the Scottish poet's fantasy and the American miners' looting. Does Kroetsch—or Peek—succeed? Can a novel make such a manoeuvre? Does *The Man from the Creeks* go far enough? Well, yes and no. Insofar as the narrative forces us to rethink critically Service's version and the impact his image of the Klondike has had on the popular imagination, then Kroetsch/Peek has achieved a great deal. Once we have read this tale, we cannot think about or read the Klondike, and by extension the Canadian North, in the same way ever again. But if our measure of success is practical political change, the revision of official history, or the restitution, for example, of Shaw Tláa to her rightful place in the Klondike or in the picture of Canada-as-North, then success appears much more qualified and partial: the Yukon still advertises itself to the tourist trade as a white miner's paradise, a colony of a colony (which seems doubly ironic given Yukon pride of place), and it is still viewed by Southerners as a kind of wild, unruly, frozen hinterland. The ideals of postcolonialism are put to the test by this novel and still found wanting. But that said, Kroetsch has come a long way from Service and this is, perhaps, where he most emphatically succeeds: he takes the all-too-familiar narrative poem and rewrites it, supplements it, and demonstrates that one can go to the North and belong there, become transculturated/northernized, identify with and represent it, be made over, ultimately, in a Northern image that helps to set the record straight.

Reconfiguring North/Reconfiguring Canada

Nordicity, as I have argued elsewhere, is an inescapable fact of Canadian history, geography, and culture. But nordicity is not easy to define or pin down; it shifts historically, with the tree line, the permafrost, and the Southern need for resources. North, and all we have signified by that word, has accumulated a wide range of meanings, and it refuses to go away—as the 1998 Ice Storm reminded us so forcefully. Besides the few sites of reconfiguration of Canada-as-North that I have visited in this discussion, I could easily add as many more and still have barely scratched the surface of the ice. The visual arts provide a whole world of representations that could be called upon for evidence. For example, Korean-Canadian photographer Jin-Me Yoon's reconfiguring of Lawren Harris (and through him the Group of Seven) in her *Group of Sixty-Seven* (1996) illustrates the power with which a new immigrant to the country can seize the dominant visual/art history narrative and retell it to include herself and other Korean-Canadians whom she photographs against a Harris landscape painting. And Zacharias Kunuk's celebrated new film *Atanarjuat* (2001) writes back to *Kabloonak* (1994) as much, if not more so, than that film writes back to Robert Flaherty's famous (infamous?) 1922 documentary *Nanook of the North*. Kunuk not only puts the Inuit back into the Inuit story—they were there after all with Flaherty—but he gives them centre stage, individuality, human complexity, and a rich mythic cultural identity that stands completely independent of anything Southern or White or non-Inuit; he represents and performs an Inuit world seen through Inuit eyes.[10]

The key lessons of my examples are that the story can be changed and that, in changing, it can open, include, rewrite, and even facilitate or bear witness to (as with Kroetsch's Peek or Jin-Me Yoon's Korean-Canadians) a process of transculturation. But there is a larger challenge here that I cannot close without naming, and it is the challenge implicit

[10] Today, Flaherty's famous film, still hailed as the first documentary, strikes most viewers as an embarrassingly orientalized, ethnocentric portrayal of the Inuit. Massot's *Kabloonak* retells the story of Flaherty's making of *Nanook of the North* and in the process de-romanticizes, to a degree, Flaherty and his film. *Atanarjuat*, however, makes the Inuit the subject of their own mythic story, which is romantic (especially in its cinematographic treatment of landscape), but nevertheless true to an Inuit world view and Inuit narrative traditions. The film won the *Palme d'Or* at Cannes and awards in the Canadian Film Festivals of 2001.

in my choice of title and terminology—*reconfiguring*. What does it mean to speak of reconfiguration, and what role can literature and the arts play in this process? I hope I have made clear that I use this term to cross disciplinary boundaries, to speak of physical locales in the same breath as cartography, discourse, visual art, and political realities. Which does not mean the same as to insist that all the world is a text—the kind of assertion that makes geographers and social scientists twitch. I use the term to stress the need for research in the Humanities to study the text—here novels, poems, plays, or visual art and films—in the context of the world, to scrutinize the contributions these texts make to the activities of daily life, to ideology, and to national identity. If we can speak of a postcolonial identity, in all its layered nuance, complexity, and irony, being negotiated by literature and the arts, then it seems to me we must be prepared to put literature and the arts to work. If Canadian identity has been and continues to be defined, in important ways, by North, then reconfiguring North should illustrate why, how, and where—literally in what sites—that identity is changing as we move into the twenty-first century.

Works Cited

Anderson, Benedict. *Imagined Communities: Reflections on the Origins and Spread of Nationalism*. London: Verso, 1991.

Ashcroft, Bill, Gareth Griffiths, and Helen Tiffin. *The Empire Writes Back: Theory and Practice in Post-Colonial Literatures*. London: Routledge, 1989.

Atanarjuat. Dir. Zacharias Kunuk. Igloolik Isuma Productions and the NFB, 2001.

Atwood, Margaret. "The Age of Lead." *Wilderness Tips*. Toronto: McClelland & Steward, 1991. 159-75.

—. *Strange Things: The Malevolent North in Canadian Fiction*. Oxford: Clarendon, 1995.

Backhouse, Frances. *Women of the Klondike*. Vancouver: Whitecap, 1995.

Beatty, Owen, and John Geiger. *Frozen in Time: Unlocking the Secrets of the Doomed 1845 Arctic Expedition*. New York: Plume, 1987.

Bhabha, Homi K. "DissemiNation: Time, Narrative, and the Margins of the Modern State." *Nation and Narration*. Ed. Homi K. Bhabha. London: Routledge, 1990. 291-322.

Berger, Thomas, *et al. The Arctic: Choices for Peace and Security*. West Vancouver: Gordon Soules Book Publishers, 1989.

Berton, Pierre. *Klondike: The Life and Death of the Last Great Gold Rush*. Toronto: McClelland and Stewart, 1958.

Brannan, Robert Louis, ed. *Under the Management of Mr. Charles Dickens: His Production of "The Frozen Deep."* Ithaca: Cornell UP, 1966.

Byrne, Nympha, and Camille Fouillard, eds. *It's Like the Legend: Innu Women's Voices*. Charlotetown, PEI: Gynergy, 2000.

Coates, Ken. *Best Left as Indians: Natie-White Relations in the Yukon Territory, 1840-1973*. Montreal: McGill-Queen's UP, 1991.

Desbiens, Caroline. "Power from the North: The Poetics and Politics of Energy in Québec." Ph.D. Dissertation. U of British Columbia, November 2001.

Diamond, Chief Billy. "The Development of the North: Confrontation and Conflict." *The Arctic: Canada and the Nordic Countries*. Ed. Per Seyerstad. Nordic Association of Canadian Studies Text Series 8. Lund: Nordic Association for Canadian Studies, 1991. 87-99.

Duffy, R. Quinn. *The Road to Nunavut*. Kingston and Montreal: McGill-Queen's UP, 1988.

Gates, Michael. *Gold at Fortymile Creek: Early Days in the Yukon*. Vancouver: U of British Columbia P, 1994.

Grace, Sherrill. *Canada and the Idea of North*. Montreal: McGill-Queen's UP, 2002.

—. "Franklin Lives: Atwood's Northern Ghosts." *Various Atwood's: Essays on the Late Poems, Short Fiction, and Novels*, ed. Lorraine York.Toronto: Anansis, 1995. 146-66.

—. "Re-Inventing Franklin." *Canadian Review of Comparative Literature* 22.3-4 (1995): 707-25.

—, Eve D'Aeth, and Lisa Chalykoff, eds. *Staging the North: Twelve Canadian Plays*. Toronto: Playwrights Canada P, 1999.

Grand Council of the Crees (Eeyou Astchee). *Never Without Consent: James Bay Crees' Stand against Forcible Inclusion into an Independent Québec*. Toronto: ECW, 1998.

Gray, John with Eric Peterson. *Billy Bishop Goes to War*. Vancouver: Talonbooks, 1981.

Hamilton, John David. *Arctic Revolution: Social Change in the Northwest Territories, 1935-1994*. Toronto: Dundurn, 1995.

Highway, Tomson. *Kiss of the Fur Queen*. Toronto: Doubleday, 1998.

Hunters and Bombers. Dir. Hugh Brody, Nigel Markham, and Marie Wadden. NFB and Nexus, 1990.

Ipellie, Alootook. "Ice Box." Cartoon. *Inuit Today* 1 July 1979: 4-5.

Kabloonak. Dir. Charles Massot. C/FP Distribution Inc., 1994.

Kavanagh, Geoff. *Ditch*. *Staging the North*. 135-85.

Klondike Gold: An Interactive History. Vancouver and Whitehorse: Hyperborean and DNA Multimedia, 1996.

Kroetsch, Robert. *A Likely Story: The Writing Life*. Red Deer, AB: Red Deer College P, 1995.

—. *The Man from the Creeks*. Toronto: Random House, 1998.

Kusugak, Jose. "Don't Freeze Out the North." *Globe and Mail* 7 December 2001: A21.

Leacock, Stephen. *Adventures of the Far North: A Chronicle of the Arctic Seas*. Toronto: Glasgow, Brooks, 1922.

Lill, Wendy. *The Occupation of Heather Rose*. *Staging the North*. 293-330.

—. *Sisters*. Vancouver: Talonbooks, 1991.

McGoogan, Ken. *Fatal Passage: The Untold Story of John Rae, the Arctic Adventurer Who Discovered the Fate of Franklin*. Toronto: HarperFlamingo, 2001.
Mowat, Farley. *Ordeal by Ice: The Search for the Northwest Passage*. Toronto: McClelland & Stewart, 1989.
Nanook of the North. Dir. Robert Flaherty. Pathé, 1922.
Porsild, Charlene. *Gamblers and Dreamers: Women, Men, and Community in the Klondike*. Vancouver: U of British Columbia P, 1998.
Pratt, Mary Louise. *Imperial Eyes: Travel Writing and Transculturation*. London: Routledge, 1992.
Richardson, Boyce. *Strangers Devour the Land*. Toronto: Macmillan, 1975.
Rogers, Stan. "Northwest Passage." L. P. Fogarty's Cove Music, 1981.
Service, Robert. *Songs of the Sourdough*. 1907. Toronto: Ryerson P, 1940.
Spirits of Davis Inlet. Southam Interactive CD-ROM. Produced by Sharon Oosthoek. 1995.
Wadden, Marie. *Nitassinan: The Innu Struggle to Reclaim Their Homeland*. 1991. Vancouver: Douglas & McIntyre, 2001.
Wasserman, Jerry. "'God the Whiteman! God the Indian! God Al-fucking-mighty!' Native People and the Church in Contemporary Canadian Theatre." Unpublished paper, 2002.
Wiebe, Rudy. *A Discovery of Strangers*. Toronto: Alfred A. Knopf, 1994.

Notes on Contributors
Notices biographiques

Marie-Célie Agnant, née à Port-au-Prince, Haïti, vit depuis une trentaine d'années à Montréal. Après avoir publié en 1994 un recueil de poésie intitulé *Balafres*, elle est finaliste du Prix littéraire Desjardins en 1995 pour son premier roman *La Dot de Sara*. En 1997, elle figure parmi les finalistes du Prix du Gouveneur général pour ses nouvelles *Le Silence comme le sang*. Son dernier roman, *Le Livre d'Emma*, est paru en 2001 aux éditions Remue-Ménage.

Franca Bellarsi, the associate editor, is an instructor in English and American Literature at the Université Libre de Bruxelles. She has been associate editor for *Siting the Other. Re-visions of Marginality in Australian and English-Canadian Drama* (P.I.E.-Peter Lang, 2001) and *Crucible of Culture. Anglophone Drama at the Dawn of the New Millennium* (P.I.E.-Peter Lang, 2002). She is currently finalizing her doctoral thesis devoted to a Buddhist reading of Allen Ginsberg's work and has contributed several articles on Beat mysticism and literature. Her book *Understanding Allen Ginsberg* is forthcoming from the University of South Carolina Press.

Diana Brydon, Robert and Ruth Lumsden Professor of English, teaches Canadian and postcolonial literatures at the University of Western Ontario. The author of books on Timothy Findley and postcolonial literature, she has edited *Postcolonialism: Critical Concepts in Literary and Cultural Studies* (2000) and co-edited *Shakespeare in Canada: A World Elsewhere?* (2002). She is currently working on globalization, autonomy and postcolonial studies with funding support from SSHRC.

Jeanne Delbaere is Emeritus Professor of English Literature at the Université Libre de Bruxelles. She is the author of *Henry James: The Vision of France* and of articles on American, English and Commonwealth fiction. She has edited *Multiple Voices: Recent Canadian Fiction* (1990), *The Ring of Fire: Essays on Janet Frame* (1991) and *William Golding. The Sound of Silence* (1991). She is one of the founding members of the Centre for Canadian Studies at the Université Libre de Bruxelles.

Marta Dvorak is a professor at the Sorbonne Nouvelle. Her research focusses primarily on contemporary Canadian literature and culture. She has edited books on Atwood, biographical production, bilingualism, and the cinema, and four of her articles have received international prizes. Her latest book, *Ernest Buckler: Rediscovery and Reassessment*, was published recently by

Wilfrid Laurier UP. She is currently editing a book on Nancy Huston, planning a new collection of short stories by Buckler, and is organising an international conference on Carol Shields.

Reid Gilbert is a College Professor in the Department of English at Capilano College, Vancouver, Canada. He has published a play, articles, and reviews, as well as articles on popular culture in the most prestigious journals in the field. He has published *A Short Guide to Writing Essays about Literature* (1997) and he is a member of the Editorial Board of *Theatre Research in Canada* and of the Advisory Board of *Canadian Theatre Review*. He also acts as theatre advisor to the McClelland and Stewart *Canadian Enyclopedia Plus* (CDRom).

Sherrill Grace is Professor of English at the University of British Columbia, a Senior Fellow of Green College, and a Fellow of the Royal Society of Canada. While her most recent book is *Canada and the Idea of North* (2002), she is completing a critical book on Canadian painter Tom Thomson and a new edition of Mina Benson Hubbard's 1908 classic *A Woman's Way Through Unknown Labrador*. Her new research is for a biography of Canadian playwright Sharon Pollock.

Coral Ann Howells is Professor of English and Canadian Literature at the University of Reading, England. She has published numerous articles on postcolonial women's writing, especially contemporary Canadian women's fiction. Her books include: *Private and Fictional Words: Canadian Women Novelists of the 1970s and 80s* (1987), *Jean Rhys* (1991), York Notes on *The Handmaid's Tale* (1993; revised 1998), *Margaret Atwood* (1996), *Alice Munro* (1998). Her new book *Refiguring Identities: Contemporary Canadian Women's Fiction* is in press. Professor Howells is associate editor of the *International Journal of Canadian Studies*.

Richard J. Lane is Director of The London Network for Modern Fiction Studies and Senior Lecturer in English at South Bank University London. He is also Honorary Reader in British and Postcolonial Studies at the University of Debrecen, Hungary. He has published books on Jean Baudrillard, Virginia Woolf's *Mrs Dalloway* and Beckett and Philosophy; forthcoming books will be devoted to Walter Benjamin, Derrida and Archives, and Contemporary British Fiction; he also writes the "Canada" section of *The Year's Work in English Studies*, for Oxford University Press.

Lucie Lequin, spécialiste de la littérature québécoise, auteure de nombreux articles, enseigne au Département d'études françaises de l'Université Concordia. Ses recherches actuelles portent sur la rencontre des cultures et sur les liens entre l'éthique et la littérature. Avec Maïr Verthuy, elle a préparé *Féminin pluriel*, une anthologie de textes de femmes migrantes à paraître. Avec Catherine Mavrikakis, elle a publié *La francophonie sans frontière: une nouvelle cartographie de l'imaginaire au féminin* (2001). Elle est aussi directrice de son département et présidente de son syndicat.

Marie-Linda Lord est professeure agrégée à l'Université de Moncton où elle enseigne en littérature et en communication. Elle a publié des articles sur plusieurs écrivains canadiens. Elle a participé à de nombreux colloques au Canada, aux Etats-Unis, en France, en Belgique et en Angleterre. Elle prépare actuellement un livre sur l'identité et la résistance littéraire dans une perspective comparée et interculturelle dans l'œuvre romanesque d'Antonine Maillet et celle de David Adams Richards.

Marc Maufort, the editor, is a professor of English, American and post-colonial literature at the Université Libre de Bruxelles (Belgium). He is the author of *Songs of American Experience. The Vision of O'Neill and Melville* (Peter Lang, 1990), as well as the editor or co-editor of *Eugene O'Neill and the Emergence of American Drama* (1989), *Staging Difference. Cultural Pluralism in American Theatre and Drama* (Peter Lang, 1995), *Siting the Other. Re-visions of Marginality in Australian and English-Canadian Drama* (P.I.E.-Peter Lang, 2001), and *Crucible of Cultures. Anglophone Drama at the Dawn of the New Millennium* (P.I.E.-Peter Lang, 2002). His current research concentrates on contemporary Canadian, Australian and New Zealand drama.

Uma Parameswaran was born in Madras and grew up in Jabalpur, India. Living in Winnipeg, Manitoba, since 1966, she is a Professor of English at the University of Winnipeg. Her works include drama, *Rootless but Green are the Boulevard Trees* and *Sons Must Die and Other Plays*; poetry, *Trishanku and Other Writings*; one novella *The Sweet Smell of Mother's Milk-Wet Bodice* as well as a novel, *What Was Always Hers*.

Janet M. Paterson est professeur titulaire au Département d'Etudes françaises à l'université de Toronto. Elle est l'auteur de *Moments postmodernes dans le roman québécois* (version anglaise: *Postmodernism in the Quebec Novel*) et de *Anne Hébert: architexture romanesque*. Spécialiste du roman québécois, elle a publié plus de trente articles dans différentes revues et dirigé plusieurs ouvrages collectifs. Elle termine actuellement un livre intitulé *La figure de l'Autre dans le roman québécois*.

Robert Schwartzwald is Professor of French and Francophone Studies at the University of Massachusetts Amherst. He also directs the consortial Center for Crossroads in the Study of the Americas (CISA) for Amherst, Hampshire, Mount Holyoke, and Smith Colleges and the University of Massachusetts. He is Editor in Chief of the *International Journal of Canadian Studies/ Revue internationale d'études canadiennes*. His publications have appeared in several European and North American venues. He is currently completing *En suspens: essais sur les modernités culturelle et nationale au Québec*.

Mark Shackleton is currently Acting Professor at the Department of English of the University of Helsinki and is co-director of the University of Helsinki project "Cross-Cultural Contacts: Diaspora Writing in English." He is the author of *Moving Outward: The Development of Charles Olson's Use of Myth* and has published on postcolonial writing and Native North American writing, including articles on Tomson Highway, Thomas King. Monique Mojica, Louise Erdrich and Simon J. Ortiz.

Gerry Turcotte is the Founding Director of the Centre for Canadian/ Australian Studies (CCAS) at the University of Wollongong, Australia. He is the author and editor of numerous works including *Jack Davis: The Maker of History*, *Neighbourhood of Memory*, *Writers in Action*, *Canada-Australia: Towards a Second Century of Partnership* (with Kate Burridge and Lois Foster) and *Compr(om)ising Post/colonialisms: Challenging Narratives & Practices* (with Greg Ratcliffe). His new novel, *Flying in Silence*, was shortlisted for The Age Book of the Year.

NEW COMPARATIVE POETICS

This series publishes contributions which explore new territory in the ever-evolving field of comparative literature. Its monographs, written in English or in French, typically deal with the interaction between various authors, literary genres and societies or cultures, if necessary drawing on literary theory. The term "comparative" is not restricted to the study of different national literatures. It also refers to comparative studies within a single linguistic culture, e.g. in a multicultural society or a postcolonial country. The series seeks to re-assess the complex relationship between margin and center, emphasizing, whenever possible, a non-Eurocentric perspective.

Series Editor: Marc MAUFORT, Professor of English Literature at the *Université Libre de Bruxelles* and former President of the *Société belge de Littérature générale et comparée.*

NOUVELLE POÉTIQUE COMPARATISTE

Cette collection publie des travaux ouvrant de nouveaux horizons dans le domaine sans cesse en évolution de la littérature comparée. Ses monographies, rédigées en anglais ou en français, traitent de préférence de l'interaction entre différents auteurs, genres littéraires et sociétés ou cultures, en faisant appel, le cas échéant, à la théorie de la littérature. Le terme « comparatiste » n'est pas limité à l'étude de différentes littératures nationales. Il s'applique également aux études comparatistes effectuées dans les limites d'une seule culture linguistique, par exemple dans une société multiculturelle ou postcoloniale. La collection tente donc de redéfinir la relation complexe entre centre et périphérie, en adoptant, dans la mesure du possible, une perspective non-eurocentrique.

Directeur de collection: Marc MAUFORT, Professeur à l'Université Libre de Bruxelles et ancien Président de la Société belge de Littérature comparée

Series Titles / Titres parus

No.7– Marc MAUFORT & Franca BELLARSI (eds.), *Reconfigurations. Canadian Literatures and Postcolonial Identities / Littératures canadiennes et identités postcoloniales*, P.I.E.-Peter Lang, 2002, ISBN 90-5201-109-5.

No.6– Dirk VAN HULLE (ed.), *James Joyce. The Study of Languages*, Brussels, P.I.E.-Peter Lang, forthcoming, ISBN 90-5201-977-0.

N°5– Jean WEISGERBER, *La Muse des jardins. Jardins de l'Europe littéraire (1580-1700)*, Bruxelles, P.I.E.-Peter Lang, 2002, ISBN 90-5201-973-8.

No.4– Marzena SOKOŁOWSKA-PARYŻ, *The Myth of War in British and Polish Poetry. 1939-1945*, Brussels, P.I.E.-Peter Lang, 2002, ISBN 90-5201-962-2.

No.3– Eva DARIAS-BEAUTELL, *Graphies and Grafts. (Con)Texts and (Inter)Texts in the Fiction of Four Contemporary Canadian Women*, Brussels, P.I.E.-Peter Lang, 2002, ISBN 90-5201-961-4.

No.2– Bart KEUNEN & Bart EECKHOUT (eds.), *Literature and Society. The Function of Literary Sociology in Comparative Literature*, Brussels, P.I.E.-Peter Lang, 2001, ISBN 90-5201-950-9.

N°1– Xavier GARNIER, *L'éclat de la figure. Etude sur l'antipersonnage de roman*, Bruxelles, P.I.E.-Peter Lang, 2001 (2e tirage 2002), ISBN 90-5201-943-6.